経済学の偉大な思想家たち 1
田中秀臣・若田部昌澄 監修

グンナー・ミュルダール
ある知識人の生涯

ウィリアム・J・バーバー 著
藤田菜々子 訳

勁草書房

First published in English by Palgrave Macmillan, a division of
Macmillan Publishers Limited under the title GUNNAR MYRDAL
by William J. Barber

The edition has been translated and published under licence
from Palgrave Macmillan through The English Agency (Japan) Ltd.

示唆に満ちた教師、卓越した学者、貴重な友人であるポール・ストリーテンに捧げる

「経済学の偉大な思想家たち」シリーズ監修者巻頭言

本シリーズは、イギリスのパルグレイヴ・マクミラン出版社から刊行されているGreat Thinkers in Economicsに基づいており、経済学者たちの最新評伝である。しかし、本シリーズは、その単純な翻訳というわけではない。日本の経済学史研究はほとんど日本の経済学の歴史と同じくらいの歴史と伝統を誇り、これまでに数多くの業績を挙げてきた。とはいえ、欧米において経済学史の関心が次第に現代に移ってきているのと比べると、日本のそれは一定の特徴をもっていることは確かであり、それが日本の強みであると同時に、弱みでもある。本シリーズでは、日本で今後研究が進展すべき、あるいは学界の共通財産となるべき経済学者を積極的に紹介したいと考えている。具体的には主に二〇世紀以降に活躍し、これまで研究が進んでこなかった経済学者を選択的に紹介したい。

本シリーズを通して、私たちはささやかながら日本の経済学史研究の活性化を企図するものである。

田中秀臣
若田部昌澄

序

本書は、二〇世紀においてもっとも創造的で影響力をもった経済思想家の一人についての知性史的評伝である。したがって、本書では、ミュルダールの個人的生活の詳細よりも、むしろ彼の考え――それらがどのように形成されたのか、時間を通じてどう進化したのか、そしてどのように影響力をもったかということ――に焦点が当てられる。グンナー・ミュルダールについての完璧な慣例的伝記はいまだ書かれていない。しかし、その欠落の大部分は、二冊の卓越した書籍によって埋められてきている。すなわち、シセラ・ボクによる『アルヴァ・ミュルダール――娘の回顧』とウォルター・A・ジャクソンによる『グンナー・ミュルダールとアメリカの良心――社会工学と人種的リベラリズム、一九三八―一九八七年』である。

シセラ・ボクに対して、私はまた、注意深く原稿に目を通してもらったこと、そして彼女の父〔ミュルダール〕の思想についての洞察を分け与えてもらったことに感謝している。ロックフェラー・アーカイブ・センターの常務取締役ダーウィン・H・ステープルトンは、快くコレクションに含まれた資料の閲覧を許可してくれた。私はさらに、ストックホルム市文化課に対して、「アジアのドラマ――諸国民の貧困に関する一研究」からの抜粋の使用許可を出してくれたことについて感謝の意を示したい。

アンナ・アンカー・バロンの協力にもお礼を申し上げる。彼女は、スウェーデン語の書類を翻訳してくれたばかりか、すぐれた技量でタイプ打ち原稿を準備してくれた。私はまた、ウェスリアン大学理事会が研究補助金を出してくれたことに感謝する。出版に向けた研究準備で生じた費用の一部を賄うことができた。

十分な情報開示のためには、南アジアの開発研究に取り組む調査チームの一員としてグンナー・ミュルダールと私は個人的に知り合いであったということをお伝えしておくべきであろう。その成果は『アジアのドラマ――諸国民の貧困に関する一研究』と題名がつけられ、一九六八年に三巻からなる書物として出版された。

私はポール・ストリーテンに最大の恩義を感じている。彼は同僚であり、長年来の友人であり、その批判的眼識によって私の草稿は改善された。本書は、敬意をもって彼に捧げられる。

W・J・B

目　次

凡　例

書名、新聞・雑誌名は『　』で示した。

原文中の（　）および［　］はそのまま示した。

原文中で強調を表すイタリック書体となっている部分は、傍点を付して示した。

訳者による補足は〔　〕に記した。

訳者による注記は各章の最後に配置した。

グンナー・ミュルダール　ある知識人の生涯

プロローグ

グンナー・ミュルダール（一八九八―一九八七年）が「経済学の偉大な思想家たち」シリーズのごく限られた人々のうちに含められる資格を認められるに至ったことは、印象的というよりほかない。彼の経歴は、その洞察の独自性と一貫性において注目に値するものであった。ほかの諸特質――とりわけ、彼の学識の範囲、深さ、幅――も、同様に際立っていた。

「ストックホルム学派」として知られることになる集団の若き一員として、彼は一九二〇年代後半から一九三〇年代前半に、まずは経済理論への貢献によって有名になった。彼の博士論文（スウェーデン語でのみ刊行）は純粋ミクロ経済理論の作品であり、そこで彼は、市場環境での将来変化にかかわる予想によって、どのように価格、利潤、資本価値が影響を受けるかについて研究した。その後まもなく、彼はマクロ経済理論の諸問題、とりわけ貨幣経済での安定性（あるいは不安定性）に関心を移した。（この線に沿った彼の研究は、一九三一年にスウェーデン語、一九三三年にはドイツ語で刊行されたが、英語版は一九三九年まで遅延し、『貨幣的均衡』として発表された。）将来状況の予想の役割が再び議論の中心を占めたが、そのことは貯蓄と投資について、意図された規模と実際の規模とを彼が区別するときに明らかであった（この区別は、翻訳者からの助言により、一九三三年ドイツ語版において「事前 *ex ante*」・「事後 *ex post*」になった)。こうした概念――それは一九三六年に出版されたケインズの『雇用・利子および貨幣の一般理論』の分析における核心をなすものであった――は、ミュルダールに端を発していた。もし一九三六年より前に彼の功績が英語圏の読者たちに広く知られていたとしたら、不況期におけるマクロ経済理論上の「革命」が「ケインズ」と並んで「ミュルダール」にも関係づけられただろうかと推測することは興味深い。

彼の経歴の第一段階には、主流派経済理論がその概念的枠組みのなかに暗黙のうちの価値判断を内包しがちであることへの批判が含まれていた。しかもそうした価値判断は政治的偏向を含んでいるのであった。ミュルダールは、経済理論についてなされる無邪気な価値中立性の主張は誤っていると論じた。彼によれば、自分たちの研究は「科学的」であると断言している経済理論家たちに対しては、疑いのまなざしが向けられるべきであった。この研究は一九三〇年にスウェーデン語、一九三二年にはドイツ語で刊行された。英語訳――その題は『経済理論の発展における政治的要素』とつけられた――は一九五三年に出版され、それ以来広く読まれ続けている〔邦題は『経済学説と政治的要素』〕。円熟期の彼の研究のすべてにおいて、彼がさまざまな偏向を明るみに出すことに重大な関心を寄せていることが見て取れる。

ミュルダールの経歴は、財政・金融政策の舵取りに向けて彼が自らのマクロ経済理論の含意に焦点を当て始めたときから、第二段階――政治経済学者としての段階――に入った。この段階において、彼はスウェーデン大蔵大臣の助言者として、一九三二年に対不況政策に関する長文の覚書を作成した。一九三六年には、社会民主党の一員としてスウェーデン上院議員に選出された。妻――アルヴァ・ミュルダール――と協力して、彼は一九三〇年代半ばには人口成長減退の経済的帰結を分析した重要な研究を生み出した。さらにはここから、夫妻でスウェーデンの人口減退趨勢を逆転させるような主要プログラムをつくりあげることになった。それはスウェーデン福祉国家の政策青写真に相当するものとなった。

ミュルダールは再び一九三八年にはすべての時間を学術研究に費やすようになったが、それはアメリカの黒人問題研究を指揮するようアメリカの財団に請われたときからである。この問題に対する彼のアプローチは、新しい分析概念に沿って組み立てられた。すなわち、理想と現実の間の緊張である。理想――彼が言うところの「アメリカ的信条」として示された――は、すべての人間に対して平等な権利と平等な機会をもたらす社会を要求した。これは独立宣言や合衆国憲法の公式文書に具現化されていた。しかし、一九三〇年代におけるアメリカの人種関係の現実は、これに鋭く対立していた。この対立のなかで、理想は積極的な変化を引き起こす原動力となりうると彼は論じた。こうした思考様式は、どのように予想が価格形成や貯蓄・投資に関する意思決定に影響を与えうるかということについての彼の分析法と、明らかに似通っていた。今回の場合、彼はもっと幅広い筆致で描いた。つまり、経済的、政治的、社会学的、人類学的、歴史的分析の間に恣意的に引かれた境界線を越える学際的アプローチに基づいて描いたのである。この大規模調査事業の成果は、一九四四年に『アメリカのジレンマ――黒人問題と現代民主主義』という題名で刊行された。ここにおいて、彼自身の考えが歴史の経路に影響を及ぼすことになった。『アメリカのジレンマ』の議論は、アメリカ最高裁判所が公共施設での人種隔離は違憲であると宣言する際、知的基盤の大部分を提供したのである。

一九四三年から一九四七年の間、ミュルダールは自分の知的手腕を有効に活用するような公的活動に取り組んだ。彼は再びスウェーデンの議員となったが、その議席は黒人問題研究のためにアメリカに出かけている間、自身が空席にしていた居場所であった。二年間（一九四五―一九四七年）、彼は商務相としてスウェーデンで閣僚を務めた。次の一〇年（一九四七―一九五七年）、彼はスイス・ジュネーブに本部を置く新設の国際連合組織、欧州経済委員会（ECE）の初代委員長であった。彼のリーダーシップのもと、この組織は各国政府の政策立案に関係する意思決定者たちに情報を伝えるべく、戦後ヨーロッパの経済状況に関する基礎的研究を生み出した。ECEでの一〇年においてまた、彼は国際経済についての諸問題に取り組み直すことになった。伝統的国際貿易理論の諸前提に挑戦するような学問的研究がその後に続いた。

欧州経済委員会委員長の座を去るとき、ミュルダールはその後の一〇年を費やすことになるもうひとつの主要な研究事業を開始した。南アジアの新興独立諸国の開発問題についての探究であった。彼はアメリカの黒人問題に関する研究において、経済学への制度的アプローチ導入の必要をすでに熱心に説いていた。この姿勢は、新たな研究『アジアのドラマ――諸国民の貧困に関する一研究』（一九六八年）で拡張・強化された。その著作は、三巻（一六の付録を含む）というかたちで刊行されたが、低開発諸国の経済成長展望について当時慣習的であった思考法に対し、真っ向から論難するものであった。ミュルダールの独自性――そして一般に受容されている通念を厭わずに攻撃する態度――がまたも示された。

生涯を通して、グンナー・ミュルダールは、ほかの多くの者に先駆けて豊かな分析的洞察を示した革新者であった。とりわけ、彼はさまざまな学問領域と、いくつもの大陸を越えながら、その探究の範囲を積極的に拡張したのである。

第1章　幼少時と初期の知的影響

グンナー・ミュルダールは一八九八年にスウェーデンのダーラナ地方で生まれた。彼の出自はつつましやかである。彼の先祖は過去三世紀にわたって農民であった。しかし、彼の父はそうした就業形態から離れた。ほとんど公式な教育を受けていなかったものの、鉄道駅舎の建設を専門として、建築業界でほぼ独学をおさめた者たちのなかの一人として成功した。彼の母親もわずかしか公式の教育を受けていなかったが、敬虔なルター派教徒であった。若きミュルダールと三人の弟や妹は、そうした伝統の教育を受けた。つまり、同世代の者たちと同様、彼らはスウェーデンの学校で義務化されていた「キリスト教 Kristendom」教育課程に出席していたのである。大人になると、ミュルダールは礼拝に行くのをやめた。しかしそれでもなお、聖書からの含蓄は彼の知的な表現のなかに生き続けた。

ミュルダールが六歳になった頃、一家はストックホルムに移り住んだ。そこへ居住地が移動しても、ミュルダールの家族はダーラナ地方を故郷と思い続けた。首都の北西、約二五〇キロメートル離れたところにあるダーラナは、スウェーデンの歴史において輝かしい位置を占めている。その荒い地勢は、その地の、そしてその国の独立を守る必要に迫られたとき、住民に役立った。一六世紀、ダーラナはデンマークの侵略に抵抗し、グスタフ・ヴァーサ王が国を解放するためにスウェーデンの力を結集しうるよう必要な手段を提供した。その地方の市民は、断固とした性格と独立への決然とした意志とによって名声を博した。ミュルダールは一生を通じて、そうした伝統と自身が結びついていることを誇らしげに語った。

ミュルダールは、ストックホルムにある優れた公立高校のなかの一校（ノラ・レアル Norra Real）で青春期を過ごした。一九一八年、彼は法学を勉強するためにストックホルム大学に入学した。一九一九年の夏に知り合った人物は、彼の人生を新たに方向づけるような影響を与えることになった。そのとき彼は、アルヴァ・ライマル、彼より三歳年下の魅力的な若い女性と出会ったのである。勉強熱心で、生き生きとした知的好奇心をもっていた彼女は、彼女の願いをまったく支援する気のない家族のなかで息苦しさを感じていた。彼女の父は、信念に基づく社会民主主義者であったが、彼女の長所を十分に認めてはいなかったし、隠遁生活を送っていた彼女の母は、彼女に対してまったく理解がなかった。とはいえ、そうした態度は、そのころのスウェーデンにおいて特段に異常なわけでもなかった。当時の慣習によれば、ほぼ全員の女性が家事に尽くすべきであったし、わずかの例外を除いて、高等教育を受けることは男性の特権領域であった。

グンナー・ミュルダールとアルヴァ・ライマル（彼女は一九二四年にはミュルダール夫人となる）との協力は、長年にわたってとても生産的なものとなった。アルヴァにとって、グンナーとの結びつきは知的自由をもたらし、心理学の学位を首尾よく取得する助けとなった。グンナーにとって、アルヴァとの結びつきは、社会民主党の青年運動にかかわった彼女の経歴からの影響もあり、社会の不完全性に関して彼の良心を鋭敏なものにさせた。

一九二三年、グンナーはストックホルム大学において法学学位を取得した。この出来事は、法律に関係する職業は彼の好みに合わないという自覚を伴っていた。弁護士としての人生は、社会が実際にどう機能しているのかを理解したいという自分の欲求を満たすものではないという結論に彼は至った。アルヴァの勧めにより、彼はハイレベルな経済学の勉強に取り掛かることを決心した。後に彼はこう書いている。

私は、……比較的短期間で一九二三年の春には法学士の試験に合格した。しかし、知的なことについていえば、そのとき私は完全に打ちひしがれ、深く落ち込んでいた。私を救ってくれたのはアルヴァであった。彼女は自然科学や数学にもっとよく似ている経済学の勉強に打ち込むべきだとすすめてくれた。彼女はグスタフ・カッセルの『社会経済学原論』を買ってきた。私はそれが部分的にいまひとつ理解できないことを見て取ったが、古い版本に目を通したところ、私の昔からの疑問がかなり正確に位置づけられていることに気づいた。それで私は『エコノミスク・ティドスクリフト』に印刷されたものを一八九九年の第一巻からすべて読み通すことを自分の課題としたのである。(1)

一九二〇年代半ばにおけるスウェーデンの経済学の状況

一九二〇年代に経済学の専門的研究を開始した誰にとっても、ストックホルムはきわめて良好な場所であった。その国は小さかったが――当時のスウェーデンの人口はおよそ六〇〇万人であったが――、その学問領域には大家の群像が含まれていた。一人当たりベースでいえば、スウェーデンほど国際的名声を得た経済学者たちを多く産出することができた国はなかった。

同時代人の目から見れば、もっとも卓越した者はグスタフ・カッセル（一八六六―一九四四年）であり、彼は一九〇四年から一九三三年までストックホルム大学の講座主任の教授職に就いていた。実際、彼は一九二〇年代の世界において、第一級の経済学者と評価された。シュンペーターの評定によれば、カッセルは「一九二〇年代のわれわれの科学のもっとも影響力の強かった国際的指導者――彼の批判者たち（そのなかには私も含まれる）が何と言おうと、彼はまさにそのような存在であった」(2)。彼の名声は、第一次世界大戦後の国際通貨情勢についての分析で獲得されたものであり、その分析において彼は金本位制への回復を断固として提唱した。そのうえ、進歩の一様な状態(訳注1)に必要とされる諸条件に関する彼の理論的考察――そこで彼は、所得成長率は資本蓄積成長率と均等せねばならないと主張した――は、後にハロッド＝ドーマー的成長モデルと呼ばれることになる中心的洞察を少なくとも一五年前には予期していたものといえよう(3)。

カッセルの教科書――『社会経済学原論』――は、さまざまな翻訳で版を重ね、多くの国において読者を得た。彼は、大衆向けの出版物において、経済的諸問題の解説者として頻繁に登場し、目立っていた。教師や講師として、彼は自身の保守的な政治的見地に共感しない者さえも含めて、学生たちからの賞賛を勝ち取ることができた一大有力者であった。彼とミュルダールは、政治的に見解が一致することは決してなかったが、親密な関係を築くことができた。追悼文において、ミュルダールは学生や同僚を盛り立てることができる彼の能力、そして最高水準の学問への専念について温かく語った[4]。ミュルダールはまた、「経済問題に対する彼のアプローチに見られる健全なリアリズム、形而上学的推察を避け、事実と数値に依拠しようとする姿勢」において、カッセルを尊敬していた[5]。

カッセルの国際的影響力の一面は、ストックホルム大学教授職退任の記念論文集に寄稿した経済学者の氏名一覧に観察できる。総勢、一四カ国からの参加があった。スウェーデン、ノルウェー、デンマーク、フィンランド、スイス、ベルギー、ドイツ、ハンガリー、イタリア、フランス、イギリス、チェコスロヴァキア、オランダ、アメリカである。加えて、国際連盟事務局勤務の経済学者からも二本の原稿提出があった。当然ながら、スウェーデンの一流チームの経済学者たち（ミュルダールも含められる）の全員が寄稿した。それよりも驚くべき事実は、アメリカから最多——すべてのうち一二——の寄稿者があったことである。その一覧は印象的であった。ジェームズ・エンジェル（コロンビア大学）、J・M・クラーク（コロンビア大学）、ジョン・R・コモンズ（ウィスコンシン大学）、ポール・ダグラス（シカゴ大学）、フランク・グラハム（プリンストン大学）、アルヴィン・ハンセン（ミネソタ大学）、ジェイコブ・ホランダー（ジョンズ・ホプキンス大学）、エドウィン・W・ケメラー（プリンストン大学）、フランク・ナイト（シカゴ大学）、アーネスト・M・パターソン（ペンシルヴァニア大学）、E・R・A・セリグマン（コロンビア大学）、カール・スナイダー（ニューヨーク連邦準備銀行）である。(6)

カッセルが威信を得ていたことからすれば意外だが、彼の経済学には特異な点があった。例えば、彼は需要理論への限界効用アプローチを拒否したのであり、そうした立場を取ったことで広く批判された。（注意すべきことに、ミュルダールはカッセルの教義のこうした一部を忠実に受け継いだ。）外国為替相場の説明として、カッセルが購買力平価に固執したことも批判の的となった。

もう一人の敬服すべき人物は、クヌート・ヴィクセル（一八五一―一九二六年）であった。不幸なことに、彼の独創性は生前よりも没後に高い評価を受けた。彼は所得分配の限界生産力理論を打ち立てた先駆者の一人であった。彼のもっともよく知られる研究成果は、集計的経済における不安定性についての説明に関係する。この問題の根本は、市場利子率と自然利子率（貯蓄フローと投資家による資本財投資決定総額とを均等させる利子率と定義される）との不一致に始まる、と彼は主張した。市場利子率が自然利子率を下回った場合、資本支出はインフレーション圧力を生み出すであろう。逆に、市場利子率が自然利子率よりも高くなると、経済はデフレーション圧力を受けることになろう。物価安定は、その二つの利子率が一致したときにのみ達成されうる。ヴィクセルの教えにはまた、それ以上の意味もあった。均衡からの乖離は自己修正が働かないものと考えられた。それどころか、それは初期位置からのさらなる乖離を生み出すことになろう。こうした推論は、初期の攪乱がそれ自体を増幅させる固有の傾向をもつであろうとするヴィクセルの累積的因果関係概念として示された。彼の死後、彼の分析のこうした特徴は、大恐慌の危機に際してますます意義深いものとなった。（ミュルダールを含め、一九二〇年代後半や一九三〇年代前半に専門的円熟期を迎えたスウェーデン経済学者の若手世代は、「ストックホルム学派」のメンバーとして知られるようになった。）

ヴィクセルの同時代人たちが彼の分析上の独自性を認めなかったことは、遺憾ながらも伝えなければならないことである。この失敗は、彼らの視野がヴィクセルの慣習に従わない生活スタイル（それはブルジョワ階級の神経に触れる内容を多く含んでいた）によって大きく遮られていたという事実によって説明されよう。彼は新マルサス主義を説教し、避妊具を簡単に入手できるようにすることが重要であるとおおっぴらに話した。しかし、これだけではなかった。彼は内縁関係による事実婚をしていた。彼は国王への忠誠を宣誓することを拒否した。また彼は、もし例えばロシアからの侵攻に対してスウェーデンが防衛するとしても、それは無駄に終わるであろうし、さらにそれが現実となれば軍事組織をつぶすのに最適であろうとも論じた。かなり高齢となってから、一九〇一年にヴィクセルはルンド大学の教授職になんとか就くことができ、(訳注2)一九一七年に退職するまでその職位にとどまった。それから彼はストックホルムに移り、経済学クラブの一員として、またときどきは政府の相談役として、そしてまたあるときは大学院生への非公式な助言者として、専門的活動を続けた。ヴィクセルの影響は、ミュルダールが大学院生として知った経済学の研究文化に色濃く残っていたが、両者の間に個人的な面識があったという痕跡はない。(7)

スウェーデンの外部ではほとんど知られていないが、国内において傑出した人物だったのがダヴイッド・ダヴィッドソン（一八五四―一九四二年）であった。彼は一八八九年以来、一九一九年に退職するまでウプサラ大学の教授を務めた。貨幣問題に関する彼の諸論評は同時代人から賞賛されたが、それらはスウェーデン語でしか公刊されなかった（彼の著作もすべて同様であった）。彼は一八九九年創刊されたスウェーデンにおける初めての経済学雑誌『エコノミスク・ティドスクリフト *Ekonomisk tidskrift*』の初代経営者兼編集者として重要な貢献をなした。（この雑誌は一九六五年に改名され、*The Swedish Journal of Economics* と改名され、英語で出版されるようになった。一九七五年に再び改名され、*The Scandinavian Journal of Economics* となった。）ダヴィッドソンによる刊行の運び――そこにおいて雑誌は専門知識のコミュニケーションの主要媒体として利用された――は、ほかの諸国での進歩的なやり方と明らかに同一歩調にあった(8)。

綺羅星のような経済学者群像のなかの若手の一人、ストックホルム大学の教授職に就いていたエリ・ヘクシャー（一八七九―一九五二年）は、経済史を専攻していた。彼は有能な経済理論家でもあった。彼が一九一九年に公刊した論文は、後にヘクシャー＝オリーンの定理として知られるようになる議論、すなわち、諸国が相対的余剰の状況下で活用可能な国内要素を集中的に使用して生産した財を輸出する傾向があるという議論の基礎をなすものであった。全経歴を通じて、彼は経済史の著作のなかに存在している理論により多くの注意が向けられることを強く求めた。彼はスウェーデン史に関して好評を得た諸研究を残したが、世界にもっともよく知られた研究は『重商主義』という古典的研究であり、それは一九三五年に英語版が出された。

イェスタ・バッジェ（一八八二―一九五一年）は、一団のなかの最若手であり、一九二一年にストックホルム大学の教授に任命されたが、その職位は社会政策の専門教育を促進するために設置されたものであった。彼は元来の保守派であり、後に保守党党首になった。ヴィクセル的な急進主義と彼は気分よく付き合うことができなかったため、一九二〇年代初期において他の経済学者との交流は限られていた。それにもかかわらず、彼はスウェーデンにおける国民所得、賃金、生活費についての野心的な歴史研究の経費を賄うためにニューヨークにあるロックフェラー財団から資金を調達し、その際には熱心に働きかけたことが判明している。ミュルダールも後に、この企画に部分的に参加することになった。

専門分野は違えども、これらの者たちは個性をはっきりと声にして対話した。しかしながら、大半の者たちは共通した政治的信条をもっていた。カッセル、ダヴィッドソン、バッジェは保守的路線をとっており、概して経済への政府介入に懐疑的であった。ヘクシャーも似たような部類に属した。結局のところ、重商主義に関する彼の研究は、経済を管理運営しようとする政府の企図が失敗をもたらしたことを非難する説教であった。ヴィクセルは部外者であった。彼は社会民主主義を支持しており、社会主義的イニシアティブによる実験を好ましいものとして認めていた。ヴィクセルはカッセルから距離を置くのに個人的な苦労をした。一九一九年、彼は『エコノミスク・ティドスクリフト』誌上にカッセルの『社会経済学原論』を酷評した書評を掲載した。カッセルは本質的諸問題について非難され、一例を挙げれば、彼が限界効用を拒否したことが激しく攻撃された。ヴィクセルはさらに、その研究におけるより全般的な短所、つまり実際には他者から盗用してきた考えを独自のものと主張するカッセルの傾向に苛立っていた。例えば、彼は、「カッセルが［ワルラス］

に依拠している部分は明らかにとても大きいのであるが、伝えるべきその大きさを示しておらず、その本のなかで一度たりともワルラスの名前を挙げていない」と書いた。[9] それ以来、カッセルとヴィクセルは言葉を交わさなくなった。

こうした相違性にもかかわらず、一九二〇年代のスウェーデンの大家の経済学者たちは何がしかの基本的想定を共有していた。彼らはみな、経済学の教義は共通の善のために役立たなければならないと考えていた。そして彼らはまた、専門的経済学者は大衆に情報を伝達する責任を負っているとも考えていた。その目的のために、彼らはみな、大衆向け出版物に著作を発表することを通じて、公的論議に貢献した。

要するに、一九二〇年代半ばにストックホルム大学にいた大学院生たちは、拠り所にするのにうってつけの豊富な蓄積を有していたのである。しかし、彼らはその教授群が与えることのできた刺激に頼っていただけではなかった。大学院生の内部にも有能な者たちの一団が存在したのであり、それは一九三〇年代初めに成熟を迎え、群像の第二世代は自らを「ストックホルム学派」の一員と位置づけるようになった。ミュルダールのほか、この集団にはエリク・リンダール、バーティル・オリーン、エリク・ルンドベリ、ダグ・ハマーショルドがいた。

大学院での経済学研究

一九二四年、ミュルダールはカッセルを指導教官として、ストックホルム大学の博士学位課程に進学した。ミュルダールは価格の動態について探究したいことを伝え、カッセルはその提案に賛同した。カッセルは自身の研究において、ワルラス流の新古典派価格理論を入念につくりあげたことがあった（ワルラスからの影響が明示されることがなかったとしても）。そこでの研究成果とは、特定の限定条件下では均衡価格が経済全体において同時に確立されることを論証したということであった。しかし、これは――カッセルも認識していたように――決して議論の結末ではなかった。すなわち、用いられた方法は基本的に静態的であった。カッセルの定式は、価格の三つの決定要素が所与であるという前提から導かれた。[10] つまり、需要の性質を形成する購買者の嗜好、生産の技術的条件、利用可能な生産要素量である。時間が経てば、これらの前提条件は外生的諸力によって引き起こされる変化にさらされることになり、そうなると新たな均衡への経路が検討されよう。しかし、変化そのものが始まるという性質は、この分析装置の枠内にはなかった。

ミュルダールが認めたように、彼の博士論文――題は『価格形成問題と可変性』であった――は、カッセル的枠組みのなかで構築された。彼は後にこう振り返った。「予想を価格形成理論に組み入れようとする私の最初の主要な理論的研究は、カッセルから多くの影響を受けてなされたものであり、それは細かな議論よりも一般的アプローチにおいてそうであった。[11]」しかし、彼は第四のもっとも重要な価格決定要素、つまり価格の将来経路についての期待が分析に組み入れられるべきであると論じることによって、すばやくカッセルを乗り越えた。そうした予想は、買い手と売り手の行動において重要な役割を果たすものと考えられた。ミュルダールによれば、「価格形成は人間の心のなかで起きる」のであるから、「変化が完全に予見されていようがいまいが、実際にその変化が生じるよりも前に経済過程に効果をもたらす」のである[12]。さまざまな予想の諸状態が想起されるが、各状態が均衡価格にそれぞれ異なる影響を与える。しかし、それぞれの場合において、動態的結果は静態的条件下で到達する結果とは異なることになろう。これがミュルダールの動態理論概念における核心的問題であった。

この分析手続には革新があったが、それは新古典派的伝統に埋め込まれていたことに留意すべきであり、そうした立場をミュルダールは後に激しく拒否することになった。彼の経歴におけるこの初期の段階では、彼は明らかに抽象的モデルの構築に快適さを感じていたし、またそれに堪能であった。こうした研究スタイルをとっていたことからして、抽象的理論化の有用性を疑うような経済学への制度的アプローチには敵意を抱いた。しかし実際には、その〔制度的アプローチによる〕見地からすれば、ミュルダールが一九二七年に「動態的」として考案したものは、とても「動態的」とは言えなかった。ソースタイン・ヴェブレンのような制度派経済学者が主張したように、真の動態的アプローチが必要とされるのであって、分析者は何が嗜好や技術の変化を引き起こしているかの説明にきちんと焦点を当てるべきなのである。当時、その種の議論はミュルダールの思考法とは相容れないものであった。彼は後に制度派の見地に現実妥当性を見て取り、自身の立場を転向することになる。後年、彼は『価格形成問題と可変性』で展開したような理論的議論を理解できる能力が今の段階でも残っているかどうかは疑わしいと表明した[13]。

ミュルダールは博士論文により、与えられうる最優秀な成績で博士学位を取得した。このことは学究経歴を突き進むうえで信用にかかわる必要用件を彼に与えることになった。カッセルの強い勧めにもかかわらず、この研究はスウェーデン語から翻訳されずにきた。博士論文が英訳されていないことについて、カッセルは一九二九年一二月（ミュルダール夫妻がそろってロックフェラー財団の奨学金受給者としてアメリカに滞在していたとき）、次のように書き送った。

君は理論研究に疲れていると、そして英訳はあまりにつらい仕事だと言う。……しかし、君は可変性という大問題を放っておけるなどと考えてはいけない。それは君がたったいま経済理論のなかにその適切な見地を位置づける最初の試みをなしたばかりなのだ。……私は静態的観点を広め、そこからなるべく多くを抽出してこようとしてきた。私はまた、この分野に私が与えた基礎は保たれ、初歩的授業での始点となるに違いないと考えている。……動態的経済の基礎は君の任務であり、いつか君は、世界に経済動態への基本的かつ十分に理解可能な案内を示せる程度まで、この問題についての明晰性に到達しなければならない。このことは結局、絶対的命令なのであり、人生が君の目の前に置いたものなのだ。(14)

英語訳あるいはドイツ語訳がなされなかったということは、その研究がスウェーデン以外にはほとんど影響を与えなかったということを意味した。ミュルダールの友人、エリク・リンダールによる賞賛の書評は、『エコノミック・ジャーナル』（イギリス経済学会の機関誌）に一九二九年になって掲載された。リンダールはそれを「正しい方向への前進」と表現した。(15)

『価格形成問題と可変性』はミュルダールが後に捨て去った型から作られた鋳造品であったが、

それは彼の後の研究に継続する二つのテーマを提起した。経済パフォーマンスにおける予想の作用の強調は、『貨幣的均衡』の一九三三年第二改訂版〔ドイツ語版〕で展開された貯蓄と投資の事前（*ex ante*）・事後（*ex post*）概念を予期させるものであった。より全般的に、心的状態への注目は、一九四四年の『アメリカのジレンマ――黒人問題と現代民主主義』の議論の諸側面と合致する。

注

（1） G・ミュルダールの言葉。Kumaraswamy Velupillai, “Reflections on Gunnar Myrdal’s Contributions to Economic Theory,” *Gunnar Myrdal and His Works*, Gilles Dostaler, Dianne Ethier, and Laurent Lepage, eds. (Montreal: Harvest House, 1992), pp. 133-134 からの引用による。

（2） J. A. Schumpeter, *History of Economic Analysis* (Oxford University Press, 1954), p. 1154（東畑精一・福岡正夫訳『経済分析の歴史（下）』岩波書店、二〇〇六年、七四三ページ）。

（3） この点に関するカッセルの原文の英訳は、『アジアのドラマ――諸国民の貧困に関する一研究』（New York: Twentieth Century Fund, 1968）の第3巻付録3の著者であるP・ストリーテンによって、同著の pp. 1969-1970 に再録された。

（4） G. Myrdal, “Gustav Cassel in Memoriam (1866-1944),” 英訳は G. Ohlin, *Oxford Institute of Economics and Statistics Bulletin*, 25 (February 1963), pp. 1-10. この追悼文は当初スウェーデン語で *Ekonomisk revy* (February 1945) に掲載された。

（5） G. Myrdal, *Value in Social Theory* (London: Routledge and Kegan Paul, 1958), p.242.

（6） *Economic Essays in Honour of Gustav Cassel* (London: George Allen and Unwin, 1933) を参照。

（7）ヴィクセルの多彩な経歴は、ゴルドルンドによって書かれた伝記からすばらしくよく把握できる。T. Gårdlund, *The Life of Knut Wicksell* (Stockholm: Almqvist and Wiksell, 1958) を参照。

（8）一九世紀後半において、経済学の専門的雑誌を創設することは非常に流行していた。イギリスでは、王立経済学会が『エコノミック・ジャーナル』をつくり、一八九〇年に始動した。アメリカでは、雑誌が初めて興隆を見せたことと諸大学が新たに設立した大学院プログラムを促進したいとする熱意とが関連していた。例えば、*The Quarterly Journal of Economics*（ハーヴァード大学、一八八五年）、*The Political Science Quarterly*（コロンビア大学、一八八六年）、*The Journal of Political Economy*（シカゴ大学、一八九二年）といった具合であった。アメリカ経済学会は一八八五年に設立されたが、独自の雑誌――*The American Economic Review*――は一九一〇年になるまで創設されなかった。

（9）K. Wicksell, "Professor Cassel's System of Economics" であり、これは『国民経済学講義』第1巻、三二五ページに再録された。この書評は *Swedish Economics* 2, B. Sandelin, ed. (London: Routledge, 1998) に再録されている。

（10）G. Cassel, *The Theory of Social Economy* (1923), p. 152. これは B. A. Hansson, *The Stockholm School and the Development of Dynamic Method* (London: Croom Helm, 1982), p. 30 において伝えられている。

（11）G. Myrdal, *Value in Social Theory*, p. 242.

（12）B. A. Hansson, op. cit., p. 33 からの引用。

（13）P・ストリーテンによって伝えられたとおり。

（14）一九二九年一二月九日、カッセルからミュルダール宛。B. A. Hansson, op. cit., p. 32 からの引用。

(15) Erik Lindahl, Review of "*Dynamic Pricing*" by G. Myrdal, *Economic Journal*, 39 (March 1929), pp. 89–91.

訳注1　詳細については、カッセル『社会経済学原論』の第1章第6節を参照。「静止的な経済」との対照において「進歩の一様な経済」について論じられている。ここでの「進歩」とは数量的な意味での生産の増加とされ、人口や実物資本が定率で増加する状態について分析されている。

訳注2　一九一六年、ヴィクセルがルンド大学を退職してストックホルムに転居した際、妻アンナ・ブッゲが夫の経済学論議の場を創設するようヘクシャーに依頼してできたスウェーデン経済学者の会合である。一九一七年から一九五一年まで開催された。活動の詳細については、R. G. H. Henriksson, "The Political Economy Club and Stockholm School, 1917–1951," *The Stockholm School of Economics Revisited*, Lars Jonung, ed. (Cambridge: Cambridge University Press), pp. 41-74 を参照。

第2章　正統派に対する初期の挑戦
――『経済学説と政治的要素』（初版一九三〇年）*

ミュルダールは一九二七年の春に博士論文の口頭試問に合格し、その業績に対する'Laudatur'――めったに与えられない、可能な限りもっとも高い成績――を獲得した。この成果により、彼はストックホルム大学における講師（准教授）に任命される資格を自動的に得た。彼は新たな任務に熱意をもって応じ、自己の専門分野において成功しようと努めた。彼は後に、自分より年上の経済学者たちが「能力的にも権力的にも強固な天井として存在しており、独立した考えを成長させようとしている者すべてに対して、その動きを促進することも抑制することもあった」という事実からして、当時の状況が複雑であったと語った[(1)]。

公式には、ミュルダールは学問上の独立を、まずは一九二八年一二月にストックホルムの経済学クラブで宣言したのだが、それはそのとき彼が「最大の社会的厚生」や「国民所得」といった諸問題を理論化する際、年輩者たちは「事実」と「価値」とを十分に区別できずにきたと非難したことによる。エリ・ヘクシャー教授（彼はこの会に出席していた）がミュルダールの偶像破壊によって憤激したと伝えられている。その後、両者の人間関係は緊張を伴うものになった(2)。

ミュルダールはさらに、このテーマを一九二八年四月―五月の大学連続講義において、「経済理論における『価値』と『効用』の概念」という演題で展開した。大学総務課に提出した講義計画書に彼は、この教科は「経済理論における、［自身の］見方ではかなり粗暴な考え方との対決」と「形而上学というくもの巣にいまだに捕らえられている年輩経済学者たち」に対する批判を目的にする、と書いた(3)。

ミュルダールはこうした方法論的問題に二年ほど費やして取り組み、その間に彼は『経済理論の発展における政治的要素』〔邦題『経済学説と政治的要素』〕と題する著作の原稿を書き上げた。最終段階の執筆はアメリカでなされたが、それは一九二九年―一九三〇年の一学年間、彼とアルヴァがロックフェラー財団奨学金の受給者としてその地を訪れていたことによる。（夫婦での同時受給は異例であった。グンナーはアルヴァも奨学金を受けられないのであれば受諾しないと要求した。）応募に際し、グンナーは「アメリカの経済学方法論、ならびに、アメリカとイギリス・ロンドンにおける社会科学」を研究する予定であると書いた。アルヴァの研究計画は、アメリカの社会心理学の方法論に焦点を当てた。彼らは奨学期間の前半をロンドンで過ごし、主に大英博物館で研究を進めた。ミュルダール夫妻は一九二九年一〇月中旬にニューヨークに上陸した(4)。

『経済学説と政治的要素』についての研究をミュルダールが始めた当初から、その焦点は本来的に消極的なものになることは目に見えていた。結局、それは「旧世代の知的支配に対する反抗の必要」に動機づけられていた。ミュルダールの友人の一人――コペンハーゲン大学の経済学者――は、

その行為を「親殺し」と揶揄した。(5)

議論の核心

『経済学説と政治的要素』は、古典派や新古典派の経済学の主要な諸著作に対する丹念な読解のうえに、とりわけイギリスの伝統における著者たちに注意が払われつつ作成された。途中、アメリカやスウェーデンの経済学者の研究も触れられた。ドイツ歴史学派やマルクス主義についての考察は、それらの教義の知的不毛さがすでに論証されているからという理由で省略された。

その研究を通じて、ひとつのテーマが貫徹しているが、それはすなわち、実証的言明――つまり、経験的に確認できること――と、「よいこと」、「望ましいこと」、あるいは「最適なこと」についての判断を反映している規範的言明とについて、主流派経済学が陥っている体系的混同であった。政治経済学（ポリティカル・エコノミー）の実践者の多くは、何「である」かの描写的分析と何「であるべき」かの評価的意見との結びつきを大目に見る傾向をもつことから、哲学的誤りを犯してしまった。彼らの研究における価値中立性という標準的主張は、それゆえに非常に疑わしい。

まず、この現象は経済理論家たちによって展開された標準的な述語のなかに観察できた。例えば、次のものを考えてみよ。「均衡」、「バランス」、「調整」である。それぞれは、ある特定の（しかし仮定的な）問題状況の性質を表しているものと理解できる。同時に、それぞれは「よい」とか「望ましい」といった好ましい結果という含意を伝達してきた。同様に、無害であるように思われる

「機能」という用語の使用も、実際はそうではない。この点について、ミュルダールはこう述べた。例えば、企業者の機能については、「危険を負担する」とか「生産諸要素を結合する」とか、さらに「生産を指導する」とかいうことができる。……しかし経済学においては、よく知られていることであるが、既定の事実であるかのようにまったくやすやすと次のように推論する。すなわち、「この機能を果たすための報酬として彼は利潤を受け取る」と。そして、さらに進んで、企業者が「機能」を果たすという事実は、彼が利潤を受け取ることをある意味で正当化するとみなすのである。(6)

この厄介な問題は、経済学者の日常的語彙のうちに含まれる数多くの概念によって強められており、それらは内容において直接的に規範的であった。つまり、「効用」、「価値」（市場取引で観察可能なもの以上の何かに言及するとき）、「厚生」、「主観的費用」がそれらに当たる。それら各々の用語には、計測不可能な形而上学的側面がある。ミュルダールによれば、もし経済学が科学的客観性をもっとの主張を続けるのであれば、形而上学的要素は排斥される必要があった。この問題に関して、彼の思考は、スウェーデン・ウプサラ大学の哲学者で、イギリスにおいて生成しつつあった論理実証主義派と親和的な見解をもっていたアクセル・ヘーゲルストレーム（Axel Hägelström）からの影響を反映していた。

政治経済学の教義は、どのようにしてこうした形態をとるようになったのだろうか。ミュルダールの解答は、その状況は政治経済学の創始者たちの思考を基礎づけていた自然法の影響を受けてそもそも生じてきたのであり、それが後になって功利主義的教義の影響を受けるようになったことによる、というものであった。経済思想家の第一世代においては、「である」と「すべき」の混同傾向は彼らの精神過程に初めから備わっていた。重農主義者もイギリスの伝統における初期の古典派経済学者たちも、「自然」と「現実」を等値し、「自然価格」や「自然賃金」その他を、定義的に「よい」状態と同じ意味をもつものと結論づけた。こうした教派における政治経済学者たちは、この手続に不適切性を感知することがまったくなかった。彼らの研究計画において、人為的・人工的経済結果（そこでは見える手が重要であった）と、たやすく理想化できる観察不可能な「自然」状態とを比較対照することは、その中心を占めていた。自由放任体制に賛同する偏向——それは見える手を「見えざる手」に取り替えた——は、こうした見方に埋め込まれていた。

一九世紀になると、ベンサム的功利主義の出現によって新たな述語が導入されたが、「である」と「すべき」の混同は続いた。実際、この教義のハードコア版は恥ずかしげもなく、倫理の科学をつくりあげたと宣言した。その「最大幸福」原理は、人間行動の目的を定義づけた。「快楽計算」を用い、幸福の純総計を拡大すると示される方策が自明の理として追求されるべきなのである。そして、ほんの一歩これを越えれば、主流派の大半の者がそうしたように、完全競争の体制がこの目的の実現に最大の可能性を与えるであろうと結論することになる。

一九世紀の後半になると、元来の功利主義的主張は限界主義へと変化した。しかし、事実—価値の難問は消え去ったわけではなかった。アメリカ人で、限界生産力理論の形成における先駆者であったジョン・ベイツ・クラーク（一八四七―一九三八年）は、ミュルダールが批判を向けるのに手ごろな標的となった。クラークは、「分配の倫理学」について深く考察しており、実際、彼の最初の（限界生産力理論よりも前の）本にはまさにその題がつけられていた。新しい分析用具を考案したところで、彼は「正しい」答えを見つけたと確信した。もし労働者が――そして生産に関するほかの要素も同様に――彼らの限界生産物の価値に比例して報酬を与えられるならば、「分配的正義」が達成されるだろう。形式的には、完全競争条件が生産および要素市場の双方で満たされているならば、この状況が達成されうる。

その後、イギリス経済学者集団の内部での批判は、功利主義の最優位をいくぶん揺るがした。例えば、ジョン・スチュアート・ミルは、すべての快楽の形態が同一尺度で計測できるかどうかという疑問を投げかけた。彼は個人的には、「高級な」知的快楽は「低級な」物質的・動物的快楽よりも決定的に優れていると考えていた。さらに、個人間の効用比較の厳密性や現実性についての疑問が出された。こうした論点の提起により、社会集団の幸福を高めると予想されるといった理由から望ましいとされている政策について、それを判断するための確固たる哲学的論拠が存在するかどうかを問うことが求められるようになった。主流派の多くの者は、こうした異論の存在を知っていたが、それらを取るに足らない議論、あるいは、実践的結論をほとんどもたない議論として退けた。

自由放任を好ましいものと考えさせるようないっそう大きな企図について、もうひとつの重要な見解の相違が存在した。利害集団の調和が一般的であるという前提は、そうした〔自由放任の〕体制が幸福な結末をもたらすという主張のなかに暗黙的に含まれていた。この前提は理論的・経験的理由の双方から疑わしかった。分析のなかで、リカードは地主の利益が社会のほかのメンバーの利益と常に対立することを論証していたし、マルクスは本質的不調和という見地から全体系を構築していた。それにもかかわらず、新古典派的主流派の専門家は、この複雑性をモデルの外に追いやり、利害の調和が一般的であるとするような通常の前提から議論を進める顕著な傾向があった。

ミュルダールは、正統派の需要および価格形成の議論に対して、一段と包括的な告発をした。彼は経済行動における合理性について、標準的想定の現実妥当性と容認可能性に疑問を付した。現代心理学は、研究を導く基盤としての合理的快楽主義をすでに拒否してきていることを彼は指摘した。実際の行動は、広く多様な要素からの影響を受けており、それらの多くは快楽主義的ではないということを理解するのは重要であった。非合理性を説明する必要もあった。経済合理性に対するミュルダールの批判の一部は、ソースタイン・ヴェブレン流の議論を髣髴とさせる。(7)

『経済学説と政治的要素』を書いていたとき、ミュルダールはヴェブレンの研究に通じていたが、彼は経済合理性を批判するなかでヴェブレンに言及しなかった。その代わりにミュルダールは、ヴェブレンは自由主義の一般的諸前提にとらわれていると述べた。というのも、生産過程における「顕示的な浪費 conspicuous waste」――それは市場での力をもった生産者によって引き起こされる――についてのヴェブレンの分析は、完全競争から予想される結果が判断基準を与えるという含意をもつと考えられたからである。結局、『経済学説と政治的要素』におけるミュルダールのヴェブレン評価は厳しく、不十分な内容で公表された。しかし、一九二九年―一九三〇年のミュルダールはまだ「純粋理論」段階にいたのであり、当時の彼は「制度主義」と理解していたもの全般に敵意を抱いていたことを忘れてはならない。

二つの応用例への批判――消費者行動分析と財政分析

ミュルダールは、需要理論や価格形成理論といった標準的な新古典派の説明で使われる「限界効用」概念を拒否した。その概念は計測不可能であり、したがって批判すべき形而上学の意味合いを含んでいた。このことに関して、彼は自身の師匠であったグスタフ・カッセルを継承した。(ミュルダールは多くの点においてカッセルのやり方にきわめて批判的であったが、この点において彼は忠実な弟子であった。) 広く読まれた『社会経済学原論』において、カッセルは、消費者行動を説明するのに形而上学的論拠を導入するのは非現実的で無用だと論じていた。カッセルは、「もっとも悪いタイプのスコラ哲学にあまりにも頻繁に陥れることとしかしないような議論から科学を自由にする」ことを自己の使命と考えた。「もしわれわれが経済理論における現実的かつ間違いなくとても重要な問題に集中しようと望むなら、そうした徹底的な排斥が絶対に必要なのである。(8)」ミュルダールにおいては、その問題は次のように位置づけられた。

新しい理論は、需要・供給がどのように価格によって決定されるかを研究する。……新しい理論は供給関数および需要関数の連続性を前提するが、効用の概念を前提しない。その理論は、快楽・苦痛・効用・犠牲もしくは主観価値についての仮定を何も必要としない。(9)

財政理論へのアプローチのなかで、ミュルダールはこの派生的教義はとりわけ方法論上の罠に陥りやすいと論じた。「形而上学の侵入がもっとも多くの害をもたらすのはこの分野をおいてほかにはない」と彼は書いた[10]。まず、租税と公的支出の議論が個々人ではなく、それより大きな集合体に必然的に言及することとなったために、問題が生じた。彼はこのことを「共同体的擬制 communistic fiction」と表現した。これらの実践が含まれる「社会的家政 social housekeeping」は、効用の個人間比較の妥当性というお馴染みの問題を再び引き起こした。必要とされる集計がうまくなされるかどうか疑わしいので、共同体の福祉水準を表すとされる言明の正当性に対して、直接的に異議が唱えられることになった。結局のところ、そうした主張は、個々人の効用が単一の総計量に統合されるという仮定を置いていたのである。同様に、「国民所得」概念の科学的立脚に疑問を呈することも、理にかなっていた。この集計的概念の増大は、共同体の福祉が増大してきたと結論づけるのに十分な証拠を与えるものだと主張しようとする者もあるだろう。しかし、この集計量のプラス変化が個々人や個々の社会集団の状況を比例的に改善するというありそうもない可能性をゼロとするならば、そうした結論は保証されなくなるだろう。実践的な問題としては、国民所得の増加と連関した生産の漸増が所得分配に中立的ではない変化を引き起こすという方が、はるかに現実味を帯びていた。結局、明白な改善——共同体の所得の成長で計測されるような——は、そこに含まれる何人かの状況を悪化させうるのであった。共同体全体がより裕福になったという指標としてこの状況を解釈することは、暗黙のうちの価値判断、すなわち、所得再分配の帰結に対する無関心を含むことになる。

より大きな共同体を利する目的において政策を勧告する財政理論家は、さらなる困難に直面した。とるにたらない例外を除いて、租税・支出プログラムの変化は必ずや所得分配を変容させる。これは次に需要パターンの変化をもたらし、市場価格を変化させることになろう。それゆえ、二時点――すなわち、変化前と変化後の状況間――における国民所得を比較する安定的基礎が欠如していた。結局のところ、市場価格での産出量で評価される国民所得計算、それに市場価格は、問題となっている二時点において同一ではないだろう。こうした条件のもとで、もし経済学者が政策提言における科学的・価値中立的立場を主張するならば、それは領分を逸脱したことになろう。

さらに批判を展開するなかで、ミュルダールはとりわけ二人のスウェーデン人経済学者、すなわち、クヌート・ヴィクセル（ミュルダールは彼の業績に対して全般的に賛同していたが、個人的な知り合いではなかった）とエリク・リンダール（友人で同時代人）の著作に焦点を当てた。この議論は、次のような自己の判断によって与えられると彼は述べた。すなわち、「スウェーデン派の財政理論はおそらくもっとも強力な理論的地位を保持している。……ヴィクセルおよび弟子のリンダールは、財政政策を合理的に正当化するためのもっとも透徹した、もっとも一貫した企てを行った。それにもかかわらず彼らの企てもまた失敗であるとするならば、それは彼らが不可能なことを試みたためである」[11]。おそらく、ミュルダールは、新古典派的概念を使用するときに「形而上学的実在」を用いて研究しているという点において、ヴィクセルとリンダールを非難することもできただろう。しかし、彼はそうすることを選ばなかった。議論を優先するという目的から、彼は彼らの選んだ定式化がその用語の枠内において説得的かどうかを分析するために、そうした路線の批判を控えた。ここにおいて、リンダールが問題をどう扱ったかが詳細に検討された。実務上の目的についてのリンダールの言明から、議論は始められた。

正義の概念を財政問題について明らかにすること、そして財政現象の因果関連を吟味した後に、多様な問題に当てはまる諸原則を定式化することが、この理論の仕事である。それらの客観的な線に沿って、租税の倫理的原則を解明することは、もちろん多少とも達成できるが、しかし原則上の一致に達することも可能なはずである。……それらの線に沿って客観的に解決することが実際上の対立を合理的に解決するための第一条件である。(12)

そのうえでリンダールはより大きな問題の二つの側面を区別した。その一方――「社会政策的側面」――は、「支配的な財産分配の社会的正義」についての諸判断に関係しており、これらは社会の見方のシフトとともに変化するものと予想されうる。「たとえ客観的な解決が可能だとしても、この根元的な社会問題を解決すること」は、財政理論家の職務ではないとされた。第二のもの――「純財政的問題」と表現された――は、税負担の分配の「正義」に関係するものであり、リンダールはこちらの問題は客観的に解決されうると主張した。この目的を達成するための指針となる判断基準は、次のように明確に述べられた。「『純財政的領域』における彼らの租税原則は、次のような要求から成っている。すなわち、租税を通じて失われる限界価値は納税者に与えられる限界公共サービスの価値を貨幣で表示したものに等しくすべきである。」[13]（この規定には、独自性において賞賛に値する要素がある。課税の公平性に関する規定を表現しようという初期の試みのほとんどは、政府支出を「非生産的」とみなしがちであった。リンダールの「原理」は、政府によって提供されるサービスに明白な正当性を認めた。）

ミュルダールの見方では、「社会政策的」側面と「純財政的」側面との間には相互作用があるために、基本的な問題が残されたままになっていた。まず、所得や資産の「正しい」分配という意味について疑問が生じた。おそらく課税前の状況を参照してなされる「正しさ」についての社会の判断は、「純財政的」規則によって誘導されるかたちで修正されてきた。しかし、この原理に一致する課税と公的支出は、経済状況のすべてを変化させ、当初の所得分配を乱すことになろう。したがって、もし課税前分配が「公正」であるならば、課税後の状況はそうではないことになる。ミュルダールは、「純財政的」理論は「恣意的」であり、「ほかのどんな理論よりも正義の指針としてすぐれているとはいえない」と結論づけた。[14]

ミュルダールが急いで付け加えたように、この結論は、周知の財政政策に経済学者がまったく何も貢献できないということを意味するものではなかった。租税の帰着についての詳細な経験的研究が大いに必要であった。実際、そうした調査に優先権が割り振られるべきなのである。しかし、経済学者は租税・支出政策の「正義」について探求するのを思いとどまるべきであった。彼は、経済学者に「経済技術学 'technology' of economics」――価値評価と形而上学を追放した経済学――を構築することを求めた。それに適した中心論点は、「効用」概念（基数的にせよ序数的にせよ）を排した価格形成理論の構築、ならびに、標準的議論に組み入れられている公正の考察を排した課税帰着の分析となろう。ただし、「経済技術学」に関する彼の議論は、その本のほかの部分で達せられている説得力の水準をずいぶんと下回っていることには留意すべきである。彼は後にこの立場から離れた。

『経済学説と政治的要素』の最終段落で、ミュルダールはそれまでの議論からの教訓をまとめた。「もし経済学者が自らの主張に謙譲であり、普遍的な法則や規範を要求するすべての見せかけを否認しさえすれば、経済学者は有効にその実践的目的を促進することができる。すなわち政治的議論を合理的にすること、換言すれば、それらをできるだけ完全な正しい事実の認識の上に基礎づけることができる。しかし政策がこの意味において合理的であるべきであるという命題、そして経済学者がこの努力を支えるべきであるという命題は、それ自体規範的な原則ではないのか？……この問題に対する答は、科学的努力の可能性は合理的主張が望ましいという暗黙の仮定に依存しているということにある。[15]」しかし、経済論議で合理性に到達するためには、分析道具のなかから価値が負荷されている形而上学的概念を追放することが専門家の義務なのであった。

著作に対する反響

『経済学説と政治的要素』では、何か好意的に言うべきことがない限り、ミュルダールより年上のスウェーデン人経済学者たちについては、明確に言及されることがなかった。例えば、カッセルが需要理論の定式化において限界効用を拒否したことは賞賛された。しかし、彼らは自分たちがミュルダールの研究計画の標的となっていることをはっきりと理解していた。ヘクシャーはきわめて厳しく反論した。カッセルはミュルダールと個人的親交を保つことができたが、その本を決して読まないと宣言した。ヴィクセルは、彼自身も偶像破壊的な態度で知られており、おそらく——財政理論に対する彼のアプローチへの批判にもかかわらず——もっと同情的であっただろうが、もはやその場にいなかった。その著作がまずスウェーデン語で公刊されたとき、それに対する数少ない短評のひとつがストックホルム新聞において「若者の反抗」という題で出された。評者はエルンスト・ウィグフォシュ、社会民主党の主導的人物であり、後に彼はミュルダールとともにスウェーデン政府の官職に就いて一緒に働くことになる。

一九三二年に出版されたドイツ語版は、ミュルダールの見方と価値自由な社会科学の展望に関するマックス・ウェーバー(16)の見方の類似性、ならびに、マンハイムの知識社会学との関連について論評する書評者を引き寄せた。ハーヴァード大学のエドワード・S・メイソンは、主流派経済学は「明白な政治的偏向によって歪められてきた」というその本の議論に注目した。彼はこう付け加えた。「この命題は新しくはない。新しいのは、有能で研鑽を積んだ経済学者の手による、慎重で学問的な検討であるということだ。」メイソンは著者〔ミュルダール〕の「全般的立場」に賛同したが、「この偏向が経済理論の記述的・説明的価値をどれほど破壊してきたかという問題については、むしろ鋭く反対する。ミュルダールは不当に批判的なようである」とした(17)。

英語版初版は一九五三年に出版されたが、それにはドイツ語からの翻訳者ポール・ストリーテンによる「最近の論争」と題された付録が含められた。この価値ある貢献により、一九三〇年代や一九四〇年代の「新厚生経済学」をめぐる論争に注意が喚起された。ストリーテンが指摘したように、ミュルダールが不純なものとして示したタイプの定式化は、いまだに残存して活況を呈している。このことは、例えばジョン・ヒックスやニコラス・カルドアの分析に明らかであり、彼らは、共同体の何人かを裕福にするような——他方で、その他の者は貧しくなるような——政策であっても、「よい」ということができると論じたのであった。判断基準は、利益を得た者たちが損失を被る者を補償しても、なお以前より裕福になっているかどうかであった。(この文脈で議論されている補償とは、現実的というよりは仮説的であった。)この立場に対するI・M・D・リトルの辛辣な批判——そうした主張は所得分配の変化を無視しているために正当性を欠くと論じた——は、一九三〇年に明白に述べられていたミュルダール的論題の焼き直しであった[18]。

一九五三年英語版はさまざまな書評をもたらした。ルードヴィッヒ・フォン・ミーゼスは、賛同を示すことがなかったばかりか、ミュルダールの経済理論への批判と制度学派やドイツ歴史学派のメンバーたちから受けた攻撃とを誤って同一視した[19]。当時ジョンズ・ホプキンス大学にいたフリッツ・マハループは、「『誤った推論に基づく議論によって、価値評価が経済学に組み入れられるべきではない』とか『規範的原理が明示的に導入されていないという事実によって、経済学的論拠がしばしば曖昧になっている』とか、『基本的諸概念がしばしば規範的含意を帯びている』というミュルダールの主要命題に関しては、真剣に反論することなどありえない」と認めた。しかし、彼は「『非現実的な想定』や『抽象的理論』についての根拠に乏しい(そして誤解を招く)叙述……」には強く反対した。[20] オックスフォード大学からは、ジョン・ヒックスが、需要理論は「その背後にあるいかなる選好の尺度――序数的尺度でさえ――をも想定することなく」構築できるという、ミュルダールのカッセル由来の議論に反対した。そして彼は、ミュルダールが「(どんな意味にせよ)実質所得の最大化が適切な経済的規範であると認めることすらできない」のを不幸なこととみなした。同時に彼は、一般に受容されている経済理論の構築物に対する辛辣な悪口にミュルダールが力を注いでいることを嘆き、ひとつの説明を示した。すなわち、「ここで彼がしていることは、経済学を社会学の方向に追いやることである」。[21] これらの異論にもかかわらず、一九七四年にノーベル〔記念経済学〕賞の選考者たちは、ミュルダールの著作『〔経済学説と〕政治的要素』は「多くの研究領域における政治的価値がいかにして経済分析へと入り込むかについての先駆的批判」であったと認めた。

長年の経歴に一貫して、ミュルダールは経済的・社会的分析における客観性の問題に主力を傾けて取り組んだ。そして彼の立場は時間を経て変化した。一九五三年英語版に準備した序文において、彼は「科学的」経済学はすべての価値判断から自由となりうるかどうかについての当初の立場を修正した。考え直して、彼はこう書いた。

一団の科学的知識があらゆる価値判断から独立に得られるというこの暗黙の信念は、いまの私が見るところでは、素朴な経験主義である。事実というものは、ただ観察によって概念や理論に組織化されるのではない。……どんな科学的な作業にも欠くことのできない先験的要素がある。答が与えられる前に問が発せられなければならない。問はいやしくもわれわれの関心の表現であり、それらは根底において価値判断である。[22]

注

＊『経済学説と政治的要素』は四回出版された。スウェーデン語でのオリジナル版は一九三〇年に出版され、続いてドイツ語版が一九三二年に出版された。英語版初版は、ポール・ストリーテンによってドイツ語から翻訳され、翻訳者〔ストリーテン〕によって書かれた「最近の論争」に関する付録を含むかたちで、一九五三年にロンドンの Routledge and Kegan Paul 社から出版された。（ストリーテンは現在、題名を以下の言葉のように改めた方がよかったと考えている。それは、『経済理論の発展における政治的構成要素』〔The Political Element ではなく The Political Component〕というものである。）二回目の英語版は、リチャード・スウェドバーグの新序文つきで、一九九〇年にニュージャージー州・ブランズウィックの Transaction 社から出版された。

（1） S. Bok, *Alva Myrdal: A Daughter's Memoir* (Reading, MA: Addison-Wesley Publishing Co., 1991), p. 79 からの引用。

（2） R. Swedberg, "Introduction to the Transaction Edition," *The Political Element in the Development of Economic Theory* (New Brunswick, NJ: Transaction Publishers, 1990), p. xviii.

（3） Ibid.

（4） Rockfeller Foundation Archives, Sleepy Hollow, New York.

（5） G. Myrdal, "Postscript," *Value in Social Theory* (London: Routledge and Kegan Paul, 1958), p. 239.

(6) G. Myrdal, *The Political Element in the Development of Economic Theory*（P・ストリーテンによるドイツ語からの翻訳としての英語版）, p. 20（山田雄三・佐藤隆三訳『経済学説と政治的要素』春秋社、一九六七年、三三ページ）。

(7) これはヴェブレンの『有閑階級の理論』（一八九九年）や彼の論文 "Why Is Economics Not an Evolutionary Science?," *Quarterly Journal of Economics,* 12 (July 1898), pp. 373-397 に見出せる。

(8) G. Cassel, *The Theory of Social Economy,* new revised edition translated from 5th German edition (New York: Harcourt Brace and Co., 1932), p. 49.

(9) G. Myrdal, op. cit., p. 84. 邦訳一三三ページ。

(10) Ibid., p. 156. 邦訳二四二ページ。

(11) Ibid., pp. 176-177. 邦訳二七一ページ。注において、彼はリンダールに気前よい賛辞を与えた。「私はこの主題に関する多くの有益な論議に対し、私の友人エリク・リンダールにとくに感謝したい。われわれの間に見解の相違はあったが、それはわれわれの間の討論の価値を決して低めなかった。もし私の批判が正しく決定的なものであるとすれば、その名誉の多くは彼に帰すべきものである。」(p. 238, 邦訳二七二ページ。)

(12) E. Lindahl, *Die Gerechtigkeit der Besteuerung,* G. Myrdal, op. cit., pp. 177-178 にある引用。邦訳二七三ページ。

(13) G. Myrdal, op. cit., pp. 178, 181 にある引用。邦訳二七四、二七七―二七八ページ。

(14) Ibid., p. 184 にある引用。邦訳二八三ページ。

(15) Ibid., pp. 206-207 にある引用。邦訳三一五ページ。

(16) R. Swedberg, "Introduction to the Transaction Edition," pp. xxi-xxii.

(17) E. S. Mason, "Review of 'Das politische Element in der nationalökonomischen Doktrinbildung'," *Journal of Political Economy*, 42 (April 1934), pp. 420-421.
(18) P. Streeten, "Appendix: Recent Controversies," *The Political Element in the Development of Economic Theory*, English Edition, 1953.
(19) L. von Mises, "Myrdal's Economics," *The Freeman* (5 April 1954), p. 196.
(20) F. Machlup, *American Economic Review*, 45 (December 1955), pp. 948-952.
(21) J. Hicks, *Economic Journal*, 64 (December 1954), pp. 793-795.
(22) G. Myrdal, op. cit., "Preface to the English Edition," p. xii. 邦訳六一七ページ。

第3章　マクロ経済の不安定性を理論化する

——『貨幣的均衡』（一九三二、一九三三、一九三九年版）

スウェーデン経済学界の年長者たちへのミュルダールの批判——『経済学説と政治的要素』に始まったような——は、ストックホルムでは大きな驚きをもって受けとめられたが、彼が学問上の仲間の多くと研究できなくなるといった深刻な損失を引き起こすことはなかった。彼は、スウェーデン経済史を統計的に記録することに取り組んでいたイェスタ・バッジェのチーム——ニューヨークのロックフェラー財団からの資金援助による——の従順な一員として働いた。(1)ミュルダールはこの研究企画に関連して、『スウェーデンの生計費、一八三〇年—一九三〇年』と題する長大な著作をまとめあげ、それは一九三三年に出版された。彼は自身が責任をもって検討したデータの質について留保を与えながらも、未補正資料の限界を超えようとした自らの試みからある程度の満足を得た。さらに、彼は重要な論文——一九世紀半ば以降のスウェーデンにおける農村から都市への人口移動を扱ったもの——をグスタフ・カッセルが一九三三年に退職した際の記念本に寄稿した。(2)

しかしながら、一九三〇年代初めにおけるミュルダールのもっとも重要な分析的研究は、まったく違った方向を志向していた。彼とアルヴァ（両者ともロックフェラー財団奨学金の受給者であった）は、一九二九年の株式市場暴落がきっかけとなって大恐慌が始まったとき、ちょうどアメリカに到着したところであった。続く数ヶ月で、彼らは引き続いて起こった甚大な経済的苦痛と崩壊を目の当たりにした。そして、それらの出来事は、どのようにこの大惨事が起こったのか、どのようにしたら将来の再発が防げるのかを説明するよう求められた経済学者に対して、根本的な難問を投げかけた。当時の正統派経済理論はこれらの問題に答えるには十分でなかった。結局のところ、標準的学説は、完全雇用からの逸脱は一時的であり、自己修正的であると論じていた。こうした見方は、観察される現実とは明らかに嚙み合わなかった。

ミュルダールは、『エコノミスク・ティドスクリフト』に掲載された「理論的視点からの貨幣的均衡 Om penningteoretisk jämvikt」と題する論文において、この論議に参戦した。[3] 改訂版ドイツ語訳は、一九三三年にフリードリッヒ・A・ハイエクが編集した本に掲載されて出版された。[4] 当初の計画によれば、この本にミュルダールが寄稿したスペースはリンダールによる提出原稿で埋められるはずであった。しかし、リンダールは期日までに原稿を作成することができず、代理人としてミュルダールを推挙した。伝えられるところでは、ハイエクはミュルダールの議論やその政策的含意に反対であったが、渋々出版を認めたとされる。[5] 英語版——少しの修正が加えられた——は、『貨幣的均衡』という題名で一九三九年に刊行された。[6]

『貨幣的均衡』の構成

ミュルダールは、貨幣理論への自身の取り組みの「主たる目的」は「貨幣体系に予想を取り入れる」ことであると述べた。[7]彼の判断では、貨幣分析の論議に対する最近の研究は、この論点を組み入れるのに失敗してきた。彼はとりわけフリードリッヒ・ハイエクとジョン・メイナード・ケインズの研究を引き合いに出した。（ケインズへの参照は、一九三〇年に出版された『貨幣論』についてなされていることに注意すべきである。）両者とも、その理論体系のなかに「不確実性の要因および予想が占める場所がまったくない」という理由において非難された。[8]

スウェーデンの同時代人たちと同様、ミュルダールにとっても、ヴィクセルから受け継いだ枠組み内においてマクロ経済的均衡の問題を扱うのは自然なことであった。ヴィクセルの説明に従えば、マクロ的な経済変動の源は、「自然」利子率――それは貯蓄と投資を均等させる利子率である――と「市場」利子率との乖離にあるはずである。「自然」利子率が「市場」利子率を上回っている状況では、資本財投資のための借入が刺激されよう。もしこの関係が逆になるならば、経済の縮小が引き起こされよう。ミュルダールは「自然」利子率概念について、かなり慎重に接近しなければならなかった。結局のところ、この点に関するヴィクセルの定式化は、ミュルダールが『経済学説と政治的要素』において声高に告発した形而上学的実在のようなものであると疑わしく思われた。彼は確かにこの厄介な問題に鋭敏であった。すなわち、この研究では一貫して、「自然」利子率への言及は引用表記のコンマで囲まれていた。そして、彼はヴィクセルに対するワーゲマンの批判の引用とそれに対する自身の返答を示すことで、より広範な問題について論じた。

ワーゲマンはヴィクセルの貨幣理論についてこう書いている。「ほかの場合と同様に、この場合においても、経験的に確定された諸事実は『理論』によって説明されているというよりも曖昧にさせられている。なぜなら、利子率は資本に関する『自然利子率』に一致しなければならないと説くことは、結局、純然たる形而上学だからである。……この理論の神秘的な諸概念によっては何も説明されえない。」

ミュルダールはこの見解に対し、以下のように論評した。

ワーゲマンは客観的にはまったく正しい。ヴィクセルの「自然利子率」はこの世界に属していない。……しかし、問題は、ヴィクセルの思考法を徹底することによって、「経験的に確立された事実」を説明するときのみならず、それを観察するときにおいても有用であるような、諸問題の表現に到達しえないかどうかなのである。「事実」は、決して簡単に明白となる事柄ではなく、とくにそれがどちらかというと一般的で複合的な性質をもつならば、なおのことそうなのである。「事実」についてのそれぞれの定式化の背後には、広大な理論的仮説が存在している。(9)

ミュルダールは、ヴィクセルの貢献の「内在的批判」として、貨幣的均衡についての自らの分析を展開した。このことは、ヴィクセルの見方の全面的支持を決して意味するものでもなければ、ミュルダール的革新の導入を阻害するものでもまったくなかった。それが意味したのは、ヴィクセルの定式化が出発点として機能するということであった。しかしながら、一点において、ミュルダールは大きな修正なくヴィクセルを取り入れたのであって、それはつまり「累積的過程」の概念であった。扱っていた問題に関していえば、それは「貨幣的均衡からの一方または他方への動態的逸脱」と定義することができた[10]。そして彼は、「その過程の本質的特徴は、動態的過程が上昇の方向を辿る場合には実物資本の生産を増加させ、その過程が下降の趨勢をとる場合には実物資本の生産を減少させるといった生産の変化である」と付言した[11]。

例えば、「自然」利子率が貨幣利子率を超過する場合を考えてみよ。その場合、信用借入は安価であると認知され、利潤予想は高めになるであろう。この状況は諸企業を刺激し、資本形成に向けた借入と支出を促進する。次には、こうした行動がインフレーション圧力を生み出し、よりいっそう魅力的な利潤機会が予想されるという見方を強化するであろう。累積的原理が作動するのを観察できるのであり、ミュルダールは次のように書いた。「企業家たちが将来の物価上昇を予想し始めると――貨幣利子率が上昇しないならば、遅かれ早かれ生じるに違いないのであるが――、その過程は帆に風を受けるようにますます速く進行する[12]。」

ミュルダールはここで、マクロ経済の成果を決定するのに重要な役割を果たす予想についての理解を深めるために、目新しい用語を提示した。彼のアプローチは、価格形成の一要素として彼が予想を強調していたことの延長上にあったことは明らかで、それは彼が博士論文で探究していた中心的テーマにほかならなかった。『貨幣的均衡』の第二版〔ドイツ語版〕では、貯蓄者や投資家が予想する結果と実際に起こった結果とを区別するために、新たな語彙が取り入れられた。「事前 *ex ante*」の用語は、貯蓄者や投資家による意思決定に影響を与える予想あるいは計画された結果であることを意味するのに対し、「事後 *ex post*」は、事実の後に観察される貯蓄や投資の実際の規模を意味した。これらの表現は、底本のスウェーデン語版には登場していなかった。それらは一九三三年のドイツ語翻訳版において、ミュルダールの友人で翻訳者でもあったゲルハルト・マッケンロートの提案により加えられた(13)。一九三九年の英語版において、ミュルダールは、「この論文がもし何らかの貢献をなしたといえるならば、その主たるものはおそらく『事前』と『事後』の概念を導入したことであり、貨幣論的分析に暗に含まれていた時期を明確に認識することの重要性を強調したことである」と書いた(14)。「事前」と「事後」は、まもなくマクロ経済理論家たちの標準的分析概念に仲間入りした。

議論の次の段階は、先進資本主義経済においては、貯蓄の意思決定と投資の意思決定が大部分異なる人々によってなされていると認識することに向けられた。所得がある人は誰しも、消費支出を抑えることによって、貯蓄の意思決定をするであろう。それとは対照的に、資本財への支出の意思決定は、もっとずっと限られた集団の人々、すなわち実業家によってなされる。消費を差し控えようとする大衆の計画する金額が、資本利用のために企業が入手しようとする金額と一致する保証は、まったくない。不一致が生じれば、所得と物価の変動を生み出すような貨幣的不均衡の状態が生じるであろう。そして、この不均衡は、事前的貯蓄が事前的投資と一致するまで持続するだろう。これは、事後的な貯蓄と投資の状況とは明らかに異なるはずである。簿記上の問題として、これらの大きさは事実――それは所得や物価の変化によって実際の貯蓄量に引き起こされる状況――が生じた後には一致するだろう。事後の一致に関する後年の説明――とりわけジョン・メイナード・ケインズの『雇用・利子および貨幣の一般理論』で示された説明――では、力点は不均衡に反応する均等化費目としての在庫投資の意図されざる変化に置かれるようになった。この点の説明は、ミュルダールの『貨幣的均衡』には欠如していた。

金融政策の役割

ミュルダールは、貨幣理論を賢明な政策形成の一助になるものとみなしていた。しかし、これは難問を生じさせた。すなわち、実践的問題として、金融政策はどのように効果的であると考えられるのか。彼は、中央銀行による公定歩合の市場操作がその主たる政策手段であると考えた。しかし、彼が強調するには、現実世界の状況は中央銀行が達成しようとしている結果の実現に対して、完全に反作用することがないとしても、鈍くしか反応しないかもしれない。彼は、政策形成者が物価や所得に下方圧力を加えようと公定歩合を引き上げる場合に生じる信用逼迫に対する反応について、さらに考察した。

現実世界の状況では、さまざまな要素がこの変化を妨げるように介入する。例えば、ミュルダールは、賃金率の硬直性――とりわけ組合組織化された労働力の構成要素における――と賃金引き下げを労働者がたいてい嫌々受け容れることを指摘した。さらに、価格を統制しうるような市場支配力をもつ諸企業は、公定歩合の引き締めからほとんど圧力を受けることがなかった。ほかの制度的要素も同様に作用した。多くの企業は、利益配当率の引き下げが「将来における資本増加の機会を損なう」ことになるといけないので、純所得が下落していたとしてもなお、それに抵抗するであろう。公共サービスの場と同様、商業・技術部門での高度熟練被用者に支払われる給与にも、硬直性が存在した。彼はその先の考察にかなりの力点を置いた。すなわち、「中流階級や上流階級の消費慣習はかなり安定的」であり、彼らは自分たちの生活水準が侵食されることに抵抗すると予想されるということであった。彼はこの点を次のように詳細に述べた。

これは、こうした社会階級の経済的保証感が比較的強いという見方においても、……また社会的慣習（彼らの消費のきわめて重要な部分は、悪名高い「社会的」性格をもっており、それは威信といった事柄に基づいている）……に対する彼らの執着が比較的強いという見方においても、まったく自然なことである。(15)

この種の議論は、「顕示的消費」に関連する行動上の制約を強調したソースタイン・ヴェブレンの『有閑階級の理論』から直接に導かれたのかもしれない。(16)

以上からの結論は、「信用条件の標準的組み合わせの全体を一律に緩和したり引き締めたりしても、それは必ずしもヴィクセル的累積過程を誘起させることにはならない……」ということであった[17]。賃金や統制価格の硬直性がこの結果をもたらしていた限りにおいて、ミュルダールは、企業または労働組織のどちらにせよ、それらが発揮する市場支配力に対する攻撃を求めることができたであろう。しかし、彼はそうしなかった。他国の経済学者――とりわけアメリカの――は、当時、賃金・価格が柔軟でないことが大恐慌の持続の原因になっており、賃金・価格が柔軟性をもつような体制を築くことが治療策となると主張していた。ミュルダールは彼らに追随しなかった。彼が行った分析的考察の要点は、金融政策の限定的効果に焦点を当てたことであった。

このことは、政策介入が不毛であることを意味するものでは断じてなかった。それどころか、学識に即した政策形成は、高水準の生産および雇用での貨幣的均衡の達成にとって必要不可欠であった。この点について、彼はこう述べた。

貨幣的均衡を維持することは、金融政策のみの問題ではなく、経済政策全体、社会政策、そして労働市場・カルテルに関する法律・関連諸要素すべてを規律づけている諸制度の問題となっている[18]。

それでもなお、彼は、「全経済政策の社会主義的中央集権化がまだ達成されていない経済では、他の経済政策からの金融政策の『孤立』はひとつの制度的事実として存在している」と指摘した[19]。

これらの問題についてのミュルダールの探究は、もうひとつの重要な分析的発見を生み出した。

すなわち、貨幣的均衡――事前的貯蓄と事前的投資の均等によって確立される――がまったく異なる公定歩合や物価水準の絶対値においても成り立ちうるという発見である。ここにおいて、貨幣的均衡の状態が最大雇用均衡と一致するという含意は決して存在しなかった。それとは逆に、不況下の経済では不完全雇用均衡が想定されたし、観察されたのである。ミュルダールと『一般理論』のケインズは、分析手続は明らかに異なるものの、ここにおいて見解が一致していた。

研究成果に対する評価

一九三九年以前――英語訳がまだ出版されていなかったとき――、マクロ経済の不安定性についてのミュルダールの分析は、より広い世界においてほとんど注目されなかった。わずかな例外を除いて、英語圏の経済学者集団の同時代人は、そのメッセージを正しく認識することができなかった。一九三三年にドイツ語で出版された著作において、ミュルダールはスウェーデン生まれの革新的な経済学的思考が国際的に伝達される際の障害について注釈を加えていた。イギリスでは、ヴィクセルの分析方法は不完全にしか理解されていないと彼は述べた。そして彼は、D・H・ロバートソンの『銀行政策と物価水準』を「重要な小冊子」としながらも、「彼もまたヴィクセルやその弟子の知識を明らかに欠いていたので、不必要にも自分で考えなければならなかった」と述べた。ミュルダールはこう加えた。

J・M・ケインズの新しくすばらしい、しかし必ずしも明晰とはいえない研究『貨幣論』には、まったくもってヴィクセルからの影響が行き渡っている。それにもかかわらず、ケインズの研究もまた、魅力的なアングロ・サクソン流の不必要な独創性にいくぶん害されており、それはイギリスの経済学者がたいてい、ドイツ語圏の知識をある程度体系的に欠いていることに端を発している。[20]

しかしながら、ドイツ語訳を読んだ一人のイギリス人は激しく感動した。当時ロンドン・スクール・オブ・エコノミクスにいて、後にノーベル経済学賞を受賞することになったジョン・R・ヒックスは『エコノミカ』誌上で書評した。彼は、「[ミュルダールの]研究がまさに確固たる前進の一歩を刻んだことは、まったく疑いえない。それを批判するならば、おそらく何人かの読者にその本を検討することを控えさせてしまうかもしれない、そしてそれは大損害を引き起こすことになるであろうという恐れから、批判する気を起こさせなくする類の本でさえある」と述べた。ヒックスは、貯蓄と投資の「事前」・「事後」概念によって定まる基本的問題を見極めることによって、問題の核心に達した。[21] 一九三四年の自身の書評を一九八〇年代に回顧してヒックスは、「私は現在、その書評をあまりに早く書きすぎたと感じている。というのも、それは私がミュルダールからどれほど学び、またどれほど学ぶべきであったのかということを依然として示していないからである」と述べた。彼はさらにこう加えた。「……私はその本を高く評価したが、十分に高く評価しなかったと次第に感じるようになってきた。[22]」彼はさらに、ミュルダールを研究することによってケインズの

『一般理論』のメッセージを容易に把握することができた、とも述べた。ニコラス・カルドア――ドイツ語版が出たとき、彼もまたロンドン・スクール・オブ・エコノミクスにいた――は、ヒックスを通じて、「自分は（とりわけ）若手スウェーデン人経済学者たち、なかでもミュルダールを追跡するようになったのであり、彼によって私は初めてフォン・ミーゼスやフォン・ハイエクといったオーストリア学派の『マネタリスト』アプローチの欠点に気づき、三年後の『一般理論』の登場の後にはケインジアンにいともたやすく転向できたのであった」と語った。[23]

『貨幣的均衡』の英語版が一九三九年――ケインズの『雇用・利子および貨幣の一般理論』が出版されて三年後――に登場したとき、書評者はまったく当然のことながら、その二つの研究の比較を示すのに熱心であった。ケンブリッジ大学からは、ジョーン・ロビンソンが、「ヴィクセルによってすでに明らかにされていた多くのアイデアを自分たちで発見した」ケインズやロバートソンにおける「魅力的なアングロ・サクソン流の不必要な独創性」というミュルダールの批評を引用した。彼女はさらに、スウェーデンの経済学者たちは、「セー法則や貨幣数量説の圧制からヴィクセルが彼らのために勝ち取った自由」において優位性をもっていたと言及した。彼らはさらに、「ヴィクセルが師匠の批判を第一義務と考えるような弟子世代の育成に成功した」という事実においても優位に立っていた。そして彼女は、「マーシャルの弟子たちにおいては、師匠への崇拝の念が進取の精神や独創力の発揮を阻止してきた」というピグーの所見を引用した。ロビンソンはまた、ミュルダールの貨幣的均衡は経済活動のどの水準においても到達されうるし、「不況のどん底でも必ずや存在する」と述べた。このことは、ミュルダール「自身の議論」が、貨幣的均衡は「重要さの点では二次的に過ぎない」ものであると論証していることを意味していた。結局、ケンブリッジ学派のもっとも重要な問題――つまり完全雇用の達成と維持――は、ミュルダールの分析では最重要事項としては出てこなかった。彼は、「労働者の『独占的地位』が強くなりすぎた際に生じる貨幣賃金や物価の持続的上昇を抑制するためには、一定量の失業が必要であり望ましい」との見解を示した点において、批判された(24)。

『アメリカン・エコノミック・レビュー』に掲載された短評において、ポール・サミュエルソンは、英語圏の読者に「力強いスウェーデン学派の考え方」を利用可能にしたとして、この「重要な論文」の登場を歓迎した。しかしながら、彼はスウェーデン語での原本出版から時間が経ってしまったことを嘆き、その間に「貨幣理論における中心的な問題関心や力点は、ヴィクセル的分析から離れて変化してきた」と述べた。彼は、「産出量や雇用の動向に比べ、物価や利子率の動向が重要であると不当に強調している……」といった、「より最近の観点からすると……基本的な不十分さ」があることを認めた。そして彼は、「もっとも重要なことは、著者〔ミュルダール〕の考えでの貨幣的均衡がどうしても五〇%の失業を含んでしまうといったことへの認識が欠如していることである……」と付言した(25)。

ロビンソンとサミュエルソンは、明らかに『貨幣的均衡』をケイジアンの目でもって読んだ。当時ヴァージニア大学にいたアバ・P・ラーナーもまたそうであった。彼は次のように論じた。「それは、スウェーデン語を読むことができず（そしてドイツ語を読まず）、また、他の全経済学者よりもいかにスウェーデン人が先行していたかという話によってじらされてきたイギリス人・アメリカ人経済学者にとって、不当なものである。しかし、それ以上にそれらの著者たち〔ミュルダールとリンダール〕にとっていっそう深刻に不当であるのは、彼らの核心的議論が間接ルートを通じて大衆にまで知れ渡った後になってはじめて、その理論内容が示されていることであり、そのことによって彼らの独自の主張が中古でどちらかといえばくたびれたものと見られることである。この不幸な結果は、とりわけ今回の事例に顕著である。というのも、それはJ・M・ケインズ氏によってもたらされた大いなる進展のためであり、スウェーデン的思考からのわずかな影響を体系的図式へと形作った彼の才覚の方に、これらの再出版は意図されざる印象的な賞賛を与えることになったからである。」(26)

ミュルダール側から見て、もっとずっと理解のある評価は、当時カリフォルニア大学にいたハワード・エリスの手によって出された。『ジャーナル・オブ・ポリティカル・エコノミー』誌への寄稿において、彼はミュルダールの著作が「ケインズによって進展してきた現在の支配的理論に対する真剣な挑戦となる」だろうと予測した。この論題に入念に取り組んだ結果、彼は、「ケインズとは異なり、完全雇用を満たさない状況におけるミュルダールの均衡は、(1)貯蓄が持続的に退蔵へと吸収されること、あるいは、退蔵意思によって消失すること、(2)資本に対する非弾力的な需要表、(3)純投資の停止、のいずれをも含まないし、少なくとも必要としない」と指摘した。彼はこう付け加えた。

ケインズ的体系のこうした特徴が大きな懐疑の対象となってきたことに応じて、それらなしで持続的失業の説明を提示し、また同時に、不況における貯蓄行動に含意される投資の明白な減退を説明する理論は、注意深く検討する価値がある。

彼はミュルダールの「結論」を「ただより説得的である」とみなした[27]。いうまでもなく、ミュルダールの研究に対するもっとも熱狂的な見解は、イギリスのG・L・S・シャックルによって出された。彼の見方では、「一九三三年に現れたミュルダールの論文には、多くの新しいアイデアが見出されるべきであり、それらは正確で首尾一貫した全体の構成要素となっており、現代経済動学のもっとも本質的で特徴的な枠組みの一部となってきているのであって、少なくともイギリスの経済学者の心のなかではその真の創始者以外の名前と関連づけられてきたものである。私見では、ミュルダールの論文について、大戦間期に経済学で生じた出来事のどれもに勝るとも劣らない独自性や革新的重要性を主張しても、それは評価しすぎにはならない……」のであった[28]。ここには、ミュルダールがケインズに先行し勝っていたという明確な意味が含まれていた[29]。シュンペーターの考えも同様であった。彼は、ミュルダールを――エリク・リンダール、バーティル・オリーン、エリク・ルンドベリといったスウェーデンの同僚たちとともに――ポスト・ヴィクセル的展開を主導していた者とし、「……イギリスの経済学者には少しも知られることなく、しかもイギリス（ケインズ流）の発展と並行し、若干の重要な点ではそれに先行していた」と認定した[30]。

反実仮想的な疑問

もしミュルダールがマクロ経済の不安定性についての彼の研究の英語訳を一九三六年より前に出版していたならば、その帰結として、世間は排他的に経済理論における「ケインズ革命」というよりも、「ミュルダール革命」もしくは「ミュルダール＝ケインズ革命」と言及するようになったであろうか。ひょっとしたらそうなったかもしれないが、その可能性は小さい。ヴィクセル的枠組みは、一般物価水準の不安定性を軸に組織されており、ケインズ的定式化の場合のように総産出量や雇用の変化を軸としてはいなかった。大恐慌においては、後者の問題（総産出量や雇用の変化）の方が前者の問題（一般物価水準の不安定性）よりもずっと大きな重要性をもっていた。さらに、ケインズは——ミュルダールとは異なり——貨幣需要の問題を示した（退蔵の可能性や「流動性の罠」を導入した）。この巧妙な概念は、一九三〇年代の商業銀行システムにおける過剰準備金の蓄積——とくにアメリカの——について大きな説明力をもっていた。このわずかな理論化がミュルダールやスウェーデンの他のポスト・ヴィクセリアンたちの分析には欠けていた。

一九八二年のインタビューにおいて、ミュルダールはなぜ一九三三年に英語への翻訳を進めなかったかについてコメントを求められ、次のように応じた。

私はスウェーデン人、そしていくらかはスカンジナヴィア人のためにスウェーデン語で書いたのであり、私は自分の考えが世界の聴衆にまで届かなくても一向にかまわなかった。……私は、国際労働機関（ＩＬＯ）〔訳注1〕から、一九三三年一月に提出された社会民主党政府の予算に対する私の付録の翻訳版を彼らの学術雑誌に出版しないかという誘いを受けたことを覚えている。しかしながら、私はスウェーデンでの仕事で完全に手一杯であり、翻訳の校正での面倒を避けたいという理由により、その誘いを断った。[31]

しかし、一方でストックホルム学派を擁護する側、そして他方でケインジアンたちを擁護する側のそれぞれが分析上の先行性を主張する状況のなかから、われわれはより大きく何を見出すべきなのだろうか。この論点は膨大な文献を生み出してきており、オリーンがスウェーデン陣営の代表的スポークスマンであるとともに、ドン・パティンキンがケインジアン陣営の代表者である。[32]ボー・グスタフソンによる「学説史における積年の問題」というこの論争の特徴づけは的を射ている。[33]この論争がまもなく合意により解決されると言ってみても無意味だろう。

しかしながら、もうひとつの事柄については、確信をもって語ることができる。ケインズが『一般理論』公刊後まもなくストックホルムを訪れた際に受けた歓迎会についてである。一九三六年一〇月一日、彼は経済学クラブの招待客としてストックホルムで講演した。会の議事録によれば、彼の演題は「私が正統派経済学的伝統から離れた理由」であった。参加者には、グンナー・ミュルダール、バーティル・オリーン、エリク・ルンドベリ、ダグ・ハマーショルドが含まれていた。伝えられるところによると、オリーンはケインズに対し、ストックホルム学派のメンバーは『一般理論』を「再認の喜びでもって」読んだと告げた。講演後の議論は真夜中まで続き、そこで若手のスウェーデン人経済学者たちはケインズを「古典的すぎる」と批判した。[34]

『貨幣的均衡』の立場と重要性を見ると、なぜスウェーデン・アカデミーが一九七四年のミュルダールのノーベル記念経済学賞授与に関して用意した特記事項のなかでそれに言及しなかったのかは、謎として残されたままである。

注

(1) スウェーデンでの経済調査に対するロックフェラー財団の支援の背景については、E. Craven, "Gösta Bagge, the Rockefeller Foundation and Empirical Social Science Research in Sweden, 1924-1940," *The Stockholm School of Economics Revisited*, L. Jonung, ed. (Cambridge and New York: Cambridge University Press, 1991), pp. 79-97 を参照。バッジェがニューヨークのロックフェラー財団本部を一九二四年九月に初めて訪れた日は、偶然にも新取締役ビアズリー・ラムルが着任した日であった。後述するように、ラムルは再度、アメリカの黒人問題の調査研究、すなわち最終的に一九四四年に『アメリカのジレンマ』を生み出した研究計画を率いるようミュルダールを登用する媒介となった人物として現れる。

(2) G. Myrdal, "Industrialization and Population," *Economic Essays in Honour of Gustav Cassel* (London: George Allen and Unwin, Ltd., 1933), pp. 435-457 を参照。

(3) この論文は一九三二年に書かれたが、一九三三年付けの『エコノミクス・ティドスクリフト』の号に出版された。この学術雑誌を作成するのに出版上の遅れがあったようである。

(4) G. Myrdal, "Der Gleichgewichtsberiff als Instrument der geldtheoretischen Analyse," *Beträge zur Geldtheorie,* F. A. Hayek, ed. (Vienna, 1993) を参照。

(5) N. Shehadi, "The LSE and the Stockholm School in the 1930s," L. Jonung, ed. (New York and Cambridge: Cambridge University Press, 1991), p. 382 を参照。

(6) トード・パランデルは "On the Concepts and Methods of the 'Stockholm School'," *International Economic Papers,* 3 (London and New York: Macmillan, 1953) において、翻訳間の修正を跡付けている。

(7) G. Myrdal, *Monetary Equilibrium* (London: William Hodge and Company, 1939), p. 32（傍島省三訳『貨幣的均衡論』実業之日本社、一九四三年、三九ページ）。

(8) Ibid., p. 3. 邦訳四〇ページ。

(9) Ibid., p. 48n. 邦訳五八—五九ページ。

(10) Ibid., p. 29. 邦訳三五ページ。

(11) Ibid., p. 34. 邦訳四一ページ。

(12) Ibid., p. 25. 邦訳三〇ページ。

(13) この点については、L. Jonung (ed.), *The Stockholm School of Economics Revisited* (Cambridge and New York: Cambridge University Press, 1991), p. 29 を参照。R・G・H・ヘンリクソンによるこのやり取りへのコメントは引用に値する。「……ドイツ語の翻訳者は……スウェーデン語の文章におけるミュルダールの言葉による巧妙な表現に対する便利な代替物として、『事前』と『事後』というストックホルム学派のパスワードを組み入れた。……一般的には、翻訳によって厳密性と含蓄は失われるが、スウェーデン人の著者の場合、ときどきその逆のことが起こる。」Henriksson,

"The Political Economy Club," in Jonung (ed.), op. cit., p. 62 を参照。

(14) G. Myrdal, op. cit., p. 47. 邦訳五七ページ。

(15) Ibid., p. 166. 邦訳一九九ページ。

(16) ここにおけるミュルダールの論点は、J. Duesenberry, *Income, Savings, and the Theory of Consumer Behavior* (Cambridge, MA: Harvard University Press, 1949)（大熊一郎訳『所得・貯蓄・消費者行為の理論』巌松堂書店、一九五五年）において繰り返された。

(17) G. Myrdal, op. cit., p. 183. 邦訳二二〇ページ。

(18) Ibid., p. 184. 邦訳二二一ページ。

(19) Ibid., p. 185. 邦訳二二三ページ。

(20) Ibid., pp. 8-9. 邦訳一一ページ。一九三三年のドイツ語版では、この一節は p. 370 にある。

(21) ヒックスの書評は『エコノミカ』一九三四年一一月号に現れ、J. R. Hicks, *Money, Interest and Wages: Collected Essays on Economic Theory*, II (Cambridge, MA: Harvard University Press, 1982), pp. 42-45 に掲載されている。

(22) Ibid., pp. 8, 42.

(23) N. Kaldor, "Recollections of an Economist," *Banca Nazionale del Lavoro Quarterly Review* (March 1986), 7 (Shehadi, op. cit. から引用のとおり)。

(24) J. Robinson, "Review of Myrdal's *Monetary Equilibrium*," *Economic Journal*, 49 (September 1939), pp. 493-495.

(25) P. Samuelson, "Review of Myrdal's *Monetary Equilibrium*," *American Economic Review*, 30 (March 1940), pp. 129-130.

(26) A. P. Lerner, "Some Swedish Stepping Stones in Economic Theory," *Canadian Journal of Economics and Political Science,* 6 (November 1940), pp. 574-591. この書評論文において、ラーナーはミュルダールの『貨幣的均衡』とリンダールの『貨幣および資本理論の研究』の両方にコメントしている。

(27) H. Ellis, "Review of Myrdal's *Monetary Equilibrium,*" *Journal of Political Economy,* 48 (June 1940), pp. 434-446.

(28) G. L. S. Shackle, "Myrdal's Analysis of *Monetary Equilibrium,*" *Oxford Economic Papers,* 7 (March 1945), pp. 47-66.

(29) この点について、シャックルは一九六七年ではいっそう明示的であり、そこで彼は、「ミュルダールは明確な論理でもって、難解で説明しづらい問題を理解してうまく処理するような理論を作り上げた。……力点の置き所の違いを除けば、『貨幣的均衡』はケインズの『一般理論』を予見していたが、それはケインズのような革命的達成の感覚や説得力をもたらすものではなかった」と書いた。(G. L. S. Shackle, *The Years of High Theory: Invention and Tradition in Economic Thought, 1926-1939,* Cambridge University Press, 1967, p. 98.)

(30) J. A. Schumpeter, *History of Economic Analysis* (Oxford University Press, 1954), p. 1085.(東畑精一・福岡正夫訳『経済分析の歴史(下)』岩波書店、二〇〇六年、六一七ページ。)

(31) Jonung, op. cit., p. 28 によって伝えられるとおり。

(32) 少しの実例を示せば十分であろう。オリーンは『エコノミック・ジャーナル』第四七巻に掲載された二つの論文、すなわち、"Some Notes on the Stockholm Theory of Savings and Investment-I" (March 1937), pp. 53-69, ならびに、"Some Notes on the Stockholm Theory of Savings and

Investment-II" (June 1937), pp. 221-240 によって、この論争を開始した。パティンキンとのやり取りは、D. Patinkin and J. C. Leith (eds.), *Keynes, Cambridge, and the General Theory* (London: Macmillan, 1977)（保阪直達・菊本義治訳『ケインズ、ケムブリッジおよび『一般理論』』マグロウヒル好学社、一九七九年）に始まるが、そこにオリーンは「ケインズ主義へのコメントと一九三五年以前のスウェーデン学派」という題の一章を寄稿した。議論は *Scandinavian Journal of Economics.* 80 (1978) において継続された。パティンキンの "Some Observations on Ohlin's 1933 Article," *History of Political Economy,* 10 (Fall 1978), pp. 413-419 も関連する。

（33） B. Gustafsson, "A Perennial of Doctorinal History," *Economy and History,* XVI, 1973 を参照。

（34） R. G. H. Henriksson, "The Political Economy Club and the Stockholm School, 1917-1951," in Jonung, op. cit., p. 41 によって伝えられるとおり。このときのケインズの所見は後に論文となり、A. D. Gayer (ed.), *The Lessons of Monetary Experience: Essays in Honour of Irving Fisher* (New York: Farrar and Rinehart, Inc., 1937) において、「利子率の理論 The Theory of the Rate of Interest」の題で pp. 145-152 に収められた。

訳注1　バーバーによる原文では International Labor Bureau となっているが、注（31）に示されている Jonung (1991) の典拠は G. Myrdal, *Hur styrs landet?* [How is the country governed?], Stockholm: Rabén & Sjögren, 1982 であり、もともとの言葉はスウェーデン語の internationella arbetsbyrån であることが確認できる。この語は International Labor Organization と英訳されるべきであった。

第4章　一九三〇年代に反景気循環的財政政策を構築する

ミュルダールは一九三二年にスウェーデンの社会民主党に正式に入党した。彼は「社会政策のジレンマ」と題する論文――それを彼は「モラル」の論文と表現した――を書くことによって、その記念とした。（ここでの言葉の選択と後に彼が援用した言葉の使用との間には際立った対称性がある。一九四四年、彼の経歴における最高の研究成果のひとつ、『アメリカのジレンマ――黒人問題と現代民主主義』が出版され、そのとき彼はそれを「モラル」の問題と診断した。）

彼の一九三二年の論文は、社会民主主義者たちの関心を引こうと書かれたものであったが、政治パンフレットというよりも大学のセミナー・ペーパーのようなものと解された。彼は社会政策に対する古典的自由主義者の態度の進化を過去一世紀にわたって調べ出した。この伝統は、政府干渉は大体いつでも疑わしいという信念に根差してきていた。こうした見方は、極度の窮乏に苦しんでいる共同体のメンバーに対しては国家が救済を適切に与えるべきであるという考えが広まった一九世紀以来、いくぶん緩んできていた。しかしながら、自由主義のイデオロギーは、依然として「個人的責任の効用と必要」を支持したために、ジレンマの罠に陥ってしまった。そうして、そのイデオロギーは、「節倹、思慮分別、企業家精神を通じて個人が自立できるようにする圧力を弱める」として、社会政策を信用することがなかった。不況相当の失業の危機に直面したとき、古典的自由主義の見通しは不十分であり、「失業者を助けることは時として、彼らが仕事を探そうとする関心を弱めさせるばかりか、何よりも恒常的に賃金を上げさせようとしている労働組合を強めることになる。……したがって、失業救済はより多くの失業を生み出す」という申し立てによって麻痺していた。(1) ミュルダールはさらに、「上流および中流階級は、彼らがその表面に乗って浮かんでいる社会秩序への信頼を失い始めている。そして、このことは社会政策が限界に到達するのとほぼ同時に起こるのであり、そこでは、これらの階級内部での改革志向者であっても、良識からしてこれ以上は改革に踏み込めないと感じることになる」とも論じた。(2)

ジレンマはまた、社会主義的観点からも位置づけられた。社会主義的改革者たちは現下の危機での失業を集中的に論じてきた。これは「もっとも抵抗の少ない道」であったが、基本的な問題を把握するのに失敗した。現在の状況における社会政策は、その便益が持続的に拡大されてはじめて「混乱を鎮める」役割を果たしうるとミュルダールは主張した。しかし、「さらに社会政策を拡張することに対する自由主義的上流階級の関心が……弱まった」ことからして、「労働者の意見の急進化」の機運が高まっていた。労働者が社会政策のすべてを「ぼろ布に接ぎを当てる」ようなものと見るようになり、彼らの注意が「体制」のより深い変革に向けられるようになる危険性があった。(3)

ミュルダールの見方では、これらのジレンマの治療法は、失業などの明確な社会的諸問題を検討するために専門家たちの頭脳を用いるという方法で探索されるべきであった。こうしたアプローチは、「全面的革命」には随分と物足りないものにとどまるが、社会主義的改革者たちのアプローチよりはずっと急進的であった。所得や富のいくらかの平等化は、特殊な社会的病弊――例えば、貧しい階級の住宅ニーズなど――を扱う諸手段によって引き起こされるだろうが、それは目標としての平等主義を前提としてはいなかった。以上を要約すれば、専門家によって主導される経済計画が必要だということになる。社会民主党は一九三二年の選挙で政権を握り、その後四〇年にわたってスウェーデンの政府与党となった。ミュルダールはいまや「インサイダー」として信任を得るようになっていた。

失業委員会での任務

一九三二年三月、ミュルダールは公式な委員会である「失業委員会」(訳注1)の一員に任命された。この委員会は一九二七年に発足していたが、一度ないし二度の改組があった。その任務はもともと長期的失業の性質と原因に焦点を当てており、この論題について有意義な統計学的文書がいくつか作成された。大恐慌が生じると、当然のことながら力点は循環的失業やその解決策の研究に移った。こうした後半局面の任務において、ミュルダールと彼の同僚であったネオ・ヴィクセリアンたちの多くがその研究課題に取り組んだ。バーティル・オリーンは、「失業対策としての金融政策・公共事業・補助金・関税政策」の調査を行った。他の参加者としては、エリク・リンダール、アルフ・ヨハンソン、ダグ・ハマーショルドが含まれていた。社会民主党の政治家、エルンスト・ウィグフォシュの貢献は、とりわけ言及に値する。アマチュアの経済学者ながら、彼は文献にとてもよく通じており、スウェーデンのみならずイギリスにおける最新の経済学の思考にも接していた。彼はその委員会の一大人物であり、学問上の同僚たちは彼がストックホルム経済学クラブの特別名誉会員たることを認めた。(4)(言語学の博士学位をもつウィグフォシュが、きわめて印象的な学問的信用の証を有したことに注目すべきである。)

社会民主党が政権を獲得して、エルンスト・ウィグフォシュは大蔵大臣になった。ミュルダールにとっては、こうして新たな協働の機会が開かれた。その最初の成果は、早くも一九三三年に、ウィグフォシュがミュルダールに拡張的財政政策の事例に関する覚書を作成するよう要請したときに現れた。この四五頁の文書は、『景気循環と財政政策』と題され、一九三三年一月のスウェーデン議会におけるウィグフォシュの予算案に付録Ⅲとして添付された。

この議論についてのより完全な――二七九頁というもっと長い――叙述は、一九三四年の初め、失業委員会の後援を受けてミュルダールが準備した『財政政策の経済効果』という題の研究において現れた。この文書は、典型的な政府文書というよりも、学問的な専門論文に近いものであった。そのなかでミュルダールは、毎年の均衡財政を「健全な」公共財政の要であると考えている者たちの関心事について直接に言及した。彼はまず、経済不況のなかで課税ベースが縮小し、それによって政府の歳入が減少している事実に注意を促した。これにより、意図されたことではないが、財政は赤字となる圧力を受ける傾向にあった。伝統的主流派ならば、その標準的治療策を次のように処方するだろう。すなわち、増税、公共事業の削減、あるいは、それら二つの折衷である。しかし、そうした反応は事態を悪化させるだろうと彼は論じた。つまり、景気回復を刺激するために総支出の拡張が必要とされているときに、それは総支出を減少させる効果をもつ。その状況に必要なのは、貸付資金による政府支出を有用な公共事業に回すような拡張政策であった。これは政府が率先して支出を行うことにより、雇用や所得に即時的効果を与えるであろう。しかし、拡張過程はそこで終りとはならない。公共事業計画に関係する労働者や原料供給者は、彼らの増えた所得のすべてではないにせよ、その多くを支出するであろうから、それはまた消費財部門の雇用を刺激することになろう。ミュルダールは明らかに投資・所得乗数の概念を扱っていた。R・F・カーンの一九三一年『エコノミック・ジャーナル』での定式化と比較するならば、それは乗数過程が停止する諸条件の定式化を欠いているにすぎなかった[5]。

ミュルダールが提案したプログラムのほかの特徴も注目すべきものであった。政府財政への実際の影響は、公共事業領域に配分された支出よりもかなり小さくなろう。これらの事業に再雇用された労働者たちは、さもなければ失業給付というかたちで予算の負荷となっていただろうからである。公共事業への予算配分の方が施与よりも優れている理由は、ほかにも二つある。それらは有用な公的資産の国民的ストックを付加するが、失業給付への移転支出はそれに代わるような見るべきものを何も残さない。さらには、有益な仕事に従事すること――施与の受給者となることとの対照として――は、労働者の勤労意欲を支えるのに大きく役立つと考えられる。

ミュルダールはまた、公共事業計画によって引き起こされる所得や雇用の拡大はそれ自体、課税ベースの拡張を通じて初期の赤字を縮小させることになり、結果として大蔵省は追加的収入を得ることができるだろうと読者に注意を促した。経済が生産活動の最大能力レベルに近づくにつれ、財政黒字が予想されうる。こうした資金が、次には、経済を動かすのに必要とされた際に生じた赤字を相殺することになろう。ここで彼が考えていたことは、景気循環が一巡りするなかで均衡が達成されるような予算戦略であった。しかし、こうした結果は、毎年均衡予算という拘束——経済状況を鑑みることのないような——を放棄した場合にのみ、実現可能となるだろう。彼はまた、実行に移されるべきもうひとつの予算上の革新、すなわち、経常勘定と資産勘定とに区分された二部予算の実現を望んでいた。彼が指摘するには、デンマークがこの方法を先駆的に実行していた。（スウェーデンは一九三六年にそれを採用することになった。）

ミュルダールは、拡張的財政政策が潜在的制約——つまり、それが国の外貨準備を大量に流出させてしまうかもしれないというリスクをもたらすこと——を考慮に入れる必要があると十分認識していた。彼は三つの想定可能な状況を分けて考えることで、その脅威に対処するいくつかの方法を示した。シナリオ1では、彼は、「国際的空間」を広げつつ、同時に国内経済を刺激する諸方策を示した。これらには、緩やかな為替切り下げ、プラスの輸入関税と輸出補助金が含められた。シナリオ2では、国内への影響は中立的であるような「国際的空間」拡大の諸手段が論じられた。コストを低めることによって雇用者の何人かに利益をもたらすといった緩やかな賃金削減計画のほか、資本輸入の増加および資本輸出の減少もこのカテゴリーに入ったが、これらには他の生産者が製品の需要低下を経験するといった痛みを伴う代償が生じるのであった。シナリオ3――それは国内経済を不況にすることによって達成される「国際的空間」拡大を検討している――は、断然魅力に乏しい。極限状態において、これは消費財需要を縮小させるべく増税を、そして政府やほかの公共事業体によって支払われる賃金削減を要求することになろう。これは明らかに避けるべき帰結であった。ミュルダールはこのように、国際収支制約は拡張的プログラムとは相容れない可能性があることを認識していた。そのような問題が生じるならば、シナリオ1の枠組みで問題が扱われることが望ましいのは明白であった(6)。

拡張的財政政策の遂行、一九三三―一九三六年

一九三三年になるまでに社会民主党政府が政権を行使できるようになったことで――そして、エルンスト・ウィグフォシュが蔵相となったことで――、拡張的財政政策を試行する舞台は整った。彼の試算によれば、スウェーデンの国民所得は一九三〇年に約八三億クローナであったが、一九三三年には七〇億クローナにまで下落していた(7)。その間、失業は著しく増加していた。一九三三年の第一・四半期、失業委員会を通じた公的扶助の受給者は一八万六千人であり、労働組合員の二八・四%が失業していると報告された(8)。

新政府は、公共事業計画への充当を拡大することによって対応した。「非生産的」――自己回収的収益を生み出さない――と考えられていた資本事業計画への大規模な支出拡大が実施された。こ

のカテゴリーにおける支出は、一九三四年六月三〇日締の予算年（先代政府が管理していた最後の予算年）において一五一〇万クローナであったが、一九三五予算年では一億五一〇万クローナに、一九三六予算年では二億七七〇万クローナに上昇した。それほどに劇的ではなかったが、「生産的」なカテゴリーにおける政府支出も増加した。スウェーデン経済の構造――そこでは鉄道、電力、運輸・通信、工業、森林産業において、政府が企業者の機能を果たしていた――は、反景気循環的投資政策についての政府のイニシアティブが受け容れられるのに適していた。しかしながら、政府企業の経営者の対応が遅々としていることについては、若干の不満がもらされた。[9]

この政府活動の結果として、財政赤字の増加が生じたが、このときは（前の政府の場合のような）意図せざる結果というよりも意図的なものであった。とはいえ、貸付資金による政府支出は、際立って大規模であったわけではない。つまり、一九三四予算年において、それは中央政府支出の一一%弱であり、一九三五予算年においてはこの数値が一二%に少し満たない程度であった。一九三六予算年では財政黒字が記録された。[10] と同時に、失業者の指数がかなり低下し、雇用量が増加した。一九三六年までに、雇用労働者指数（一九二九年を一〇〇とする）は一九二九年レベルより二ポイント上昇し、一九三三年レベルよりは一七ポイントも上昇した。[11]

ウィグフォシュは、ごく当然にこれらの結果に満足することができた。しかし、彼は、拡張的財政政策がこれらの結果に主要な役割を果たしたと主張するのを思いとどまった。彼は、彼が考えた基準、すなわち、それが世論に受容されたかどうかによって成功か否かが判定されるのであれば、事業計画は成功したことになると明言した。彼が一九三八年に書いたところによると、「実践的重要性にとっての唯一の識別基準は、過去数年の経験が将来の行動にいかに影響するかということである。このように問題が定められるならば、一般大衆やこれら諸問題に関する専門家の大多数はその経験を好ましいことであったと考えているので、将来の試みは『新しい財政政策』路線に沿ってなされていくはずだろうと言ってみることもできる」[12]。そして彼は、この政策が大衆側に受容されたのは、不況期の赤字を好況期の黒字で相殺するという公約のおかげだろうと付言した。この財政的「健全性」の再定式化は、大衆からの信頼を持続的に取り付けるために重要であり、妥協は許されないことであった。

ミュルダールは、一九三八年一二月のアメリカ経済学会年次大会で報告した論文において、このエピソードを語った。彼はスウェーデンの試みを有用な「実験室」と見立てたが、「政策は不熱心に実行されたにすぎない」と言い切った[13]。彼の見方では、資本事業計画が前もって準備されず、最大級の効果を与えるには取り掛かるのが遅すぎたこと、そして理想的に望ましい規模よりも小さなものであったことから、計画は妨害されたのであった。ここで学ぶべき主な教訓は、公共事業相当の事前計画は将来の景気後退や不況に対する緩衝材として起動すべきであるということであった。彼は、スウェーデンは経済活動の全般において政府企業がかなりの比重を占めているので、そもそも反景気循環的財政政策を実施するのに比較的適した状態にあると認識していた。しかしながら、「政府企業の経営者たちも、民間企業の経営者たちと同様に、〔経済状況に〕きわめて敏感に反応しがちであるところに実践的困難があった。例えば、公営鉄道の経営では、交通量が増加して現実に新たなニーズが起こってきた場合、当然ながら投資に最大の関心が示される。しかし、公営企業の経営者はもっとすんなり指導されるべきなのであり、また結局のところ、それらは民間投資とは異なり、政治統制の管理下に置かれているのである。」(14)

景気循環を通じて財政を均衡させる義務を強調するとき、ミュルダールはウィグフォシュの主張を繰り返した。しかし、彼はまた、政策立案者が刺激的支出計画を実行するときに獲得できるフレキシビリティを最大化しながらも、財政的「健全性」の公約を保持しうるやり方に注意を喚起した。これは、予算を二つの構成要素に分けるというデンマーク式のやり方をスウェーデンに適用することによって可能であった。すなわち、支出が収入と一致しなければならない経常ないし「継続」勘定、ならびに、貸付資金による自己回収的投資がなされる資本勘定とに分けるやり方である。これらの諸原理は、いまや一般に「健全」とみなされていると彼は主張した。この枠組みにおいて、より多様な政策戦略をとることができるようになるわけだが、それは「非生産的」(ないし非自己回収的)資本支出が「生産的」と再定義されることで、貸付資金調達にうまく適合させられるような調整を通じてなされるのである。このことは、「政府所有の公共建築、学校、郵便局、病院を管理するような、ほかの生産的政府企業と同レベルに置かれる公営企業」を創設することによってなされるであろう。「その特定の行政支局は、それゆえこの企業に対し、場所使用料として毎年賃料を払わなければならない。……また逆に、その企業は建物の保持にかかる費用を支払うためだけではなく、投資資本に関する利子や減価償却を支払うためにも、その賃貸所得を活用する。」この提案にはとくに魅力的な性質があった。なぜなら、それは、「不況の期間中、われわれはいまや公共建築の建設計画を拡大することができ、予算原則を破棄することなく、また長期的に財政の健全性を脅かすことなく、貸付から資金を充当できる」ことを意味したからである[15]。

アメリカ経済学会でのミュルダールの講演は、スウェーデンの「実験」についての諸事項の事後的な詳細に関してというよりも、将来の展開に対して戦略を完璧なものとすることに焦点が当てられた。しかし、スウェーデンの一九三〇年代半ばの所得と雇用の上昇については、貸付資金調達による公共事業支出の拡大に伴う効果だけでなく、それ以上のものが進行していたことが十分すぎるほど明らかである。一九五七年、エリク・ルンドベリはこれらの出来事の計測的分析を示した。そこで彼はこう述べた。

社会民主党政府は、一九三二年の秋に政権についたが、……貸付資金による政府投資と公共事業を増加させることによって……経済拡張の積極的政策をまもなく実行した。まぎれもなく、この新たなアプローチは思想の発展において大きく、また持続する意義を与えたが、一九三二年以後に採用された現実の諸方策は一九三二―三四年の景気回復には二次的な重要性しかもたなかった。拡張主義者のプランは一九三三―三四年の建設業での労働争議などの出来事によって妨害されたし、一九三四―三五年になるまで十分に大きな規模では実行されえず、そのころまでには貿易の回復がその初期段階を通り過ぎていた[16]。

ルンドベリはさらに、「一九三二―一九三四年の初期の景気回復においては、輸出による所得向上効果がきわめて重要であったことも明白である」と論じた[17]。

時間的先行関係をめぐる論争、再び

前節の議論から、一九三〇年代のマクロ経済学で生じた「革命」の主要要素を見極めたのはストックホルム学派かケインズか、一体どちらが多数票を集めるだろうかという論争が、いまだ健在であることが思い起こされよう。この論戦と、大恐慌に対抗するための拡張的財政政策――貸付資金による公共事業主導の政策――の形成におけるさまざまな貢献者たちの役割についての論争は、相似していた。スウェーデンの政策立案者たちがその戦略を実行するのに、他国の政策立案者よりもずっと先んじていたという事実は疑うべくもなかった。また、当時のスウェーデンの経済学者たちが政府の高官たちと驚くほど親密にやり取りしていたことも否定のしようがなかった。しかし、なおも問題は残るだろう。スウェーデン政府が選択した政策指針は、国内の経済学的思考から基本的な影響を受けたのだろうか、それとも外国ですでに公表されていた教義に基づくのだろうか。

カール－グスタフ・ランドグレンが書いた博士論文（一九六〇年にスウェーデン語で著書として刊行された）は、この問題に関する一般的見解に挑んだものであった。[18] ランドグレンは、一九三二年に政権を取った社会民主党政府の蔵相ウィグフォシュについて、拡張的財政政策を採用する際に、背後の原動力となったのは彼であると的確に位置づけた。となると、ウィグフォシュの思考への主要な影響が跡づけられなければならない。ランドグレンは、ウィグフォシュの思考過程は、ストックホルムで彼を取り巻いていた経済学者たちからよりも、ケインズが知的主導者としての役割を果たしていたイギリス自由党の急進派が作成した文献を知ったことから形成された、という興味深い見解を主張した。失業に対抗するための大規模な公共投資の議論は、自由党の一九二八年の「黄書」に少し触れられており、ヒューバート・ヘンダーソンの協力のもとにケインズが書いた「ロイド・ジョージはそれをなしうるか」という題名のパンフレットにおいていっそう十分に開陳された。後者の文書は一九二九年に出版されたが、公共事業への積極的支出を要求していた。このように、失業問題に対するケインズ的政策は、一九三六年の『一般理論』の公刊で与えられる理論的裏打ちよりも六年ほど先立って明確に表れていた。

ウィグフォシュは、不況に陥った経済を刺激するための公共事業支出の事例に関するイギリスの諸文献に確かに精通していた。「アマチュア経済学者」でありながら、彼はその学問の主要業績に精通していたことで、ストックホルムの専門家たちから非常に尊敬されていた。例えば、エリク・ルンドベリは、「一九三〇年代における多くの機会に、私は彼が経済学者たちと経済理論について議論しているのを聞いたが、彼が経済学説の広い知識をもっていることに感心した」と述べた(19)。ミュルダールもまた、「われわれの誰よりも彼が文献を多く読み、完全に精通し、当時の新たな思考のすべてに深く共感し、われわれのさまざまな著作と同時に進行していたわれわれの間の諸議論に活発に参加していた」という理由から、ウィグフォシュを尊敬していた(20)。

しかし、この状況証拠を総合すると、ケインズこそが公共事業支出へと意図的に赤字を配当することにしたスウェーデン財政政策に真なる着想を与えた者である、という結論を示すことになるのだろうか。何人かの有能な経済学者は、こうした議論を説得的だと考えてきた。例えば、ドナルド・ウィンチは、「ランドグレンの研究では、ウィグフォシュはケインズ主義の立場を把握した最初の政治家（そして社会主義者？）として立ち現れてくる。ケインズは彼の考えを最初に実践適用するところとしてルーズヴェルトのワシントンよりもストックホルムに期待すべきであったように思われる」と論じてきた(21)。少しの間、マーク・ブラウグもこの立場に賛同していた。一九六八年の著作のなかで、彼は次のように述べた。

スウェーデンの赤字財政の記録は、ミュルダールやほかのスウェーデンの経済学者たちの研究の結果であるとわれわれはこれまで考えてきた。……しかしながら、最近の証拠は、景気循環を平準化するためのスウェーデンの不均衡予算政策は、ケインズが知的リーダーシップを発揮していたイギリス自由党急進派の諸著作から決定的影響を受けているという側面を明らかにしてきた。……ケインズは予言者であったが、彼の自国においてそうであったわけではない(22)。

ランドグレンの学位論文は、オットー・スタイガーが一九七一年にウプサラ大学に提出すべく準備した博士論文のなかで激しく批判された。（この論文は『スウェーデンにおける「新しい経済学」の出現に関する考察――反批判』という題でドイツ語訳で出版された。）スタイガーの見方では、一九三〇年代初期におけるスウェーデンの拡張的財政政策の形成は明らかに自国で生成した展開であった。この結論の根拠として、彼は一九六七年にウィグフォシュが刊行した論文を参照しているが、そこにおいてウィグフォシュは景気回復計画を「社会民主主義の思想的伝統」に根ざしたもの

郵便はがき

恐縮ですが
切手をお貼
りください

112-0005

東京都文京区
水道二丁目一番一号

勁草書房
愛読者カード係行

（弊社へのご意見・ご要望などお知らせください）

・本カードをお送りいただいた方に「総合図書目録」をお送りいたします。
・HPを開いております。ご利用ください。http://www.keisoshobo.co.jp
・裏面の「書籍注文書」を弊社刊行図書のご注文にご利用ください。より早く、確実にご指定の書店でお求めいただけます。
・代金引換えの宅配便でお届けする方法もございます。代金は現品と引換えにお支払いください。送料は全国一律300円（ただし書籍代金の合計額（税込）が1,500円以上で無料）になります。別途手数料が一回のご注文につき一律200円かかります（2005年7月改訂）。

愛読者カード

59891-5　C3333

本書名　経済学の偉大な思想家たち 1
グンナー・ミュルダール

お名前《ふりがな》　（　　　歳）

ご職業

ご住所　〒　　　　お電話（　　　）　—

本書を何でお知りになりましたか
書店店頭（　　　　　書店）／新聞広告（　　　　　新聞）
目録、書評、チラシ、HP、その他（　　　　　）

本書についてご意見・ご感想をお聞かせください。なお、一部を HP をはじめ広告媒体に掲載させていただくことがございます。ご了承ください。

◇書籍注文書◇

最寄りご指定書店			
市　町（区）	（書名）	¥	（　　）部
	（書名）	¥	（　　）部
書店	（書名）	¥	（　　）部
	（書名）	¥	（　　）部

※ご記入いただいた個人情報につきましては、弊社からお客様へのご案内以外には使用いたしません。詳しくは弊社 HP のプライバシーポリシーをご覧ください。

であると描写していた。[23] 同じ点を扱った一九六〇年の論文において、ウィグフォシュは自分や社会民主党における同僚たちがイギリスのフェビアン協会派やイギリス自由党（とりわけケインズ）の諸著作から影響を受けていたことを認めたが、彼はそれらの素材から「知的に」刺激を受けていたわけではないとした。そうではなくて、スウェーデン人たちはイギリスのフェビアン協会派や自由党員らの事業計画の成功と失敗を観察することにより、「戦術的に」影響を受けていたのであった。その経験をしっかりと見ていたことによって、スウェーデンでは広範な政治的支持を獲得するように諸政策を構築することが容易となったのである。[24] スタイガーはまた、拡張的公共事業計画についてオリーンが政府文書として書いたさまざまな著作の時期の詳細な分析を行っており、こうした諸問題に関するオリーンの思考は独立して進行していたのであって、財政政策の革新に対してケインズが与えたお墨付きを予見していたと断定した。[25]

この論争には、無理なこじつけや啓発的ではない要素が見受けられる。一九三〇年代の拡張的財政政策に関する時間的先行の順序を確定するということがいかに重要であるのか、その問いの意義自体が完全に自明というには程遠い。大恐慌期の知的環境についてのもっとも重要な真実は、治療法が捜し求められるなかで、経済思想が国境を越えて著しく類似したものとなるような刺激が与えられたことであった。公共事業支出の積極的プログラムの要求は、当時かなり多くの国で議論の対象となっていた。政策に対するこうしたアプローチは、当時の工業国において、きわめて多量に「漂っていた」。そうした要求は、多様な言語で述べられていたのであり、経済分析や経済政策について実にさまざまなアプローチをもつ国々から発生していた。

注目すべき省略

公共事業への反景気循環的支出という考え方が大戦間期に「漂っていた」ことの証拠としては、アメリカを見るのが一番である。第一次世界大戦後の景気後退を背景として、その地では一九二一年秋に、この戦略についての真剣な公共討議が巻き起こった。それにより、専門家たちは将来における失業の再発への対処とその問題を処理する最善の方法についての助言を求められ、ワシントンに召集された。結論的な推奨案は、「失業に関する大統領会議」の報告書として出版された。しかしながら、その指導的な政府高官はハーディング大統領ではなく、商務長官ハーバート・フーヴァーであった。報告書は経済活動の下降を克服するために公共事業への集中的支出を求めるものであり、その政策を実行することによって「循環資金の連続的使用の乗数効果」が生み出されるだろうと論じられた。当時の他の場所での事例と同様、この「乗数」概念に欠落していた構成部分は、カーンが一九三一年に与えた部分、すなわち、支出の連続循環の限界を論証した部分であった。

一九二一年から一九二八年の商務長官として、フーヴァーはこの戦略を完全なものとするための追跡研究を委任した。そして彼もまた、景気循環の「法則」は制御不可能だと主張する者たちに対する挑戦を公言した。彼の考えによれば、公共事業への補償的支出は産出と雇用の下降に首尾よく対抗することができる。一九二九年、アメリカ経済の崩壊が始まったときの大統領として、フーヴァーはこの戦略を実行に移すのに最大限の努力を払った。しかしながら、アメリカの連邦システムの特質により、彼が行使できる直接的なテコ入れの量は制限された。通常の状況では、連邦政府は公共部門における資本支出のわずか約一〇％しか支払能力がない。政府間分業において、連邦政府の領域は、郵便局、連邦裁判所、州間高速道路、水路、軍隊に必要とされる機能などの事業を典型として、制限されていた。公共資本支出の圧倒的大部分――たいていの場合、全体のおよそ九〇％――は、州や地方自治体の責任下にあった。そこでは、学校システム、公共病院、下水処理、市街路、大半の道路の建設要求の処理が期待されていた。これらの行政単位は自律的な実体であり、フーヴァーはそれらがそのように存続することは大切だと考えていた。

大恐慌が始まったとき、フーヴァーのホワイト・ハウスは、すでに計画されていた有益な公共事業への支出を加速するようにと関係する連邦省庁に指示した。そして彼は、州知事や市長らに対し、彼らの管理下にある事業への支出を増大させるよう要求した。さらに、彼は民間部門――例えば、鉄道、電力、電話、通信――の巨大資本支出者に対し、公共の利益に沿うように行動するよう要請した。大恐慌の初年において、フーヴァーの事業には賛同する向きもあった。しかし、説得は十分ではなかった。その間、住宅建設と同様に、大部分の規制されていない事業部門への投資支出は急減した。(26)

スウェーデン人とイギリス人が一九二〇年代後半や一九三〇年代に取り組んだ、貸付資金での公共事業を中心とした財政戦略に関する多くの議論では、その期間におけるアメリカ人の思考については注意が払われていない。補償的財政戦略に関するミュルダールの見方の進化という点からすれば、このことは興味深い疑問を生じさせることになる。彼は一九二九年から一九三〇年にかけてアメリカに滞在していたのであり、その頃、州や地方の自治体ならびに民間部門の規制された諸産業に対するフーヴァーの要請は、メディアの大見出しに載っていた。『貨幣的均衡』において、ミュルダールはアメリカの過少消費論者であるフォスターとキャッチングスに少しだけ言及したが、景気安定化装置としての公共支出の積極的拡張に賛同する彼らの見方は広く伝えられていた[27]。ミュルダールは、アメリカの情勢における政策思考のこうした側面に間違いなく気づいていた。しかし、彼はそれについて意見を述べるのを差し控えることを選択したのである。

注

(1) G. Myrdal, "Socialpolitikens dilemma"〔「社会政策のジレンマ」〕, *Spektrum*, 2: 4 (1932), pp. 13-31. スウェーデン語からの翻訳はアンナ・アンカー・バロンによる。

(2) Ibid.

(3) Ibid.

(4) E. Wadenjö, "The Committee on Unemployment and the Stockholm School," L. Jonung, ed., *The Stockholm School of Economics Revisited* (Cambridge and New York: Cambridge University Press, 1991), pp. 103-124.

(5) R. F. Kahn, "The Relation of Home Investment to Unemployment," *Economic Journal*, 41 (June 1931), pp. 173-198.

(6) G. Myrdal, *Finanspolitikens ekonomiska verkningar*〔『財政政策の経済効果』〕, 1934, の随所。ミュルダールの拡張的諸提案については、B. Thomas, *Monetary Policy and Crises: a Study of*

Swedish Experience (London: George Routledge and Sons, 1936), ならびに C. G. Uhr, "Economists and Policymaking 1930–1936: Sweden's Experience," *History of Political Economy* (Spring 1977), pp. 102–107 においても議論されている。

(7) E. Wigforss, "The Financial Policy during Depression and Boom," *Annals of the American Academy of Political and Social Science,* 197 (May 1938), pp. 25–39.

(8) B. Ohlin, "Economic Recovery and Labour Market Problems in Sweden: I," *International Labour Review,* XXXI (April 1935), p. 507.

(9) E. Wigforss, op. cit., p. 32.

(10) Ibid., p. 34.

(11) G. Möller, "The Unemployment Policy," *Annals of the American Academy of Political and Social Science,* 197 (May 1938), pp. 51, 61.

(12) E. Wigforss, op. cit., p. 37.

(13) G. Myrdal, "Fiscal Policy in the Business Cycle," *American Economic Review Supplement,* 29 (March 1939), p. 183.

(14) Ibid., p. 190.

(15) Ibid.

(16) E. Lundberg, *Business Cycles and Economic Policy* (London: George Allen and Unwin, 1957), p. 54n.

(17) Ibid., p. 34.

(18) K. -G. Landgren, *Den 'nya ekonomien' i Sverige: J. M. Keynes, E. Wigforss, B. Ohlin och*

utvecklingen 1927-1939 (Stockholm: Almqvist och Wiksell, 1960)〔『スウェーデンにおける「新しい経済学」――J・M・ケインズ、E・ウィグフォシュ、B・オリーンと発展、一九二七―一九三九年』〕。

(19) Lundberg, op. cit., p. 113n.

(20) G. Myrdal, *Value in Social Theory*, P. Streeten, ed. (London: Routledge and Kegan Paul, 1958), p. 257n.

(21) D. Winch, "The Keynesian Revolution in Sweden," *Journal of Political Economy*, 74 (February 1966), p. 172.

(22) M. Blaug, *Economic Theory in Retrospect*, 2nd edition (Cambridge: Cambridge University Press, 1968), p. 663. ブラウグは同著作の第三版でこうした判断から離れた。一九七八年版では、オットー・スタイガーの学位論文を参照しつつ、それは「スウェーデン学派の独自性の主張を復活させるものであり、確実に一九三六年より前に、スウェーデンの経済政策に決定的影響を与えたことを認定するものである」と書いた。Blaug, op. cit., 3rd edition (1978), p. 695を参照。

(23) C. G. Uhr, "The Emergence of the 'New Economics' in Sweden: a Review of a Study by Otto Steiger," *History of Political Economy*, 5 (Spring 1973), p. 259にある引用のとおり。

(24) Ibid., pp. 248-249.

(25) O. Steiger, "Bertil Ohlin and the Origins of the Keynesian Revolution," *History of Political Economy*, 8 (Fall 1976), pp. 341-366.

(26) 反景気循環的公共事業支出やそれを実現しようとしたフーヴァーの戦略に関する追加的詳細については、W. J. Barber, *From New Era to New Deal: Herbert Hoover, the Economists, and*

American Economic Policy, 1921-33 (New York and Cambridge: Cambridge University Press, 1985) を参照。

(27) G. Myrdal, *Monetary Equilibrium* (London: W. Hodge and Company, 1939), p. 8. 邦訳11ページ。

訳注1　このスウェーデンの委員会制度とは、内閣が重要な案件に関して設置を働きかける王立の調査委員会を意味する。所轄の大臣は諮問状により、その趣旨を明確にして人選する。

第5章　一九三〇年代における人口問題とスウェーデン社会政策

一九三三年、ミュルダールはストックホルム大学のラルス・ヒエルタ記念経済学ならびに財政学講座教授に指名された。カッセルはこの任命を喜んだ。彼はミュルダールをその政治的見地からして「スウェーデンでもっとも危険な人物」とみなしていたが、それでも彼は後継者としてミュルダールをもてたことを誇りに思うと明言した。(1)

大蔵省のために作成した財政政策に関する報告書は、既述のとおり、一九三三年から一九三四年にかけてミュルダールの執筆時間を部分的に費消したが、そのすべてを費消したわけではなかった。アルヴァと協力して、彼は同時に『人口問題の危機 *Kris i befolkningsfrågan*』と題する本の執筆に取り組んでいた。これはまさしく共同研究であり、ミュルダール夫妻のいずれもがそれまで経験したことのないような激しい論争に火をつけることになった。一九三〇年代初頭、スウェーデン社会において影響力ある諸集団の多くが、性の問題に関する率直な大衆論説の過激さに当惑していた。実際のところ、避妊を推奨したり、それについての情報を普及させたりすることは違法であるとする制定法――一九一〇年以来の――が依然として法典に記載されていた。また、ストックホルム大学経済学部の古参層のなかでは、かなりの陰口がたたかれたに違いなかった。一九三四年の終盤になってその本が出たとき、カッセルは一般紙誌でそれを非難した。ヘクシャーはひどく憤慨し、グンナーの才能は、冷静な学識経歴よりも「フルタイムのアジテーター」の経歴に気質として適合しているだろうと述べた。[2] 印象的な新語もまたいくつか現れた。大学のコモン・ルームの二人掛けソファーは「ミュルダール・ソファー」とあだ名がつき、不定詞の 'to Myrdal' は「セックスする」という意味に使われた。

ミュルダール夫妻が人口問題について大衆論議向けに書いた冊子は、三度にわたって刊行された。第一は、人口「危機」に関する一九三四年の本であった。第二は、その本が生み出した議論の高まりに応じて組織された王立人口委員会発行の報告書という形態であった。グンナーはこの委員会の委員として働き、アルヴァは相談員とその下部委員会の委員を務めた。一九三六年から一九三八年にかけて一七の公式文書として刊行された報告書は、ミュルダール夫妻が一九三四年にこの問題に与えた処方箋を練り上げて具体化したものとなった。そして最後に一九三八年、グンナーはハーヴァード大学において名誉あるゴドキン講演を行うよう招待され、彼はその演題を『人口――民主主義の一問題』とした。[3]（ゴドキン講演は一九〇三年に設けられたが、それは「自由な政府と市民の義務の本質」について話してもらうために、大学に際立った著名人を招聘する目的において創設された。）ミュルダールの講演は、一九四〇年にハーヴァード大学出版から公刊された。そこでの所説は、これらの諸問題に関する夫妻の思考の成熟した内容を示すものとなっている。

ゴドキン講演の議論の核心

ミュルダールは、聴衆に対し、人口問題は古典派経済学の展開において中心的位置を占めてきたということを思い出させることから議論を始めた。しかしながら、後年になると、この論題についてはごくわずかの経済学者しか関知しないところとなった。これは不幸なことであった。いまこそ、人口研究を影から引っぱり出し、スポットライトを当てるべきなのであった。

彼は、スウェーデンを人口動態研究のための実験室と見立て、その事例を用いることによって、このテーマについて話そうとした。彼は自国の経験が典型例とはみなされえないことを認めていた。しかし、その歴史は多くの理由から事例研究の目的において有効に活用することができた。第一に、同国の人種的同一性は長所であった。このことは、そこでの人口発展が、異民族集団と競争するという出産奨励主義の奮闘から影響を受けずにきたことを意味した。第二に、同国には帝国主義的野望がなかったので、人口規模に影響すると他の地で知られていた愛国主義的プロパガンダを免れていた。さらに、近年の歴史において、スウェーデンは平和に満ちた政治的安定の持続記録によって認知されてきていた。第一次世界大戦の交戦国とは異なり、その国には「失われた世代」がなかった。

過去七五年ほどのスウェーデンの人口動態を調べることは、その時期における同国経済の基本的な構造の変容という観点からして、とりわけ教示的であった。一八七〇年代、人口のおよそ七五％

は農業に従事していた。対照的に、一九三〇年代半ばまでには、わずか人口の約三分の一のみが依然として農業に携わるにすぎなくなった。その間、産業化と都市化が、出生率の大幅な低下とともに生じてきていた。この現象の理由は理解しづらくはない。田舎の場合と都会の場合とでは、家族規模の経済学に明確な相違があった。農園では、子どもたちは当然のように経済的資産とみなされてきた。すなわち、かなり若い年齢から、彼らは家族経営の産出を増加させるような雑用をこなすことができた。都市部においては、状況は逆であった。そこでの子どもたちは、家族の資産の純然たる流出を体現しているような経済的負担となりがちであった。もうひとつの要因もまた、田舎－都市間の差異をもたらしていた。避妊法の知識を身につけることやその入手は、農村部よりも市街地においてずっと容易であった。

差し迫った人口「危機」の兆候は、純再生産率がその国の人口規模を維持するのに必要な数値を下回った一九二〇年代半ばに表面化し始めた。ほぼ一〇年後――ミュルダール夫妻が状況の分析を進めていたとき――、この問題はさらに深刻な緊急事態の様相を帯びていた。純再生産率は、人口の置換に必要な水準のおよそ七五%に下落していた。こうした問題状況は、国とその文化の存続を危うくする現実かつ現在の脅威と映った。

なぜ一般市民はこの問題の重要性に気づいてこなかったのだろうか。この点についてのミュルダールの議論は、二つの態度様式の区別に注意を喚起するものであった。第一は、保守的な態度であり、それは人口規模が十分となることを保証するだろうと期待して、避妊の禁止に賛同するものであった。第二は、もっとずっと急進的な見方を受け入れており、それは新マルサス主義の教義から影響を受けてきていた。この見地からすると、避妊は歓迎されるべきであり、推奨されるべきである。すなわち、人口規模の絶対的削減が有益な経済的善と考えられた。ミュルダールは、遅かれ早かれ、大衆の認識と実在している現実との不一致が「イデオロギー的危機」を引き起こすことになっただろうと論じた。彼が主張するには、そうした危機はスウェーデンでは一九三四年の秋に起こったのである。そのことについて彼は次のように説明した。

一九三四年の激発を招いた火の粉は、四〇〇頁というむしろ重厚な社会学的論文であったものの、すべての社会階級にきわめて広く読まれた一冊の本であった。人口の状況は、まもなく出版物やラジオで集中的に論じられ始めた。パンフレットの洪水となり、その論題はまもなく議会の床へと流れ込み、すべての政党によって討議された。スウェーデンの人口問題に関する王立委員会が一九三五年の春に始動した。

ここで話題となっている本は、いうまでもなくミュルダール夫妻の『人口問題の危機』であった。しかし、本の題名もその著者も、ゴドキン講演の公刊版には明示されていない。(4)ミュルダールは、近年の人口趨勢から生じてきている国民国家存続に対する脅威を重視する一方で、定常人口規模を保持する狙いをもつプログラムを支持するもうひとつの理由も示した。(議論では一貫して、人口増加はスウェーデンの状況において実現可能な目標とは想定されなかった。)彼の見方では、人口規模の縮小を止めることは、健全で持続的な繁栄のためになされなければならないことであった。ここでの中心的議論は、マクロ経済を安定化させるための財政的諸手段についての彼の考えに関連する部分となる。人口減少は、共同体の貯蓄と均等するのに十分な、そしてまた、経済停滞を回避するのに十分な投資支出を生み出さないように抑える障害となることが明らかであると考えられた。特定部門の資本支出は、人口規模の減少率にとりわけ感応的であった。住宅への支出――総資本支出の主要な構成要素――は目に見えて小さくなるだろう。同様に、民間および公的部門の双方において、インフラストラクチャーへの投資支出の必要性も弱まるだろう。ミュルダールは、状況を次のように総括した。「人口減少は全般的に投資リスクを大きくし、そうでないとしても、新規投資の需要を小さくさせるだろう。高齢化社会では、貨幣的貯蓄は高いままとどまるから、その結果として、投資が貯蓄に満たないという持続的傾向があらわれよう。」補償的財政政策に関する彼の著作を考えれば、彼は支出者としての政府介入がこの欠落分を埋めるために導入されうることを十分認識していた。しかし、「もし［政府］が全領域において民間企業に取って代わるべきではないとすれば」、この活動は「困難な任務になるだろう」と彼は論じた。(5)

ミュルダールは、そうした帰結の見通しを極度に悲惨なものと考えた。そして彼は詳細に意見を述べた。人口減少の状況で展開すると予想されうる社会主義のタイプは、「行政的、官僚的、老人的性質をもつ」ような「固有の種類」となるだろう。「つまり、それは国民の破産整理の官僚的行政組織となるだろう。成長しつつある経済よりも衰退しつつある経済の方が自己に注意を払うことが少ない。したがって、官僚的装置は増加するに違いない。この装置は、原則的に年輩者の権力に依拠するようになるからだけではなく、これまで指摘されてこなかった理由によっても、硬直的となり非効率となる。すなわち、最善かつ最高に活動的な知識人たちは、破産にかかわる行政にそれほど多くの関心を感じることができなくなるだろう。政治活動においては社会主義者であっても、血管に進歩の脈を感じ、自由なイニシアティブや進歩を愛してきた者であるならば、こうした展望に失望するに違いない。その者はこれが社会主義の光景だとはほとんど予想していなかった。彼は、もしその諸手段によってダイナミックな進歩を復活させることができるのであれば、私的資本主義を擁護しようとさえするであろう(6)。」

しかし、これで終りではなかった。人口減少が進行する社会は、さらに別の理由から魅力に乏しいものとなろう。経済停滞の状況は、労働力への若き潜在的参入者に与えられるべきキャリア機会を生み出さないと考えられた。したがって、政治的統一体(国家)の凝集性の確保には、追加的な負担がかかることが予想された。

想定可能な政策対応

独裁国と比較すると、民主国は合理的人口政策を形成し遂行するのに不利なところがある、とミュルダールは推測した。「帝国主義的ナショナリズムは、当然ながら人口量の価値を認めて布教する用意があるが、侵略的領土拡張政策は民主主義の否定にほかならない。なぜなら、支配階級および支配国の原理はともに、寡頭政治を意味しているからである」と彼は書いた。彼が見て取ったように、ほかの理由からも民主国では人口政策の政治的基盤が弱かった。すなわち、「……民主的社会のイデオロギー的基礎においては、人々が主権者であり、私的個人とその意思が国家やその取り組みよりも優先されることは、本来的に深く備わった性質なのである……」(7)。

ミュルダール夫妻は、合理的な人口政策への障害がいかなるものであろうとも、見返りはとても大きいのだから、それらを克服するのに最大限の努力が払われるべきであると確信していた。彼らの一九三四年本は、王立人口委員会の考え方に結びつくような政策戦略を提案した。その本質的な特徴は、ゴドキン講演でも述べられた。

追い求められるべき目標ははっきりしていた。定常規模の人口を達成すること、である。この目標の実現が困難であることは十分に認識されていた。それは、その課題の数量的規模が算定された場合に明白であった。すなわち、既婚カップルのうちの一定割合が不妊症であるという事実を所与とするならば、妊孕力ある既婚カップルは四人の子どもをもうけなければならないだろう。これは明らかにスウェーデンの出生率を大きく上昇させる必要があるということだが、同国は当時のヨーロッパのなかでもっとも低い出生率を記録していたのである。

この戦略の中心にあったのは、社会階級間および所得グループ間の消費を均等化する効果を与えることになると考えられる国家介入であった。少し異なる見方をするならば、プログラムの目的は、貧困家庭における出産育児関連の漸増的支出負担を――政府活動を通じて――なくすことであった。例えば、公営住宅の供給や民間部門の家賃補助によって居住環境を改良するために、特殊な諸提案が示された。栄養水準は、家族への健康食品の直接配給によって高められるとされた。(一九三〇年代半ばのスウェーデンの経済状況では、困窮している農業部門を支えるために導入された政府主導の〔農産物〕価格支持策の副産物として生じていた余剰分があったので、そうした供給が可能と期待された。〕要するに、こうした方策は「国内ダンピング」の一形態と考えられた。公的基金による保健サービスはすべての者に利用可能とされ、相当額の出産給付が出産関連費用を補償するために支払われることになった。もうひとつの革新的提案は、若いカップルがもしそれがなければ見込めないような若年齢で家庭を築くことができるよう後押しする「結婚ローン〔婚資貸付〕」制度であった。初等・中等教育は、すでに公共事業体によって資金供給されていた。もしもっと高等な教育を受けようとするならば援助が必要となるような貧困家庭からの学生を支援するために、国家奨学金システムが追加的に組み込まれなければならなかった。これらはすべて、一九三〇年代半ばに仕込まれて、スウェーデン福祉国家の行動計画となっていった。

政策課題の実行

一九三六年、ミュルダールはダーラナ地方代表としてスウェーデンの上院議員に選出された。そうして彼は実務にかかわる実践的な政治の現実のなかに飛び込んだ。いうまでもなく、彼は、自身とアルヴァが一九三四年の本のなかで展開し、次には王立人口委員会で賛同を得てきた提案を熱心に宣伝した。

しかし、この法律制定プログラムを議会が承認するに際しては、手ごわい障害があった。この福祉国家ヴィジョンで必要とされた低所得グループへの給付移転は、高くつくかもしれない。その負担の大部分は、必ずや共同体のなかの保守派が担うことになろうが、彼らは厳しく反対するだろうと考えられたからである。潜在的な反対者を中立化させるためにとられた政治戦略には、少なからぬ巧妙さがみられた。保守派――彼らの意見は、法律制定プログラムの支持者の意見とは嚙み合わなかった――へのアピールは、次のような枠組みにおいて示された。必要とされる国家介入は人口減少による不幸とそれに付随するすべての社会的・経済的危険を回避するように設計された、と説かれたのである。保守派はそのように、より高度な善――すなわち、国民国家の存続それ自体――のために彼らの私的な経済的利益を犠牲にするという決定的に重要な点において、教育されなければならなかった。ミュルダールは、この戦術が愛国的ナショナリズムの態度形成に作用すること――通常は彼の美徳ランキングの上位に入ることはない――に気づいていたが、彼はその状況においては「穏健な」かたちであれば正当化されると考えた。彼は次のような包括的所見を示した。

一般的にいって、人口問題が現実のものとなると、それは政治的意見を保守主義から急進主義へと向かわせることが確認できる。これは経済的問題、分配的問題、社会政策問題に関する限り、真実である。保守派のスウェーデン経済学者が苦々しく不満を述べているとおり、人口問題は「社会改革のかなてこ」として活用される。(8)

ミュルダールは「家族や国家に対して、嘘偽りなく心の奥底からの関心」をもっている典型的な保守的市民――「[人口]問題が……いまや突然、敵の手中にあるもっとも危険な武器になりかわり、すべての保守的原理に対抗するような方向へと社会を再形成することへの支持を獲得していることをしばしば嫌忌しさえしている……」——の態度に注意を与えながら、この点を深く検討した。「従前からの保守派、牧師や教師や医師といった知識人や専門家の大半が、実際の人口問題における特定側面に私利をもつという理由において、社会政策全般に関して完全な急進派へと転向するということも起こりうるのである。どのような事例にせよ、最終的結末は、すべての実際的改革問題が熱く議論されている民主主義においてよく見られるとおりだが、政治的な論議と行動のフロンティア自体が左方向へ数マイル移動することになる。[9]」

提言された立法プログラムの多くは、「母と子の」会期として有名になったスウェーデン議会の一九三七年会期に制定された。提案された給付のほとんどが、わずかに修正されながらも採択された。きわめて進歩的な課税プログラムも制定された。また、避妊論議を非合法とする一九一〇年制定法が廃止され、労働者集団における妊婦の差別が禁じられた。[10]

スウェーデン福祉国家の建設は、こうして人口論議という煙幕のなかで実行に移された。とられた急進的諸方策は、それ自体が望ましいからという理由によって正当化されたのではない。そうではなく、提示された根本的理由は、人口縮小に関連する危険から国家的利益を守ることが大切であるという主張に基づくものであった。

合理的人口政策の暗い側面

民主主義の原理と両立する合理的人口政策の形成は、ミュルダールの威信をかけた問題であった。彼はこの構想を全体主義的国家で広められた人口政策と区別するのに苦労した。後者は、子どもの養育を「促進する」ための愛国的要請によって動機づけられていた。他方、民主主義ヴァージョンは、「結婚して子どもをもちたいという自然の要求」に沿うように、自発的親性に基づく選択を促進することを基本としており、家族の形成に対する経済的障害を取り除こうとするものであった。国家によるこうした介入があれば、家族規模が拡大するという量的反応が予測できよう。しかし、それに劣らず重要なことは、人口の質の改良であった。こちらは国家が提供する給付パッケージから継起するであろう。量の増大と質の改良は、手に手を取って進行するものと予想された(11)。

スウェーデンの場合、こうした人口政策はすべて、「望ましい」子どもの数を増やす必要があることを前提としてきていたが、それはまた「望ましくない」出生数を減らす必要があることを前提としてきてもいた。これは、産児制限の現代的技術についての知識とその利用を一般に普及させるための基本原理であった。両親はそれによって家族規模を意図的に計画することができ、意図せざる妊娠——婚姻内にせよ婚姻外にせよ——は減少するであろう。しかし、「望ましくない」出生の扱いについては、問題が残された。

この点に関するスウェーデンの政策は、出産についての自発的意思決定の原則と調和していなかった。一九三四年の五月に施行された法律は、同意することのできない者——つまりは精神異常者および精神薄弱者——に対して、強制的不妊手術を命ずるものであった。王立人口委員会はさらに、遺伝的精神疾患、神経症、あるいは、身体障害、知能障害、奇形、癲癇などの場合において、自発的不妊手術の権利を承認することを提言した。とはいえ、一九三九年までは、そうした不妊手術の範囲拡大にかかわる議会行動はなかった(12)。

「民族浄化」という名目において一九三〇年代・一九四〇年代にナチスが行ったことが広く知られるようになるにつれ、優生学に基づく議論と結びつけられるような政策は信用を失っていった。広くこの問題を位置づけてみれば、大戦間期における優生学は、人間の状態を改良するための鍵を握るものとして、世界のさまざまな地域でリベラルな見地から推奨された。例えばアメリカでは、イェール大学のアーヴィング・フィッシャー——アメリカがそれまで生み出したことのないような偉大な科学的経済学者であり、社会問題に対する不撓不屈の闘士であると広く認識されていた——が、優生学を推進するに値するものとみなしていた。彼の判断では、権力を有する人々に「優生学が何を意味するか」を知らしめることがとくに重要であった。彼はさらにこう述べた。

これは、何が正しく適切であるかについての既存の考えを犯すことなく、静かに容易に実行されうる。それは、身体や精神に欠陥のある者、精神薄弱者、精神遅滞者、癲癇患者、精神異常者などに対して、男女を分離することによってなされうる。この種の分離によって、われわれは甚大な混濁からわれわれの血脈を守ることができる。断種もまた、危険がきわめて差し迫った場合には、有効に適用できるかもしれない手段である。[13]

当時の進歩的で尊敬すべき数多くの慈善事業——例えば、ハリマンやカーネギーの基金——は、この運動に気前のよい援助を提供した。一九三〇年代に進展した優生学という問題にかかわってスウェーデンで生じたことは、他に類例のないことではなかった。

いくつかの類似した議論

ストックホルム学派のメンバーとイギリスにおいて登場しつつあったケインジアンとが、一九三〇年代半ばにマクロ経済理論や政策について類似の路線で考えていたのとちょうど同じように、人口成長減退の経済的含意に関する思考においても、収斂らしきものがあった。われわれは、スウェーデンの状況を講演する際にミュルダールがいかに問題を定式化したかについて見てきた。一九三八年五月のゴドキン講演以前では、この問題についての彼の分析的取り扱いは——まったくというわけではないにせよ——スカンディナビア諸国以外ではほとんど知られていなかった。特筆すべきことに、デンマークとフィンランドでは、スウェーデンの事例に触発されて、それぞれの人口委員会が創設された。

その議論に関するケインズの業績は、より広く注目された。彼は「人口減少の若干の経済的帰結」と題する論文でこの問題に言及したのであり、それは一九三七年四月の『優生学評論 *Eugenics*

Review』誌で出版された。当然ながら、彼はこの現象の含意を自らが構築した新たな分析枠組みのなかで探究することになった。そのように彼は、消費性向や投資誘因に対する人口成長率減退の影響に注意を向けた。彼の結論によれば、人口趨勢はそれら総需要の構成要素の双方にマイナスの影響を与え、完全雇用に到達し維持するという観点からすれば、不幸な結果をもたらすと予測された。

この主題についてのケインズの議論は、アメリカで重要な派生的研究を生み出した。ハーヴァード大学のアルヴィン・H・ハンセン――アメリカにおけるケインズ主義の指導的使徒として有名になった――は、その議論を詳細に検討した。彼は当初、『一般理論』に共感しない旨の書評を出し、「いま書評対象として取り上げているこの本は、新しい経済学の基礎を据えるという意味において画期的な著作というわけではない。……同著は、その上に科学が構築されうる礎石というよりは、経済学の流行のちょっとした表れである」と結論づけた。[14] ハンセンが人口成長率減退に関するケインズの著作に注意を向けたことは、彼が新たな分析的見地へと移り変わっていく経験上の主要な一部分となった。ケインズの考え方は、過去七五年ほどのアメリカ経済史の基本的事実に合致するように思われた。一九世紀末や二〇世紀初頭において、同国の資本吸収能力は事実上無限であるかのように見えた。すなわち、投資機会はそのときあり余るほどに存在していたのであり、禁欲的な人々を従わせ、急速に拡大する人口のニーズに応えるためには、諸資源の大規模な分配が必要であった。そうした状況では、経済的拡張は達成しやすかった。一九三〇年代の同国の状況は、驚くべき対照として存在していた。西部のフロンティアは終末を迎え、人口成長率は減退していた。ハンセンはすべての論点を一九三八年一二月のアメリカ経済学会での会長講演において結びつけ、その場で彼は「〔長期〕停滞論」を本格的に開陳したのであり、その際、ケインズ的分析概念を援用した。そのとき彼が分析したように、中心的問題は「すべての要素が用いられるときの所得レベルに達するに十分な投資支出」を生み出すことであった。しかしながら、経済活動の長期的決定要因は成長ではなく停滞のほうに偏っているので、この目標に到達することは次第に難しくなってきている。したがって、消費性向を大きくするように考案された諸手段や公共支出の拡張プログラムを通じて、総需要を拡大することが経済政策の課題であった。それらを実行しなければ、「進行することなく途中で頓挫するような病んだ回復、さらには、自己増殖的であって、厳しく動かしがたい失業の核心部分を放置するような不況」という未来が待ち受けているのであった。[15]

注

（1） W. A. Jackson, *Gunnar Myrdal and America's Conscience* (Chapel Hill: University of North Carolina Press, 1990), p. 75.
（2） S. Bok, *Alva Myrdal: A Daughter's Memoir* (Reading, MA: Addison-Wesley Publishing Company, 1991), p. 15.
（3） G. Myrdal, *Population: A Problem for Democracy* (Cambridge, MA: Harvard University Press, 1940), p. 76.
（4） G. Myrdal, op. cit., pp. 75-76. *Annals of the American Academy of Political and Social Science* に掲載された論文において、ミュルダールはこの危機をほとんど同じ言葉で描写し、その

著者と題名を明らかにした。同雑誌におけるMyrdal, "Population Problems and Policies," 197 (May 1938), p. 202を参照。

（5） G. Myrdal, *Population: A Problem for Democracy*, p. 164.

（6） Ibid., pp. 165-166.

（7） Ibid., p. 34.

（8） Ibid., p. 96.

（9） Ibid., pp. 96-97.

（10） この期間における法制定の一覧は，A. Myrdal, "A Programme for Family Security in Sweden," *International Labour Review*, 39 (June 1939), pp. 723-763に見ることができる。

（11） G. Myrdal, op. cit., pp. 202-205.

（12） A. Myrdal, op. cit., p. 740.

（13） I. Fisher, *The Works of Irving Fisher: A Crusader for Social Causes*, 13, W. J. Barber, ed. (London: Pickering and Chatto, 1997), p. 170.

（14） A. H. Hansen, "Mr. Keynes on Underemployment Equilibrium," *Journal of Political Economy*, 44 (October 1936), p. 686.

（15） A. H. Hansen, "Economic Progress and Declining Population Growth," *American Economic Review*, 29 (March 1939), p. 5. このエピソードの背景についてのより完全な議論として，W. J. Barber, "The Career of Alvin H. Hansen in the 1920s and 1930s: a Study in Intellectual Transformation," *History of Political Economy*, 19 (Summer 1987), pp. 191-205を参照。

第6章　『アメリカのジレンマ――黒人問題と現代民主主義』（一九四四年）

ミュルダールの長期にわたる多彩な経歴を見渡すと、『アメリカのジレンマ――黒人問題と現代民主主義』の作成準備は、画期的な出来事として際立っている。アメリカではとくに、彼の経済学での基本的業績をまったく知らない者は、いまだにこの書物によって彼のことを認知する傾向にある。同著は量的に膨大であり、総ページ数は一五〇〇頁にほんの少し満たないだけである。（そこには一〇の付録が含められる。）完成させるのに必要とされた費用は、社会科学の調査組織としては記録破りであって、一九三〇年代のドル相場で三〇万ドル程度（あるいは、二一世紀初頭のドル価値で換算すれば、その額のおよそ一〇倍）であった。そして、その研究は影響力をもった。それは歴史の経路を変えた数少ない学術研究のひとつとみなされてよいだろう。[1] しかし、そうであったものの、このプロジェクトそれ自体が結実するかどうかは、研究過程の一度や二度ほど、実は瀬戸際にあった。

背景

この研究の着想は、裕福なまま死ぬのは罪深いと信じていた悪徳資本家時代の鋼鉄王アンドリュー・カーネギーによって一九一一年に設立された財団、カーネギー・コーポレーションの役員たちに遡ることができる。フィランソロピー（慈善事業）には、「進歩や知識の普及を促進する」責務があるとされ、それはある程度の柔軟性をもつものと解釈された。二〇世紀初めの数十年間において、ほとんどのアメリカ人はおそらく、カーネギーの気前の良さとして、国内中の公共図書館への補助金を連想しただろう。同コーポレーションは、アメリカの黒人人口やアフリカの原住民のための助成金供与を含め、多くの分野で活動していた。例えば、それはアメリカ南部で黒人たちにサービスを提供している教育機関に対して、定期的に資金を供与していた。さらに、それは一九三〇年代初めに現れた南アフリカ連邦の「貧乏白人」の境遇の研究とともに、英領インドの元主席行政官ヘイリー卿によって書かれ、一九三八年に出版された膨大な著書『アフリカン・サーベイ』の費用負担を引き受けていた。しかし、一九三〇年代後半においては、アメリカの人種関係を改善するための将来の資金供与の指針となるようにコーポレーションが確立すべき優先順位について、いまだ上層部のなかでは確固とした考えをもてない状況が生じていた。

この問題に関する専門家の方針が必要であることは、一九三七年にニュートン・D・ベーカーによって初めて表明された。彼はカーネギー・コーポレーションに対して独立心をもった理事であって、第一次世界大戦中はウッドロー・ウィルソン大統領の戦争長官、それ以前はオハイオ州クリーヴランドの市長でもあったように、さまざまな方面で活躍していた。いくつかの側面において、ベーカーはアメリカにおける黒人の福祉を向上させようと設計されたプログラムの意外な提唱者であった。南北戦争における南部連合支持の騎兵隊仕官の息子として彼は南部で育ったので、人種問題に関する彼の考え方は、当時その地域で特徴的であった人種に対する態度の刻印のいくつかを依然として残していた。しかし、公務員としての経験により、彼はまた、この国が潜在的に一触即発の人種問題に直面していること、しかもそうした問題は大恐慌や南部の田舎から北部の都会へと黒人が加速的に移住していることによって悪化してきたことを知った。彼のイニシアティブによって、カーネギー・コーポレーションは、この敏感な領域への資金供与に関する財団の意思決定を通知するために、専門家による研究を委託すべき時期に来ていると判断した。そして、これはまさに現在進行中の問題であった。教育専門家はその見地から区分された。ひとつの学派は、ブッカー・T・ワシントン（タスキーギー研究所の創設者）の考え方から影響を受けており、黒人の教育は職業的かつ実践的なことに焦点が置かれるべきであり、南部支配層が彼らを就職させてはならないとしている業種に対応した職業訓練は施されるべきではないというものであった。他方、W・E・B・デュ・ボイス――ハーヴァード大学の博士号を黒人として初めて取得することになった――の信奉者たちは、黒人も白人と同じ教育機会を享受すべきであると主張した。

では、この研究課題のために、いかなる人物を獲得すべきであろうか。初期の段階で、アメリカ人の学者を除外することが決められた。このことは、アメリカ人が良くも悪くも十分な公平性を欠

く と考えられることから正当化されよう。(この決定はまた、主席調査員が黒人であるべきか白人であるべきかという問題をめぐる論争を巧妙に処理しうることを意味していた。)理事たちは、植民地問題について経験が深い二人の外国人を慎重に検討した。一人はイギリスのヘイリー卿であり、彼は『アフリカン・サーベイ』を好評のうちに発刊していた。もう一人はヘンドリク・モウであり、高く評価されたオランダ領東インド諸島の植民地行政官であった。オックスフォード大学のクライスト・チャーチ・カレッジにいた経済学者ロイ・ハロッドの名前も挙がったが、議論のなかではさほど強力に現れることはなかった。カーネギー・コーポレーションから相談されたアメリカ人は、帝国主義的遺産がある国の国民を任命することに強く異議を唱えた。その結果、ヘッド・ハンティングはスカンディナビア諸国やスイスに移った。

こうした経緯において、ミュルダールの名前が前面に出てきた。彼は人種問題にじかに接したことがなかったが、その無知こそが推薦事由とみなされえた。彼は驚くほど若い年齢でスウェーデンの経済学に主要な業績を鮮明に残したのであり、その著作は堂々たる広さと深さを示していたので、学者としての彼の資格証明は申し分なかった。スウェーデン議会の議員として、彼はこの研究課題に対して実践的政治の経験をもってくることができた。スウェーデン福祉国家の主導的構築者としての彼の相当な名声もまた、彼の支持票となった。少なからず重要なこととして、彼は一九二九年—一九三〇年のロックフェラー財団奨学生としての時期に、アメリカ社会の重要な諸側面を見知っていた。

ミュルダールの名前は、シカゴ大学の前社会科学部長で、ロックフェラー奨学生としてミュルダールが滞在していたときに会ったことのあるビアズリー・ラムルによって挙げられた。一九三七年までには、ラムルは実業界の上層部の役職に就く方を望み、学者生活から離れていたが、彼はさまざまなニューディールの機関や財団のための有能なスカウトとして活躍した。ラムルの意見が影響した。彼がミュルダールを推したことで、カーネギー・コーポレーションの取締役フレデリック・P・ケッペルは、この選定を進めてもよいと考えた。一九三七年の晩夏、ケッペルはミュルダールに対し、「社会現象として完全に客観的かつ公平的になされるべきアメリカの黒人に関する包括的研究……の指揮を執ってくれないだろうか。われわれの理想は、これまで考えてきたところでは、その研究全体に責任をもつ一人の人物を招くのだが、彼が希望するとおりに、人類学、経済学、教育学、そして公衆衛生や行政機関も含め、その問題の社会的諸側面に関する専門家として適格な協力者集団やアメリカ人たちを配置できるようにすることとなろう」と提案した(2)。

こうした話の展開を見ると、ミュルダールがこの当初の申し入れを断ったことは注目に値する。内容が示されたとき、その申し出を受けることはスウェーデンの政治にかかわる自身の野望とぶつかり合うと彼が考えたことは明白であった。一九三八年の春までには——そして、ラムルのスウェーデン訪問後には——彼に心境の変化が起きた。彼はその研究を指揮することにし、仕事を開始するため、一九三八年の九月初めにアメリカに到着した。

準備——第一段階

ケッペルの提案により、ミュルダールはアメリカ南部への長期旅行から仕事を始めた。彼は、スウェーデン人の統計学者リチャード・スターナー（この研究プロジェクトに最初から最後までかかわった人物）、リベラル派の白人南部出身者ジャクソン・デーヴィスと連れ立っていた。その大旅行は、町政庁舎や地方の大地主ばかりを巡回したわけではなかった。ミュルダールが述べたように、「私たちはさまざまな活動をしている非常に数多くの白人および黒人のリーダーたちと接触することができた。工場やプランテーションと同様、大学、カレッジ、教会、さまざまな州やコミュニティーの行政機関を訪れた。警察官、教師、牧師、政治家、ジャーナリスト、農業学者、労働者、分益小作人、そして実際にすべての種類の人々、有色人、白人……と話した(3)」。黒人が経営している葬儀屋は、会話するのにとりわけ有益な場所であることがわかった。この業種では、黒人たちは南部の白人たちとの競争の脅威を免れており、独占を果たしていた。というよりも、これらの店舗で行われていることは、南部支配階級の仕事の範囲外であった。

ミュルダールは、アメリカ南部の「ジム・クロー〔黒人差別〕」世界を見たことで衝撃を受け、彼が分析すると引き受けた問題の諸側面に対する冷静な理解とともにニューヨークのカーネギー・コーポレーション本部へと帰った。

彼はケッペルに手紙を書き、コーポレーションは自分と一緒に最終報告書を準備してくれるような、南部白人、北部白人、黒人からなる委員会を組織すべきであると提案した。ケッペルはそれにまったく賛同しなかった。つまり、研究成果は単一人物の印紙を生み出さなければならず、委員会によって作成された書類として曖昧な責任逃避をさせてはならないのであった。このことは、研究主任が必要とする専門家の助けを借りられないということを意味するわけではなかった。核となるスタッフが雇われ、そのなかにはリチャード・スターナー、ラルフ・バンチ（ハーヴァード大学博士号をもつハワード大学の黒人政治科学者）、ガイ・B・ジョンソン（ノースカロライナ大学を拠点としていた白人社会学者）、ポール・H・ノルグレン（ハーヴァード大学で教育を受けていた経済学者）、ダクシー・ウィルカーソン（ハワード大学社会学の黒人教授）が含まれていた。[4]このグループは、人種関係の研究で広く認められた資格証明をもつようなアメリカ社会科学における第一級の人々――白人および黒人の双方を含む――に対して、問題の原因に関する研究論文を執筆するよう依頼した。その研究企画の範囲は驚くほど広く、黒人の知能テスト、黒人における精神障害、異人種間結婚、黒人の協会および協同組合、黒人の健康状態、黒人の家族、黒人と犯罪、黒人の出版物、アメリカの黒人のレクリエーションおよび娯楽、黒人の人口移動、アメリカの経済システムにおける黒人、アメリカの教育における黒人、黒人社会における社会的階層基盤などの論点を含んでいた。と同時に、この研究進行段階において、一五〇〇〇枚ものタイプ打ち原稿が提出された。これらの研究論文の大半は、独立した著作として出版された。[5]助手のなかでも、ミュルダールはとりわけバンチと緊密な関係を築いた。二人は南部への事実発見の旅に連れ立って出かけ、その途中には人種隔離主義者たちの会社で身の毛がよだつような瞬間もあった。バンチの側からしても、仕事の進行について要求されるペースがあまりに速いために、上司としてのミュルダールを「スウェーデンのサイモン・リグリー（訳注1）」と呼んだが、彼はミュルダールに敬服していた（6）。

その委託研究は、かなり広い範囲の論題について調べることで注目を集めた。しかし、この段階においても、ミュルダールはいまだ最終的成果の体系を形成するような包括的テーマが現れていないと考えており、満足していなかった。にもかかわらず、研究参加者の間には合意のようなものがあり、それは、黒人大衆の状態を規定している基礎的要因は彼らの悲惨な経済状況である、ということであった。このことは、この人口部分の経済状況に変化がない限り、事態の大幅な改善は見込めないということを示唆していた。他方で、そうした変化が引き起こされうるという展望は、差別的な経済・政治システムが押し付けてきた困難によってかすんでいた。とにかく、進歩に向けてそうした障害を取り除くことは、アメリカの政体の大変化なくしては、ほとんど考えられなかった。一九四〇年の雰囲気では、そのようなことは起こりそうにもなかった。

一九四〇年の春にドイツがデンマークとノルウェーに侵攻したことで、カーネギー・コーポレーションの研究は予期せざる中断を強いられた。グンナー・ミュルダールも彼の妻アルヴァも、この緊迫の時期（そのとき、彼らの母国がナチの領土拡張の野望の次なる標的となると考えるのに十分な根拠があるように思われた）において、自分たちの居場所はスウェーデンをおいて他にないと考えた。フレデリック・ケッペルは同意した。サミュエル・A・ストウファーはミュルダールの留守の間、研究主任代行として代理を務めることになった。その仕事が最後まで成し遂げられるかどうかでさえ、そのときはかなり危惧される状態であった。

スウェーデンでの実りある中断

スウェーデンに帰ってみて、ミュルダール夫妻は、母国がきわめてひどく道徳心を傷つけられて思い悩んでいることを見て取った。確かに、スウェーデンは戦争を回避してきていた——それは占領された国の状態とも同じであった——が、かなりの精神的負担を負ってそうしてきていた。スウェーデン政府は、ドイツ軍がスウェーデンの領空を通過してノルウェーに向かうのを許可することにより、ナチの軍事機構の要求を呑んだのである。スウェーデン軍の抵抗が結果を変えたであろうとは誰も言わなかったが、親密な隣国への侵攻や占領に加担するスウェーデンの共謀は、確かに誇れることではなかった。ミュルダール夫妻の目には、母国が針路を見失っているように映った。言論・出版の自由は、ナチ体制への公然たる批判がドイツからの攻撃を引き起こすかもしれないとの恐れから縮小していた。スウェーデン人に伝統的な市民的自由に関する何か大事なものが、完全に失われていないとしても譲歩されつつあった。ミュルダール夫妻はそろって、そうした問題意識を伝えるべく筆をとることにした。その成果が『アメリカとのコンタクト』と題された著作であり、一九四一年のスウェーデンでベストセラーとなった。

どれほど不完全であろうとも、アメリカは啓蒙された政治的価値としての高潔さを示すような「信条」を発展させてきた、と彼らは論じた。このことはアメリカでは、インテリ層でもどんな皮膚の色の庶民でも、その会話から確かめられた。その信条の本質は、独立宣言や合衆国憲法の条文に具現されており、そこではすべての人民のための自由と正義、そして「すべての人間は平等にできている」ということが言明されている。ミュルダール夫妻は、アメリカでの生活の現実――とくに人種関係における――は、その理想に及んでいないことを認めていた。しかし、日頃からアメリカ人たちと接触することにより、彼らはこの「信条」の生き生きとした意義を思い知った。それを尊重する態度は、すばらしいことに普遍的であった。南部の人種差別主義者でさえ、彼らの態度がそれと矛盾していようが、それを尊重していた。彼らはこう書いた。「われわれの見方からすれば、『アメリカ的理想』は接合剤、すなわち、この大陸的民主主義を統一する力となる。」(7)

とくに人種関係の問題状況を伝えるために、彼らは次のように書いた。

ほかのすべての難しい社会問題と同様、黒人問題は……何といってもアメリカ人たち自身の心の問題である。それは国民的イデオロギーと……それから派生した多様なローカル・イデオロギーとのコンフリクトということもまたできよう。両方の種類のイデオロギーは、ともに同一のアメリカ人のなかに入っているのであり、個々人におけるコンフリクトは、その国の永続的で進行中の道徳的ならびに社会的な発展を反映しているのである。(8)

これらの言葉は、ナチに抑圧されていたスウェーデン人に向けた原稿の文脈において書かれた。しかし、それはまた、やがてカーネギー・コーポレーションの研究の構造の中心を占めることになる重大な概念的明確化を成し遂げる助けともなった。

このテーマを掘り下げて、ミュルダール夫妻は、「あいにく唯一の力ではなく、必ずしも最強の力でもないが、道徳的理想は実際に社会的な力として存在している」と主張した。そして彼らは、アメリカの社会科学者たちは道徳的理想の力を軽視していると非難した。ミュルダールが論じるには、この状況は次のように説明できた。すなわち、「アメリカでは、どちらかといえば極端な物質主義的歴史観が最新世代の社会科学、とりわけ社会学において支配的となってきている。これに対し、われわれは、こうした傾向をもっとも疑問視されるべき一面的な見方であり、さもなければ目立って優れたものとなったはずの社会調査を無駄にしていると考える。それは、一世代前の一面的理想主義に反対するような、主として道徳的な反応から始まった。社会学は、アメリカにおいては聖職者や社会改良家の著作を通じて発達してきた。自由に研究がなされるようになったのは、とくにサムナーとシカゴ学派の影響により、道徳性をも含んだすべての議論に最大限の疑問が付されて研究が進められるようになってからである」(9)。この種の考え方は、カーネギー・コーポレーションの研究企画の最終見解において、再度立ち現れるであろう。

ウォルター・A・ジャクソンは『アメリカとのコンタクト』の目的をうまく要約している。

『〔アメリカとの〕コンタクト』は、ヒトラーの誇るヨーロッパ新秩序の勝利が不可避なわけではない、とスウェーデンの読者を説得するよう作成されたレジスタンスの本である。そのころ戦争に参加していなかったアメリカは、占領されているヨーロッパにとっての希望の源として描写された。……彼ら〔ミュルダール夫妻〕は、ナチに支配されたヨーロッパが避けられないものであるというような敗北主義やその黙認への対抗力として、スウェーデンの人々に対し、彼らの民主的伝統にもっと良心的になるように導く方策を探究したのである[10]。

しかし、ジャクソンがさらに指摘しているように、『アメリカとのコンタクト』はまた、付加的な目的にも役立った。それはアメリカ黒人問題研究の概念構造を形づくることになるような系統的論述を生み出したのである。

最終原稿の起草

予想されたドイツのスウェーデン占領が現実のものとならなかったので、ミュルダールは一九四一年の三月、カーネギー・コーポレーションの研究任務を再開するためにアメリカに戻ろうと決心した。彼は一九三八年にスウェーデンから同行させ、最初から最後までプロジェクトにかかわり続けた統計学者リチャード・スターナーと再び合流した。それからまもなく、シカゴ大学から社会学を専攻する有能な大学院生アーノルド・ローズが加わって三人の体制となり、研究は貫徹する見込みとなった。草稿作成過程の最終段階は、ダートマス・カレッジやプリンストン大学でなされた。

いまや、第一局面の最後では欠落していた統一的ヴィジョンが現れていた。中心をなすテーマは題名に刻まれた。『アメリカのジレンマ——黒人問題とアメリカの民主主義』である。この言葉の選択は、根幹にある問題を要約したものであった。つまり、「アメリカ的信条」という理想と観察される社会的現実との間の分裂である。また、これがアメリカ特有の問題であることは、まず間違いなかった。例えば、一九五〇年代から一九八〇年代を通じて国民党が多数派を占めた南アフリカの人種差別論議には、これと似たような議論は明らかに適合しなかったであろう。アパルトヘイトが強力に行われていたその時期において、公式な一般的見解と実際に見られた社会的実践との間には、何らコンフリクトは存在しなかった。

『アメリカとのコンタクト』においてミュルダールが遠慮なく論じたアメリカの人種関係についての洞察は、過去の出来事を改めて新たに思い起こさせた。アメリカの「ジレンマ」の性質に関する彼の特徴づけと、一九三二年にスウェーデン社会民主党の状況に関して彼が示した診断との間には、関連があった。そのとき、彼は不況下でスウェーデンが直面している「ジレンマ」について述べ、それを「モラルの問題」と描写した。（この場合のジレンマは、古典的自由主義から連想される社会福祉プログラムを一九三〇年代に求められていた介入主義的政策に結びつけようとする挑戦に関連して生じていた。）そうした思考と『アメリカのジレンマ』の最初の節に与えられたタイトル、すなわち「道徳的問題としての黒人問題」との間には、顕著な類似性がある。

『アメリカのジレンマ』の読者は、その著作の中心的メッセージをまちがいなく最初に知ることになろう。それは文章では強調のイタリック体で示された。序文のなかで、ミュルダールはこう書いた。

> アメリカの黒人問題はアメリカ人の心の問題である。……われわれの研究は経済的、社会的、政

治的な人種関係を含めるが、われわれの問題は根底においてアメリカ人のモラル上のジレンマ――さまざまなレベルでの良心や普遍性に関する個人の道徳的価値評価間のコンフリクトなのである。この本の題名にもした「アメリカのジレンマ」とは、一方で、われわれが「アメリカ的信条」と呼ぶところの一般的次元で見られるような価値評価、他方で、個人や集団の生活において特殊的次元で見られるような価値評価との激烈なコンフリクトである。前者において、アメリカ人は高度な国民的ならびにキリスト教的規範からの影響を受けて、考え、話し、行動している。他方、後者においては、個人的ないしローカルレベルでの利益、経済的・社会的・性的な警戒心、コミュニティーの威信と画一化への配慮、特定の人や特定タイプの人々への集団的差別、そして種々雑多な欲望や衝動や慣習などが、個人の見地を支配している。[11]

この状況には内的な動態性が組み込まれていた。すなわち、理想と現実の緊張関係それ自体が変化の動因となろう。[訳注2]この考えに沿った議論は、「著者の序文」においてイタリック体で述べられた推断、つまり、「再建期以来、アメリカの人種関係の根本的変化、すなわち、アメリカ的理想に向かう発展が含まれるような変化を予想しうる理屈以上のことが生じてきている」[12]という主張を補強した。北部の諸都市で危険な人種暴動が頻発した一九四〇年代初期のアメリカにおいて、将来の出来事を見通すことは実に大胆であった。しかも、それはアメリカ人種関係についての著名な専門家たちの考えの大半と対立するものであった。

ミュルダールの分析は、彼が経済学のなかで以前に展開していた研究での知的態度から少なからず影響を受けていた。『アメリカのジレンマ』の方法論的付録では、その関係性が明確に示された。価値評価とその社会調査や社会的態度への影響は、彼が学問人生を通じて取り組み続けた問題であった。彼はこうした問題の諸点について、一九三一年の『経済学説と政治的要素』で論じていた。そのとき彼は、もし主流派経済理論に付随している形而上学的負荷が取り除かれるならば、価値自由な経済学は到達可能であると論じた。彼が『アメリカのジレンマ』で再びこのテーマに回帰してきたとき、以前との相違が見られた。このとき彼は、価値判断は社会調査を行う場合には不可避であると考えるようになっていた。とはいえ、調査者は研究に通底する価値評価を明示的に述べなければならないのであった。だが、これで万端でもなかった。良心的な学者であったとしても、研究を先導するような価値評価を恣意的に思いのまま選択してはならないのである。ミュルダールは、「価値前提は研究対象となっている文化に対する適切性と重要性という基準において選択されるべきである」と主張した(13)。黒人問題に対する自身の研究目的からして、彼はその構造をまとめあげるのにふさわしい価値評価はほぼ自明であると考えた。それは「アメリカ的信条」という理想であった。彼は、これほどまでにアメリカの社会的現実に適合する価値評価は、ほかに存在するはずがないと考えていた。

『アメリカのジレンマ』の趣意は、「累積的因果関係」の原理からも影響を受けていたが、その概念はミュルダールがヴィクセルから受け継ぎ、一九三二年初版の『貨幣的均衡』で効果的に用いたものであった。主流派の新古典派経済学の教義とは異なり、ここでの重要な問題とは、初期の均衡状態の攪乱がその均衡への回復に向かうような反作用をもたらすとは予想されないということであった。それどころか、そうした攪乱は元の位置からさらに遠ざかるように体系を移動させる変化を生み出すであろうと考えられた。この概念をアメリカの人種関係研究に適用して、ミュルダールは次のように論じた。「われわれは黒人の『生活レベル』が白人のそれよりもかなり低いと想定する。……一方で、黒人の生活レベルは白人側からの差別によって低められており、他方で、白人の差別意識の理由はある部分、黒人の生活レベルに依拠している。黒人の貧困、無知、迷信、スラムでの居住、健康上の欠陥、見た目の汚さ、無秩序な行為、悪臭、犯罪行為によって、白人の黒人に対する反感が刺激され増幅させられている。」さらに、黒人の「生活レベル」は「複合的な総体」であると彼は指摘した。それは多数の変数――とりわけ、「雇用」、「賃金」、「住居」、「栄養」、「健康」、「教育」など――によって影響を受けていた。これらのうちどれかひとつの変数でも変化すれば、それは他へ作用するであろう。そうして例えば、「雇用の増加は、勤労所得を多くし、生活水準を向上させ、健康、教育、マナー、法の遵守を向上させることになるであろうし、またその逆も成り立つであろう。教育の向上は、より高い賃金が得られる仕事につける機会を増すことになろうし、逆もまた成り立つであろう。諸変数からなる体系の全般において、こうした作用が生じるのである」。これらの相互依存関係に基づき、彼は、「どのように変化が生じるかは個々独立の作用によるとしても、これらの諸要因のどれかひとつでも変化するのであれば、それらすべての間でプラスまたはマイナスに作用する累積的効果の総量によって、体系全体が一方または他方へと状況に応じて動き出すことになろう……」と結論づけた[14]。いうまでもなく、累積的因果関係は二つの方向のどちらか、すなわち、「悪循環」もしくは「好循環」として、作用するはずである。

これらが組み合わされ、以上のような広範囲の考察から、アメリカの黒人人口における進歩の見込みは高いというミュルダールの展望に知的論拠が与えられた。国民的良心における「アメリカ的信条」の核心的位置――そして、理想と現実との緊張関係――は、変化へのはずみを生み出した。道徳的理想は力をもつというミュルダールの考えに基づけば、鍵となるのは国民の良心への影響力であった。いったんポジティブな方向への変化が引き起こされれば、累積的因果関係はよりいっそうの改良へと動態的な先導力を発揮すると考えられた。

『アメリカのジレンマ』の百科事典的諸特質

「アメリカ的信条」に備わっている推進力に関するミュルダールの分析は、その本がもつ説得力の多くを与えた。しかし、その研究が二巻からなる著作として初めて出版されたとき、それはより多くの内容を伝えた。その本の相当な部分において、黒人の「生活レベル」に影響している諸要因についての統計データが示されるとともに、一〇〇年以上にもわたって展開されてきた白人―黒人関係の詳細が年代記として書かれていた。この文章のほとんどは、研究の第一段階での依頼論文をもとにして書き下ろされた。

その本の注目された部分は、依頼調査では見出されなかった人種内部における認識の特質について、かなり長く議論された箇所であった。ミュルダールはこれを「差別の順位付け」と呼んだ。南部白人に関する限り、差別の優先性は次のように順序づけられていた。

1　白人女性との人種間結婚および性交の禁止
2　ダンス、入浴、食事、飲酒をともにすることのような個人的関係におけるエチケットや差別
3　公共機関における隔離。例えば、学校、教会、交通機関における
4　政治的な権利の剝奪
5　法廷における差別。例えば、警察官による
6　土地の購入、仕事へのアクセス、信用取引における差別(15)

ミュルダールは、黒人における差別の順位付けが「白人のそれとほとんどといっていいほど類似しているが、順序は逆になっている」ことを発見した。すなわち、白人の第一位は、経済的機会における差別撤廃であり、続いて法の前における平等であった。選挙権が次に来て、それから学校の改善であった(16)。性的行為の差別をなくすことは、「むしろ距離を置いた不確かな関心」しかもたれていなかった。この発見には明るい側面があった。少なくとも潜在的には、白人がもっともわずかしか注意を払っていないことが黒人においてはもっとも大事なことであるのだから、それは交渉の素地が存在することを示唆していた。

ミュルダールがその著作の序文で述べたとおり、彼が研究論文の貢献者たちから知識を得ていたことは、注釈において観察できた。ラルフ・バンチは他の執筆者たちよりもはるかに多く引用された。彼のフィールドワーク——とくに南部で彼は甚大な個人的危険にさらされた——は、広く活用

された。なかでも価値があったのは、黒人に選挙権を与えないようにするためのいかがわしい手法についての彼の洞察であった。ミュルダールは実証の研究者として、そしてまた友人として、バンチにもっとも大きな敬意を払った。しかしながら二人は、黒人の政治的権限の獲得の方向性について、完全に一致した見解をもつことはなかった。バンチは、黒人の自然な連携相手は労働者階級の白人であり、両者の経済階層的利害関心を動員することによって共同の運動を起こすべきであるという意見であった。ミュルダールは、そうしたマルクス主義的な響きをもつ議論を完全に拒否した。このことは、彼が『経済学説と政治的要素』を書いたときに、マルクス主義は不毛のイデオロギーであるとして切り捨てたやり方を思い出させるものであった。黒人にとって最良の希望は、「アメリカ的信条」に明確に表現されている価値に対し、その欠落部分を埋め合わせようとする良心的動機をもった中流および上流階級の白人リベラル派との連携によって、より確実に実現されうるのであった。

『アメリカのジレンマ』の最終章では、黒人人口の地位の進歩の現状に関係して、さらなる考察が示された。第二次世界大戦という状況により、この問題は緊急の様相を呈するようになった。アメリカのリーダーシップはいまや全世界への指針であるに違いなかった。そうしたなかでミュルダールは次のように書いた。

もし実際にアメリカが、黒人がついに現代民主主義に統合されるようになったということを通じて世界に進歩の趨勢を示すことができるならば、全人類が再び確信を抱くことになるだろう。つまり、平和、進歩、秩序は実現可能であると信じるに足る理由が存在するようになるのである。そして、アメリカは金融的および軍事的資源の総量の何倍もの力強さで精神的な威力をもつようになろう。その威力とは、地球上の善良な人々全員からの信用と支持によるものである。アメリカは、黒人を国の厄介者にしておくか、それとも、国の好機とするか、自由に選択できる。[17]

大部の原稿を提出し、ミュルダールとスターナーはスウェーデンへと帰国した。そこにはまだ埋められるべき欠落があり、アーノルド・ローズがそれを終結させる責務を負った。ミュルダールは彼に一点の明確な指示を与えておいた。その本の最後の言葉は、「啓蒙 Enlightenment」でなければならない。あまりに悲惨な社会的苦難のあり様を調査探究して、彼は前向きな言葉でその本を閉じることが必要であると考えた。そして、それは実行された。最終段落は次のようになっている。

> この社会の終わりなき再建のための実践的定式を発見することが、社会科学の最上の課題である。世界の大変動がわれわれの行く末にとてつもなく大きな困難をもたらしており、われわれの自信を深刻に揺るがしているようである。しかし、われわれは今日、社会科学において、啓蒙時代以来これまでなかったほど、人間や社会の改良により大きな信頼を置いている。[18]

当初の反響

『アメリカのジレンマ』は一九四四年一月に出版された。この出来事はカーネギー・コーポレーションによる広告キャンペーンの支援を受けたものと思われるかもしれない。しかし、そうではなかった。いくつかの要因から、この明白な失策は説明されよう。フレデリック・ケッペルが一九四二年にカーネギーの取締役ではなくなったこと——もともとはワシントンでの政府任務のためであった——と、一九四三年に彼が死去したことによって、その出版企画のもっとも熱心な内部支持者がいなくなってしまった。フィランソロピーの統率にかかわる彼の後継者は、その企画に十分に関与することがなかった。また彼らは、戦時というのに敏感な国内的問題について膨大な文書による社会批評を推進するという選択をしたことについて、何がしかの表立たない気詰まりを感じていたのかもしれない[19]。彼らはまた、もともとカーネギー・コーポレーションが依頼していたと考えていたようなこと、すなわち、黒人を支援する際の資金援助の優先順位を取り決める助けとなるような穏当な報告書から最終成果がはるかに離れてしまったので、目立たない姿勢をとろうとしたのかもしれない。『アメリカのジレンマ』がこの目的を満たしていないことは明白であった[20]。

一九四四年の初頭、『アメリカのジレンマ』の出版に対して、大衆メディアから熱烈な賛辞が寄せられた。例えば、『ニューヨーク・ヘラルド・トリビューン』紙や『タイム』誌は、ミュルダールをトクヴィルやジェームズ・ブライス——ともに外国人である——と並置した。その者たちはアメリカ社会について特段に洞察力ある論評を示してきていた。[21] これは実に厳選されたリストであった。同様の賞賛がアメリカ・プロテスタント神学者の首席司祭レインホルド・ニーバーからの推薦の言葉にも見られ、彼は教会が資金援助している研究会のテキストとしてその本を使うように求めた。その本はまた、当時の主導的な黒人知識者たちからも高く評価された。例えば、E・フランクリン・フレイザーやW・E・B・デュ・ボイスは、隔離や差別に対するミュルダールの攻撃に喝采を送った。[22] リベラル派の白人南部出身者は、とくに著者が南部の歴史や文化について限定的にしか理解していないように思われる点について、その本に難点があることを見て取ったが、批判を全般的に展開することはなかった。ミュルダールは、南部の人種隔離主義者たちから、完全にではなくともほとんど敬遠されるようになった。ミシシッピ州の人種差別主義者であった上院議員セオドア・ビルボは、社会が「混交人種」から成り立つならば、その社会はより豊かになるということを示唆しているといって彼を批判した。その例を除けば、筋金入りの人種差別主義者たちは沈黙を守った。(ミュルダールは、この結果について、人種隔離主義者たちが大部の学術書を読んでいないことを示す証拠であると考えた。) 学術誌での書評は、概ね好意的であった。しかしながら、人種問題を専門とするアメリカの社会科学者から構成された当初のチームは、ほとんど公的な議論に参加しなかった。大半の者は、自身が研究企画の最初の段階においてカーネギー・コーポレーションの給与支払いに応じて従事していたという理由から、書評者の資格はないと考えた。[23]

おそらく、もっとも手厳しい批判は、時折ミュルダールの指揮下にあった調査者グループの一員から出された。ハワード大学の社会学教授であったダクシー・ウィルカーソンは、研究論文の当初の収集段階において、「アメリカ教育における黒人」についての一論文を寄稿していた。しかし、ウィルカーソンは、『アメリカのジレンマ』に対するマルクス主義者の批判に関して序文を書いたとき、この関与に言及することを控えた。彼はその本を「表面的」で「危険」であると性格づけた。彼が言うには、その研究は「企業からの資金による」ものであった。（これは明らかに卑劣な言葉である。組織名の選択においてはカーネギーのフィランソロピーは「コーポレーション」であるが、それが利潤を最大化しようという動機から動いていることを意味すると認識することは、誤っていると断言できる。）彼は、黒人問題はミュルダールが論じてきたような「モラル」の問題ではないと主張することによって、その研究成果を「記念碑的かつ決定版」と表現した書評者たちを厳しく批判した。彼によればそうではなく、黒人の苦難はアメリカ経済の「情け容赦なく物質的な、利潤追求という核心的問題」から派生した副生産物なのであった。[24] こうした論題は、ハーバート・アプテカー――ウィルカーソンが紹介したことのある小論文を作成した者――の手によるマルクス主義からの批判に持ち越された。アプテカーは、「黒人問題は基本的に物質的問題であって、道徳的問題ではない」と結論づけた。「アメリカの黒人に対する抑圧や過度の搾取――そして、その上に成立している差別――は、それがアメリカの有産階級の利益にとって富をもたらし有益であった、そして現在もそうであるがために、存在しており保持されている。[25]」ミュルダールがマルクス主義の決定論を拒否し、道徳的理念が真の自律性や出来事を変えさせるような力をもつと主張したことで、彼はイデオロギー的左派から明確な攻撃対象とみなされるようになった。

『アメリカのジレンマ』は、第二次世界大戦終結後から二〇年にわたって、人種問題についてのリベラル主流派のバイブルとなった。それは、一九五四年の教育事案におけるブラウン対トピーカ教育委員会事件の最高裁判所判決の一部を知的に支えた。この判決では、租税によって経費が賄われている学校での人種隔離は違憲であるとされた。これは二〇世紀において社会科学の研究が最高裁判所での判決に具体的内容を与えた初めての事例であった。当然のことながら、この出来事はトップの見出しで伝えられた。しかし、ミュルダール的な精神は、それより早い連邦裁判所による判決にも見て取ることができることを指摘しておくべきであろう。南部での白人による公職候補者の占有、ならびに、州を越える鉄道の食堂車における黒人の隔離を禁止する判決に付帯された報告書には、『アメリカのジレンマ』からの長い引用文を目にすることができる。[26]

連邦裁判所の行動は、深南部においてその本に対する注目を集めることになった。例えば、ミシシッピ州のジェームズ・O・イーストランド上院議員は、「合衆国の黒人問題について何も知らない」ばかりか、共産主義的な活動の最前線に関係している協力者たちと一緒になって「外国のイデオロギー」に操られているような著者による本を批判する攻撃演説を出版した。（ダクシー・ウィルカーソンが言うには、後者の非難には当たっているところがあった。）イーストランドは、最高裁判所は「洗脳された」のであり、南部はこの決定に従わなくてもよいとの結論を示した。しかしながら、イーストランドの議論は深南部以外ではあまり反響を呼ばなかった。[27]

二〇周年記念版のために一九六二年に書いた序文において、ミュルダールは自己満悦にふける調子の叙述を示した。彼は、「アメリカの人種関係における根本的な変化、アメリカ的理想に向けた発展を含むであろう変化」という一九四四年時点での自身の将来展望に注意を喚起した。そして、彼はこう続けた。

当時、私はアメリカの黒人問題についての同時代の文献からこうした結論の支えとなるものをほとんど見出せなかったし、そのとき人種関係の分野で研究していた社会科学者たちから多くの支持を得ていると感じることもできなかった。彼らの見方は基本的に、もっと静態的で、運命論的で、さらに何よりも、その国における道徳的・イデオロギー的・政治的な諸力の重要性を正当に評価していなかった。しばしば誤った予測を行ってきた学徒でも、正しかった場合を指摘することは許されるだろう。(28)

ハーヴァード大学のオスカー・ハンドリンは、「アメリカ人の生活を変えた本」と題する書評でこの再論に賛意を示し、「合衆国の黒人問題についてのその分析は、学者たちにとって磁場のようであったし、政治集団にとっては触媒であった」と記述した。(29)

一九六〇年代の初め、この研究事業に対する満足感がいよいよ確実なものとなったように思われた。『アメリカのジレンマ』は隔離主義的な学校が違憲であるとの最高裁判所の判決に影響を与えたのみならず、そこでの議論はまた、公民権運動の主要指導者の思想も深く一致していた。その精神は、例えばマーティン・ルーサー・キング・ジュニア、ローザ・パークス、そして双方の人種からなるフリーダム・ライダー(訳注3)の活動において、現実のものとなったようであった。

一九六〇年代半ばと一九七〇年代における大変化

『アメリカのジレンマ』は、黒人たちは主流派に参加したいと思っており、もし彼らを排除している差別的障壁が打ち砕かれたら、彼らは参加することになるであろうという見方を前提にしていた。一九六〇年代半ばから、黒人人口の一部が文化的主流派に背を向けるようになって、そうした中心的前提の妥当性が自明ではなくなってきた。例えば、ブラック・ムスリム(訳注4)のリーダーの演説や際立ってよく目立つ黒人のスポーツ選手たちの態度によって、こうした疑念は大見出しで伝えられることになった。すなわち、世界ヘビー級チャンピオンはカシウス・クレーからモハメド・アリに名前を変えた。殿堂入りしたバスケットボール・プレーヤーのリュー・アルシンダーはカリーム・アブドゥル・ジャバーとなった。オリンピックの陸上競技でのチャンピオンは、表彰台でメダルを授与されるとき、握りこぶしを上げて見せた。

『アメリカのジレンマ』において、ミュルダールは白人コミュニティーで優勢になっている文化から黒人文化が「分岐」する場合を認めてはいた。しかし、彼はこう論じた。

> アメリカの文化から離れるような積極的動向があったとしても、その源はアメリカの文化にあるのだ。黒人としての人種のプライドと人種差別は、白人優勢への黒人の批判を強めることになる。事実上どの分岐においても、アメリカの黒人文化は一般的アメリカ文化から独立した何かではな

い。それは一般的アメリカ文化のゆがめられた発展、あるいは、悲しむべき状態なのである。(30)

一九六〇年代半ばとそれ以降の読者たちのなかに、こうした言葉は黒人文化には固有の価値が欠如しているという意味を含むものであり、屈辱的であるとみなす者がいたとしても、驚くべきことではなかった。

一九四四年に、ラルフ・エリスン（彼は広く賞賛を集めた小説『見えない人間』を創作することになった）が『アメリカのジレンマ』の書評を書き、そこで彼はこう述べた。

> ミュルダールは黒人の文化と個性をたんに「社会病理」が生み出したものと見ている。その結果、彼は「アメリカ文化に同化し、支配力をもつ白人アメリカ人から尊敬されているような特性を獲得することが、諸個人および集団としてのアメリカの黒人の利益になる」と考えている。彼は、このことが「ここアメリカでは、アメリカ文化が実際に『最高』のものであるという価値前提を含んでいる……」ことを認めている。黒人文化はやはりアメリカ文化ではないという意味をもつ以外にそのことが想定しているのは、黒人は白人が最高とみなす以上のことを望んではならないということである。しかし、「実際には」、リンチやハリウッド、流行かぶれやラジオ広告がその「高度」な文化の産物なのであり、「私の文化が病的であるとしても、どうして私はそれをこれらと取り替えなければならないのか」と黒人は問うであろう。(31)

この文章は一九四四年に書かれたが、エリスンは二〇年が経つまでそれを公表しないことにした。一九六六年、エリスンは再びこの件について意見を表明した。そのとき、彼はこう論じた。

私はサブカルチャーを擁護する。というのも、私はそれによって仕事をしていかなければならないからであり、私にとって貴重であるからであり、私はそれが文化全体に寄与している活発な一部分であると考えるからである。私はそれを否定したいとは思わない。もし私がそうするのであれば、私は自分のタイプライターを投げ捨て、社会学者とならなければならないであろう。……私は、われわれがどこかに入り込みたいと願っているというようなこの考えを退けるようにと思う。主流は自分自身のなかにあるのだ。私が黒人であったとしても、アメリカ文学の主流は私のなかにあるのであり、その理由は私が多くの白人作家よりもマーク・トウェインのより多くを自分のものとしているからである。(32)

エリスンはミュルダールの視野の限界を正しく指摘した。例えば、ジャズに関して、ミュルダールはその音楽の価値がわからなかった。

しかし、一九七〇年代以降、もうひとつの議論が『アメリカのジレンマ』についての修正主義的解釈に大きな影響を与えた。とりわけ、ミュルダールが「アメリカ的信条」のその国の良心に対する影響力を誇張したかどうかをめぐって問題が提起された。明白なことであるが、その本の形成は、製作過程を取りまく歴史的環境から影響を受けていた。第二次世界大戦中やその直後において、

「アメリカ的信条」の概念はかなりの力をもっていた。それが表明していた諸理念は、ナチズムやファシズムとして信奉された教義と際立った対照をなしていた。「アメリカ的信条」の活力についてのミュルダールの叙述は、当時の国民的雰囲気の重要な特徴を捉えていた。しかし、この雰囲気が常に盛り上がっていたかどうかは議論の余地がある。そのあとに続いた一連の出来事――なかでも、ベトナム戦争とその後のイラク戦争、ウォーターゲート事件のスキャンダルによって生じた政治的二極化――は、建国の父たちによって宣言された市民宗教のもつ贖罪の力に対する平均的市民の信頼をかなり失墜させていったのである。

一方、ミュルダールは「アメリカ的信条」の潜在力を信じ続けていた。彼はその国を第二の祖国と認め続けていた。彼はその政府の愚行に対する批判を遠慮なく口にしていくことになる。このことは、一九五〇年代の東西貿易に対するアメリカの政策を彼が公然と非難したときや、もっと強烈には、同国のベトナム戦争犯罪訴追手続を非難したときがそうであった。ウォーターゲート事件が露呈した――そして、アメリカ国民の士気が間違いなく低まった――ちょうどそのとき、彼はストックホルムにおいて『トゥデイズ・ヘルス』(アメリカ医師会の機関誌)に寄稿していたジャーナリストからインタビューを受けた。ウォーターゲート事件への反応は、「アメリカの民主主義が一体何ものであるかということに対する［彼の］考えを明確にした。……アメリカでは、真実が明らかとなる。アメリカはオープンな社会である。そのシステムがウォーターゲート事件を発見したとき、そのシステムはそれに対して何かをなした――実際のところ、多くのことを」。この現象についてさらなるコメントを求められて、彼はこう述べた。「これはひとつの転換であり、まったくそのとおりである。それに、転換はまさにアメリカの歴史の一部をなしてきている。しばらくの間、あなた方はひどく間違った方向に進んでいくこともあるだろうが、それから一晩で変わることもできる。……アメリカほど政策転換に用意周到な国を私は知らない。」彼は次のように結論を述べた。「アメリカの社会は、幸いなことに、いまだ広く開かれた社会であり、今後よりいっそうそうなっていくであろう。私は、この道徳的態度という深遠な感覚がアメリカの本質にあるといまでも信じており、それはその国の栄光、若々しい強さ、そして最終的にはおそらく人類の救済なのである。」[33]

『アメリカのジレンマ』再訪?

一九七一年一一月、ミュルダールはアメリカの黒人問題についての研究を再開させる意図があることを公表した。きっかけは、招待講演を行うためにハーヴァード大学を訪れたことであった。彼はこの機会に、同大学が創設したばかりのアフロ・アメリカン研究プログラムのスタッフたちと会うことにした。「私は、これはきわめて重要な課題と思っている」と彼は語ったと伝えられている。彼は、「もし神がやり遂げられる時間を私にくださるのならば」、数年のうちにそれを完成させたいと考えていた。[34]

準備段階では、最初のプロジェクトに協力者として参加していた黒人の社会心理学者ケネス・クラークを組み入れる計画が立てられた。しかし、この試みは実を結ばなかった。その二人は性格が合わなかったからである。しばらくの間、ミュルダールは独力でこの再検討を進めた。彼は、アメリカの主流派に黒人が同化することが正しい行く末であるという信念に固執していた。そして、彼は黒人を選択的に扱うプログラムに強く反対した。「黒人向けの特別なマーシャル・プランのようなものを獲得しようとすることは、もっとも不幸なことだ」と彼は述べた。彼が言うには、必要なのは「底辺にいる貧しい人々のすべてを……貧困や貧困が暗示するすべてのことから抜け出させるための」行動であった[35]。一九七七年、彼は次のようにその研究計画の状況を報告した。

いま三〇年以上を経て、私は『アメリカのジレンマ再訪――合衆国における人種的危機の展望』において、アメリカの人種関係問題に再び取り組むようになった。私は旧著で発見した事柄を確固たる基礎として、より近年の動態の研究へと活かそうとしてきた。私は、アメリカ的信条という理念を道具的な価値前提として再び使用することを決めた。この間にアメリカの人種関係に生じたことからして、私は、事実を観察・分析するときには、その国民的エートスに含まれているそうした理念の漸進的でより完全な実現の方が、限られた観点よりも有用であるとする私の議論を脅かす理由は見当たらないと考える。それはいまもこれからもこの国の歴史的変化の趨勢であろう。アメリカがその本質的な国民的特性を放棄しない限り、それがアメリカの運命であるという意味において、そうであろう[36]。

パーキンソン病と視力低下に悩まされるなか、この研究計画を最後までやり遂げるのは、彼の弱りつつある体力の限界を超えていることが明らかとなった。その必要はなかったのであるが、この成り行きに彼自身は落胆した。彼はすでに一回の人生としてはこの種の研究に十分すぎるほどの貢献を残していた。何といっても、『アメリカのジレンマ』は黒人の進歩に第一歩を後押しする力を与えてきていた。その過程において、アメリカの社会は、社会的・職業的生活のどの場においても、権威ある地位に黒人がつけるように変容してきたのである。この改善は不均等なものにとどまっており、相当程度のアンダークラス（とくに黒人、しかし必ずしもそう限定されるわけでもない）がそこに参入していなかった。それにもかかわらず、卓越した黒人――俳優・芸人のビル・コスビー、あるいは、『ニューヨーク・タイムズ』のコラムニスト、ボブ・ハーバートなど――による社会批評は、子どもたちのヒップホップやスラム言葉を容認している黒人の親世代を（主流派に入るよう養育することに反対しているとして）容赦なく非難しているのであり、ここにわれわれはグンナー・ミュルダールの声が重なり合っているように感じられるのである。

注

（1） 例証として、一九六四年の『サタデー・レビュー』誌が著名な知識人の一団を招き、次のような質問に答えさせたことを挙げることができる。「ここ四〇年のうちに出版された本のなかで、われわれの社会の方向をもっとも変化させたのはどれか。」『アメリカのジレンマ』は、ジョン・メイナード・ケインズの『雇用・利子および貨幣の一般理論』に上位を譲ったのみで第二位であった。R. Girson, "Mutations in the Body Politic," *Saturday Review* (29 August 1964), pp 74-82.

（2） F・P・ケッペルからG・ミュルダール宛、一九三七年八月一二日、『アメリカのジレンマ』にある引用のとおり（p. ix）。

（3） G・ミュルダールからF・P・ケッペル宛、一九三九年一月二八日、前掲書の引用のとおり。

（4） ラルフ・バンチはノーベル平和賞を受賞した最初の黒人であった。国際連合の高官として中東和平に取り組んだ外交手腕が評価され、一九五〇年に受賞した。

（5） とりわけ、M. J. Herskovits, *The Myth of the Negro Past* (1941); C. S. Johnson, *Patterns of Negro Segregation* (1943); R. Sterner, *The Negro's Share* (1943). R・バンチの重要な研究論文は、彼の死後一九七三年にシカゴ大学出版局より *The Political Status of the Negro in the Age of FDR* という題名で出版された。

（6） B. Urquhart, *Ralph Bunche: An American Life* (New York and London: W. W. Norton and Co., 1993), p. 81.

（7） G. and A. Myrdal, *Kontakt med Amerika,* p. 33（アンナ・アンカー・バロンによる翻訳からの抜粋）。

（8） Ibid., p. 52.

（9） Ibid., p. 54; W. A. Jackson, *Gunnar Myrdal and America's Conscience: Social Engineering and Racial Liberarism, 1938-1987* (Chapel Hill: University of North Carolina Press, 1990), p. 151からの引用。

（10） Jackson, op. cit., p. 148.

（11） G. Myrdal, "Introduction," p. xlvii. 強調は原文どおり。

（12） G. Myrdal, "Author's Preface," p. xix. 強調は原文どおり。

（13） Appendix 2, "Note on Facts and Valuations," p. 1045. 強調は原文どおり。

(14) Appendix 3, "A Methodological Note on the Principle of Cumulation," pp. 1066–1067.

(15) G. Myrdal, *An American Dilemma*, pp. 60–61.

(16) Ibid., p. 61. 強調は原文どおり。

(17) Ibid., pp. 1021–1022. 強調は原文どおり。

(18) Ibid., p. 1024.

(19) 一九七五年に、カーネギー・コーポレーションの当時の事務長は、「ミュルダールによる研究についてコーポレーションが継続調査できなかったことは、おそらくその歴史におけるもっとも大きな機会喪失であり、いま振り返ってみて後悔されるべきことである」と述べた (Ellen Condliffe Lagemann, *The Politics of Knowledge: The Carnegie Corporation, Philanthropy, and Public Policy*, Middletown, Connecticut: Wesleyan University Press, 1989), p. 146 からの引用。

(20) これら多くの諸点は、S. R. Graubard, "Preface to *An American Dilemma Revisited*," *Daedalus* (Winter 1995) によって指摘されてきている。

(21) トクヴィル (A. de Tocqueville 1805–1859) は、自由主義的な見解をもったフランス人貴族であった。彼の『アメリカの民主政治』――一八三〇年のアメリカ旅行に基づいている――は、二巻本として出版された。第一巻は一八三五年に発表され、第二巻は一八四〇年に出された。ブライス (James Bryce 1838–1922) は、時折オックスフォード大学の法学教授を務め、イギリス議会の自由党員であったが、初版一八八八年となる『アメリカ国家論』を書き、同著はその後に版を重ねた。彼は一九〇七年から一九一三年までイギリスの外交官としてアメリカで勤務し、外国人としては唯一人、アメリカ政治学協会会長に選出された。

(22) 黒人知識人たちのなかでも年長の言論活動者として、デュ・ボイスの批評はとりわけ注目に値する。彼は次のように書いた。「アメリカの歴史において、この分野をこれほど完全に網羅した学者はいない。ミュルダールは事実をごまかしていない。……彼は南部に譲歩していない。……彼は正確な数学的計測を与えるような事実のみに依存することがないという意味において、「科学的」であろうとしているのではない。換言するならば、ミュルダールの社会学はそれ自体、物理学的・生物学的・心理学的アナロジーから解放されているのであり、開放的かつ率直に、感情・思考・意見・理念といったものを考慮に入れている。」W. E. B. Du Bois, "*The American Dilemma*," *Phylon: The Atlanta University Review of Race and Culture*, 5 (Second Quarter 1944), pp. 121-122.

(23) その本の評判についての完全なサーベイについては、W. A. Jackson, op. cit., pp. 241-271 や D. W. Southern, *Gunnar Myrdal and Black-White Relations: The Use and Abuse of 'An American Dilemma'* (Baton Rouge and London: Louisiana State University Press, 1987) のとくに第4章を参照。

(24) これらの諸点については、Southern, op. cit., とくに第6章を参照。

(25) D. A. Wilkerson, 'Introduction' to H. Aptheker, *The Negro People in America: A Critique of Gunnar Myrdal's An American Dilemma* (New York: International Publishers, 1946), pp. 7-8.

(26) H. Aptheker, op. cit., p. 66.

(27) O. Handlin, "A Book That Changed American Life," *New York Times Book Review* 1 (21 April 1963), pp. 24-25.

(28) Senator J. O. Eastland, "An Alien Ideology Is Not the Law of Our Republic," *The American Mercury* (March 1958), pp. 28-29.

(29) G. Myrdal, "Author's Preface to the Twentieth Anniversary Edition," p.xxiii.

(30) Ibid., p. 928. 強調は原文どおり。

(31) R. Ellison, *Shadow and Act* (New York: Random House, 1964), p. 316.

(32) S. R. Graubard, "Preface," *An American Dilemma Revisited, Daedalus* (Winter 1995), p. xxviii にある R. Ellison, op. cit. からの引用。

(33) G. Myrdal, "Therapy to Heal America's Wounded Psyche," *Today's Health*, 51 (August 1973), pp. 16-19, 63-64.

(34) *New York Times* (6 November 1971), p. 33.

(35) G. Myrdal in 'Liberalism and the Negro: a Round-Table Discussion,' *Commentary* (March 1964), p. 30.

(36) G. Myrdal, *The Christian Century* (14 December 1977)（再録は *Current*, 202［April 1978］p. 51）.

訳注1　H・ストーによる小説『アンクル・トムの小屋』（一八五二年）に登場する残忍な奴隷商人の名前。

訳注2　南北戦争後の全国再統合期、一八六五―一八七七年。

訳注3　一九六〇年代のアメリカで行われた示威運動「フリーダム・ライド」の実践者。公共交通機関における人種差別の撤廃を要求し、バスなどに乗り込んで南部諸州へ押しかけた。

訳注4　アメリカの一部の黒人の間で信奉されている社会的宗教的運動。黒人の道徳的・文化的優位を唱えることにひとつの特徴がある。

第7章　商務大臣と戦後スウェーデンでの経済政策立案、一九四四―一九四七年

『アメリカのジレンマ』の原稿の最終段階における欠落部分を埋めさせるためにアーノルド・ローズを後に残し、ミュルダールは一九四二年秋にスウェーデンへと帰国した。彼はまもなくスウェーデンの政治に再び取り組むことになった。一九四三年、彼はスウェーデン上院のダーラナ地方代表議員に再選出されたのであるが、それは彼が五年ほど前に退いた議席であった。彼は一九四四年一月に就任した。彼はまた、戦後経済計画委員会の議長にも任命された。この組織は、完全雇用が政府の最重点課題であり、経済のバランスをとってこの目的を果たすためには、住宅への公共支出が主要手段となるべきであると提言した(1)。

およそ四ヶ月間（八月下旬から一一月中旬まで）、彼はアメリカに戻った。今度の彼の任務は、スウェーデン外務省の命令により、アメリカ経済の戦後予測を調査することであった。彼は、経済学や社会科学の他領域における第一級の学者たちだけでなく、上層部の役人、産業界の有力人物、労働組合員に対する広範囲なインタビューの指揮を執った。彼はまた、副大統領ヘンリー・A・ウォ

レスにつき従い、アメリカ上院の議場に参列するという、通常ではありえない経験をした。

アメリカ経済の戦後展望を評価する

ミュルダールは、この出張から得た知見を、一九四四年三月にスウェーデン国民経済学会の会合の場で報告した（この発表の英語版は一九四四年一一月に『アトランティック・マンスリー』誌に「アメリカ産業は思い違いをしているのか」という題で掲載された）。彼の報告の内容は、楽観的な気分を吹き飛ばすようなものであった。彼はそれを「冷血な分析」と表現した。[2] 一九三〇年代のニューディールの経済政策は、完全生産と完全雇用を回復させるという目的に照らして判断するならば、失敗してきた。戦争があったからこそ、経済が生産能力をフル稼働させるのに必要なだけの総需要を増加させることができたのである。疑う余地もなく、戦争が引き起こした生産の伸長は顕著であった。戦争終結がそう遠くない将来に見込まれるので、同じ規模の生産量を平和時でも維持することができるかどうかという問題を考慮することが緊要であった。ミュルダールとしては、戦後も繁栄が続くと考える楽観主義がアメリカ世論のなかにあまりにも多く見られることについて、自身の驚きを伝えた。彼は一九二九年に初めてアメリカを訪れたときに出くわした、永遠の繁栄への素朴な信仰を思い出すことになった。

目の前にある現実を眺めたならば、その国が直面することになる困難の大きさは甚大であるかのように思われた。政府支出――ほとんど戦費のみに投入されていた――は、その国のGNPのおよそ半分を占めていると計上された。戦争が終結すれば、この支出は突如として抑えられるであろう。戦争のための生産から平和のための生産へと経済構造を転換させるための多大な努力が、継起的に必要とされよう。この努力のなかには、戦争関連部門の職業における大幅な雇用削減が含まれるだろう。労働市場への圧力は、一一五〇万人もの軍人の大半が除隊することによって、さらに高まるであろう。彼は、産業の再転換が雇用状況に与える諸影響について探究するために、ハーヴァード大学のアルヴィン・H・ハンセン――このときまでにアメリカにおけるケインジアンの旗手として広く認知されていた――が展開した分析枠組みを参考にし、それはあまりにも静態的であるために不十分であると結論づけた。「その分析枠組みは完全雇用を前提としており、次に、この前提を現実のものとするために必要な労働力に対する需要の管理を研究している」と彼は書いた。[3]「それはどのように全体としての過程が――時間を通じての展開によって――生じるかということについてまったく注意を払っていない」のであるから、こうした分析は間違っていると彼は主張した。さらには、もし「完全雇用が達成されないだろう」と想定するならば、「産業における労働力の放出は、全産業において大きくなるであろうし、失業者に新たな職を提供できる可能性はあらゆる場で低くなるであろう」とも述べた。[4]

ミュルダールは、長期的に見て、経済活動の相当な低落を打ち消すにはアメリカの諸力は不十分であると考えていたが、同国の状況は繁栄が展望できるような良好な特徴をいくらかは含んでいた。平和時の状況に復帰することで、機器類や自動車に対するひどく鬱積していた家計の需要は解き放たれよう。戦争によって、こうした品目の生産は中断されていたのである。と同時に、即座に現金に換金できる戦債の購入に割り当てられていた貯蓄があるおかげで、公共機関は全般的に高い流動性を保持しうる状態にあった。さらに、補助金を与えられたアメリカの輸出品――とくに農業製品――に対する継続的な需要が、戦争被害を受けた世界の諸地域からしばらくの間あるだろうと予測され、それは国連救済復興機関（United Nations Relief and Rehabilitation Agency: UNRRA）が管理する配給があることから見込まれた。

しかしながら、総需要に対するこうしたポジティブな影響はごくわずかであり、まもなく枯渇すると予測された。と同時に、その状況での不都合な要因によって、そうした好影響は少なくとも部分的に打ち消されるであろう。ミュルダールは、戦後シナリオの一部となるであろうこととして、労務管理にかかわる大混乱を予見した。軍需産業での賃金は、これまで並外れて高かったが、それらの部門は徐々に廃業させられていくだろうと彼は述べた。より伝統的な諸産業における雇用主たち――彼らの多くは、戦時価格統制体制において利潤圧縮を経験してきた――は、平均賃金水準に下方の圧力を加えるよう要求するだろう。ミュルダールが思い描く状況は望ましいものではなかった。彼は予想される状況を次のように描写した。

もし……われわれが転換過程に伴う広範な不安、軍需産業部門における大量失業、そしておそらくは大変に混乱することになる国内的政治状況を考慮に入れるならば、その帰結は、労働者の世論が急進性を増すことであり、労働現場では現実に衝突が起こるかもしれない。

そして彼はまた、『アメリカのジレンマ』の将来展望からすると奇妙に思われることを述べた。「不幸にも、われわれはもっとも恐ろしいかたちで人種問題が生じると考えることさえしなければならない。労働における流血の闘争として現れるような暴力の横行は、それがもたらすより直接的な帰結を考慮外に置くとしても、景気循環の展開に停滞的影響をもたらすことになろう。」(5)

ミュルダールは、アメリカ経済のかなたに、さらにもうひとつの暗雲が垂れこめてくることを予測した。それは、戦争関連の製品を生産する目的で大規模な諸施設を建設した政府プログラムの副産物であり、それらを操業するのに大企業への譲渡がなされたことから生起していた。彼は、アメリカ産業における「この社会化された部門」は民間部門に売却され、大企業の一人勝ちに終わるであろうと推測した。こうした考えから彼は、「多くのいざこざをめぐる激しい闘争が、独占という局面において予期されなければならない」としばしば論じた。(6)

以上の考察に基づいて、彼は次のように結論を示した。

ヨーロッパでは、戦後アメリカは重度の経済的不安定を経験することになろうと予測されるべきである。ある分野では不足が生じ、他の分野では失業が生じるであろう。……広範な領域で必ずや大量の失業が生じるであろう。労働市場では多大な困難が生じると予想される。しかし、当座の戦後不況を回避するために、「売り手市場」が全般的に確立されることも考えられなくはない。とはいえ、おそらく一定の期間、例えば半年から三年もすれば、事の成り行きは不況へと推移するであろう。こうした不況は、一九二〇年代前半のデフレーション危機の最悪の状況や、一九二

九年から一九三二年にかけての大危機と同じであることがやがて判明するであろう。(7)

この結果が不可避であると定めているものは何もなかった。ミュルダールは、「完全雇用が安定的に維持できるという楽観的希望を満たせるような経済計画が確立されうるといった理論的可能性について、私自身は否定しない。しかし、……アメリカでの政治の展開は、計画化に向かうというよりも、むしろそこから離れることになりそうである」と論じた。(8)

スウェーデン世論の啓発に向けて

一九四四年、ミュルダールは彼の同胞たるスウェーデン人たちに向けて、一冊の書物の分量になる研究――題名は『平時楽観主義への警告』――を発表した。彼は「ハードボイルドな分析」を提示したものであると冒頭で断言した。このことはアメリカに対する無礼を意図した言明ではなく、彼はアメリカが戦後世界において高水準の経済活動を維持する能力をもっているか疑わしいと思いながらも、その国を高く評価していた。「私は、わが同胞に対し、二つの大いなる幻想に警告を発することが自分に課せられた義務であると考えてきた。すなわち、アメリカ人は戦後経済をうまく安定化させられるだろうという幻想、ならびに、アメリカ人とイギリス人は、自分たち自身や他者との協力によって、満足いく国際経済秩序をうまく構築できるだろうという幻想である」と彼は書いた。彼は将来についての自身の展望を次のように要約した。

私の見方からすれば、すべての事柄が示しているのは、戦後のアメリカはまもなく大量失業を伴う不況へと陥るというような、きわめて不安定な経済的展開の局面を迎えるであろうということである。それに加え、不幸にも、世界経済の自由化と安定化に向けたすばらしい計画のすべてが空虚な約束事になってしまいそうなこと、そして平和が「崩壊する」場合には国際問題がどうしても解決されずに残ってしまう可能性が大いに見込まれる。これは戦前に存在していたものよりも悪化した世界経済秩序を意味するだろう。(9)

『平時楽観主義への警告』の主要な議論は、彼が『アトランティック・マンスリー』誌に寄せた「アメリカの産業は思い違いをしているのか」という題の論文で発表した事例の拡張的研究であった。しかし、スウェーデンの状況に特別に配慮して言及した結論部分があった。「危険に満ちた戦後世界でのスウェーデンの関心は、ただたんに、生き残るということであろう。ちょうどいまのような戦時には、われわれの最重要課題とは自由な国民国家としてのわれわれの存在を安全なものとすることであろう」と彼は論じた。彼は、その課題をこなすのはきわめて難しいと予測した。世界経済の混乱の意味するところは、ある国が国際貿易政策を采配する際に「自国に有利な取引をする」必要があろうということであった。その国の輸出物が差別待遇を受けなかったら、その国は幸運であろう。兌換不能通貨や貿易障壁により、ヨーロッパ全土における回復や拡張は抑制されよう。彼は考察をこう結論づけた。

この戦後危機がいつまで続くか、そのあとに何が起こるか、誰にもわからない。輸入品の不足とわれわれの輸出品に対する大きな需要が生じるという二年間の後、輸入品が一九三〇年代のように大量に増え、と同時に、世界全域における不況がわれわれの輸出機会を低く押しとどめるといった、また違った時期が到来するなどということは、まったく起こりそうもない。(10)

閣僚としてスウェーデンの対外経済政策を取り決める

一九四五年の中頃、議会選挙により社会民主党単独政権のスウェーデン政府が誕生した。戦争期間中のほとんどを通じて、社会民主党員が首長であったものの、挙国一致内閣が同国を統治していた。ミュルダールは戦後初めての体制において、商務大臣として閣僚に任命された。その省庁の彼の先任者はバーティル・オリーンであり、彼は保守派で、ストックホルム学派の仲間の一人であった。

一九四六年一二月、ミュルダールはストックホルムで開催された国民経済学会において、自身が見たところのスウェーデンの外交経済政策の主要な諸特徴を概観した意義深い講演を行った。V－Eデー(訳注1)を迎えたが、それによって近いうちに戦前の貿易のパターンや方式を再開できる見通しが立ったわけではない、と彼は指摘した。ドイツ――戦前にはスウェーデンの輸入品の主要な供給源であり、輸出品の一大はけ口であった――は、経済的にまったく無力になってしまった。他方で、ヨーロッパ中の混乱——各国が貿易障壁や兌換不能通貨という保護策を用いて、戦時に破壊されたものを修復しようと躍起になっている——を見れば、「正常」への早期の回復は予期できなかった。スウェーデンとしては、再建への支援を通じて債務を帳消しにする構えであり、とくに北欧の隣国に対してそのつもりであった。スウェーデンは——いかに憂慮すべきであろうとも——より広いヨーロッパの経済環境では輸出と輸入に対する直接的統制の必要があることを認識していた。こうした理由から、スウェーデンは貿易相手国と一連の二国間貿易協定について積極的に交渉してきた。これは理想からの譲歩であった。すなわち、スウェーデンでは国際貿易・国際収支の開放性を保持するという、原則的かつ伝統的な公約を掲げてきており、それはこれまで究極的な政策目標であり続けてきた。しかし、この点における妥協は、現実に対する不可避な譲歩であった。

彼は、ある特定の貿易協定について詳細を語った。彼がスウェーデン側の立場からソヴィエト連邦と交渉していた協定である。スウェーデン政府は、この協定案にかなりの信用融資を含ませた。この意思決定が伝達されても、選挙では政府の支持率に何ら影響は出なかった。産業界の大半は敵対的であったので、それは大衆紙で論戦問題となった。一般市民の多くは——ミュルダールの意見では、誤ったことに——国内における物品の欠乏をソ連への輸出割当財に関連づけて認識した。彼は「誤った考えを……強化させ」ることになった対ソ通商協定に関する「ゆがんだ論議」に言及した。彼はこう付言した。

実際、大衆は、この国のすべてのもの——例えば、釘、紙、バスタブ——の欠乏、それにすべての制限——例えば、とある町が自由にスキーのゲレンデをつくったり、博覧会を組織したり、現に必要とされている数の住居を建てたりすることが許されないこと——は、「対ソ〔通商〕協定」のせいだというイメージを刷り込まれた。多少とも不可解なことであるが、これはその協定が締結される六ヶ月前、またいかなる具体的な供給契約が締結されるよりもずっと前に、その協定の効果であると考えられた[11]。

対ソ通商協定によって引き起こされた政治論議——スウェーデン議会は批准を推し進めた——は、閣僚としてのミュルダールの失敗を露呈することになった。協定の実効期間中、スウェーデンはソ連が精密な設備や機械を購入できるよう、五年間にわたってかなりの信用融資を行った。これらの貸付金は一五年後に返済されることになっていた[12]。ストックホルムの代表的な論説委員、あるときはミュルダールの友人も、その協定をスウェーデンの国益に背くものとして激しく攻め立てた。家族の者は個人的な攻撃にさらされた。娘のシセラは、自分や兄妹——たんに自分たちの両親だけでなく——がいかに中傷にさらされたかを詳しく物語っている[13]。

ミュルダールは論争に不慣れなわけではなかった。時折、彼は活発に論戦に応じた。『経済学説と政治的要素』でストックホルムの経済学を確立した年長者たちを攻撃したときも、人口危機についての彼の著作のなかでも、彼はそうしてきた。しかし、今回の場合は、彼がこれまでに経験したことのない性質をもっていた。彼は一九四七年三月にスウェーデン商務大臣を辞職した。

その根拠

ミュルダールがスウェーデン‐ソヴィエト通商協定〔対ソ通商協定〕を支持したのは、第二次世界大戦後の国際経済について、可能性の高い状況を深慮のうえで見通していたからである。彼はその考えを一九四四年の著作のなかで発表していた。将来は、アメリカ経済が大量失業や生産能力の低利用を伴った戦前の状況へと逆転するに違いないと展望される、とそのとき彼は論じた。スウェーデンにとっての健全な経済政策には、この現象からの副次的影響に対抗するような緩衝装置が必要であった。こうした当時の状況をうまく切り抜けるのに、スウェーデンの輸出に一定の市場を確保すること――それが対ソ通商協定の要点であった――は、重大な意味をもっていた。彼の先代の商務大臣であったバーティル・オリーンは、社会民主党政府で大蔵大臣を長期間務めることになったエルンスト・ウィグフォシュと同じく、この件に同意していた。

イギリスでも、こうした一連の出来事と近似したことがあった。第二次世界大戦中、イギリス政府は、軍事行動上の部隊集結地域となっていた世界各地での地域的支出から生じた大量の負債を蓄積していた。これらの負債――「ポンド残高」として知られている――は、イギリス大蔵省によって確定されるであろう日程表に沿って、戦後に返済されるはずであった。（エジプトやインドはそうした残高の主要な保有国であった。）イギリス世論の一部は、こうした負債は、共通の目的への貢献の結果であるとして、勝利の栄光のなかでうまく帳消しにできるであろうと考えていた。一九四五年七月にクレメント・アトリーを首相として政権を握った労働党政府は、そうした主導権を発揮することを選ばなかった。その理由は、ソ連との通商協定を支持したスウェーデンの考え方ときわめてよく似ていた。ミュルダールや彼を支持した同僚たちのように、労働党政府の対外経済政策を形成するために協力していたイギリスの年長経済学者たちは、戦争が終結した後にもアメリカが完全雇用を維持できるかどうかを疑っていた。そうした見方からすれば、アメリカの景気下降がイギリスの輸出市場に与える悪影響の緩衝装置としてポンド残高を保持することは、賢明な策であった。一九四〇年代後半に野党であった保守党の党首ウィンストン・チャーチルは、この決定に対し、第二次世界大戦でイギリスを守ってくれたからといっていつまでエジプトに支払わなければならないのかと罵ったが、それはむなしく響いただけであった。

皮肉を少々

スウェーデンでもイギリスでも、社会民主主義的政府の側近にいた経済学者たちは、第二次世界大戦後のアメリカの状況展望として、計画化がなされない経済では安定と持続的繁栄が見込めないのではないかと考えていた。国際経済政策の適切な運営についての彼らの見解は、こうした思考体系に依拠していた。

ソ連では、まったく異なる意見が聞かれた。それは、オイゲン・ヴァルガ――ハンガリー生まれで、ソ連の経済学に卓越した研究業績を残してきた人物――から出された。彼は『第二次世界大戦に起因する資本主義経済の変化』という題の評論を出版し、そのなかで彼は、第二次世界大戦が資本主義システムの性質を変えたという理由からして、マルクス主義の理論家たちは資本主義の失墜についての予想を変更するように諄々と諭されるだろうと論じた。戦争遂行をうまく統率するために、経済生活に対して多大な国家介入が必要とされてきた、と彼は述べた。国家の役割は平時には少なくなると予想されるが、戦時の経済計画からの教訓は完全に忘れ去られることはないであろう。彼の見方では、規制や安定をもたらすものとしての政府の積極的役割がそのまま保持されるようになってきたのであり、向こう見ずな資本主義的「無政府主義」の時代は過ぎ去った。これらの理由から、西側の資本主義は以前にも増して安定的な戦後を迎えると予想された。こうした見方はソ連の公式見解と鋭く対立した。ヴァルガは厳しく非難され、公職を追われた。

西側の——そして、とりわけアメリカの——資本主義の戦後の進路に関するヴァルガの予見が、イギリスやスウェーデンで社会民主主義的政府に助言していた経済学者たちのものよりも現実把握に近づいていたことは、きわめて不可思議である。しかしながら、後者を擁護しておくならば、アメリカの対外経済政策——戦後の——は、一九四五—四六年時点では合理的に予想できなかった方向へと転換したことを強調しておかなければならない。例えば、戦争終結時には、マーシャル・プランに代表されるようなアメリカ対外政策における積年の伝統の大転換を誰もまともに予想できなかった。（ウィンストン・チャーチルの評定によれば、これは「歴史上もっとも卑しからざる行為」であった。）アメリカ経済の将来についての悲観論者はまた、総需要を支えることになる重大な他の要素——戦後のベビーブームと冷戦に際しての政府支出の増加——を予見しそこなったのであるが、その過失も合理的見地からすれば致し方のないことであった。
アメリカ経済の戦後状況について誤った予測を公言してから約一〇年経って、ミュルダールはこの出来事に関する事後検討を発表した。一九五六年に彼はこう書いた(訳注2)。

一般的に言って経済学者は、当の本人も含めてであるが、戦争の終結に対して恐れを抱いていたのであり、それは産業の発展にかかわる通常の展望では、アメリカはかなり過熱した戦時好況の後に深刻な景気停滞を迎えることになるだろうということであった。われわれは間違っていた。それどころか、アメリカは——幾度かの小規模な断続的景気後退はあったけれども——顕著に安定的進歩を達成したのであり、初期には軍備への大規模支出の効果としては説明できない回復力を示したのである。このことと、景気変動についてのわれわれのどの概念にも適合しないような最近の西側ヨーロッパのいくつかの経験によって、私はわれわれが短期の経済動向を分析する全理論的枠組み、簡略化のために「ポスト・ケインズ派」と呼んでも差し支えないであろう複雑な全分析体系をも含めて、それらを徹底的に分解点検する必要があると考えるようになってきた。私はなぜいかにしてわれわれが間違ったのかを自問することによって、批判的分析をきわめて有効に始めることができると考えている(14)。

ミュルダールはまた、その自問に対して部分的な解答を示したが、それはオイゲン・ヴァルガの論拠とどこか共通したものであった。

第二次世界大戦によって、あるいは大戦中に生じた変化のなかには、経済活動における政府の役割の完全なる変化、景気循環に対する政府諸機関やさまざまな公共機関の諸政策の舵を取る経済哲学の変化、それからおそらく産業界側からの反応パターンの変化――もっとも、この要素についてわれわれはいまだ多くを知らない――があり、とりわけ、実際の変化と予想との間における機能的関係のシステムの変容があった[15]。

注

(1) L. Magnusson, *An Economic History of Sweden* (London: Routledge, 2000), pp. 248–249.
(2) G. Myrdal, "Is American Business Deluding Itself?" *Atlantic Monthly*, 174 (November 1944), p. 51.
(3) Ibid., p. 53.
(4) Ibid.
(5) Ibid., p. 57.
(6) Ibid., p. 58.
(7) Ibid.
(8) Ibid.
(9) G. Myrdal, *Varning för fredsoptimism* (Stockholm: Albert Bonnier förlag, 1944), p. 51. このスウェーデン語からの翻訳および同著書の他箇所の翻訳は、アンナ・アンカー・バロンによる。

(10) Ibid., pp. 345–348.

(11) G. Myrdal, "The Reconstruction of World Trade and Swedish Trade Policy". 論文の英語訳はスウェーデン国民経済学会、於ストックホルム、一九四六年一二月において読まれ、Svenska Handelsbanken Index, 1946, 付録Bに収められている。その文書のスウェーデン語版は、上記に引用した段落に続く一文を含んでいるが、それは公式の英語訳では削除されている。削除された部分のアンカー・バロンによる訳文は、次のとおりである。「新たな協定によると、輸出が当面の欠乏の時期に大した影響力をもたないであろうという通知は、無知とかなりのデマゴーグから生じた輸出に対するこうした疑念のなかでかき消された。」("Svenska handelspolitiken efter kriget," Fackföreningsrörelsen, July–December 1946, band 2.)

(12) W. A. Jackson, *Gunnar Myrdal and America's Conscience* (Chapel Hill: University of North Carolina Press, 1991), p. 321.

(13) S. Bok, *Alva Myrdal: A Daughter's Memoir* (Reading, MA: Addison-Wesley Publishing Co.), pp. 190–193.

(14) G. Myrdal, *An International Economy: Problems and Prospects*, Harper and Brothers, New York, 1956, p. 365.

(15) Ibid.

訳注1　第二次世界大戦におけるヨーロッパ戦勝記念日、一九四五年五月八日。

訳注2　底本では、この一九五五年論文の情報が明記されていない。著者に問い合わせたが、転居にともなう研究ノートの紛失のために現時点では不明となってしまったとのことである。ミュルダー

ルの業績が列記されている Assarsson-Rizzi, K. and H. Bohrn, *Gunnar Myrdal: An Bibliography, 1919-1981*, New York and London: Garland Publishing によれば、一九五五年のミュルダールの著作は、*Realities and Illusions in Regard to Inter-Governmental Organizations* (L. T. Hobhouse Memorial Trust Lecture 24), Oxford University Press と "Toward a More Closely Integrated Free-World Economy," Lekachman, R. ed., *National Policy for Economic Welfare at Home and Abroad* (Columbia University Bicentennial Conference Series), Doubleday があるが、以下の引用文はそれらには見当たらない。

その後、著者バーバー教授より連絡をいただき、注（14）と注（15）を追加することになった。ただし、この注は原書にはないため、翻訳での経緯を残すためこの訳注はそのままとした。

第8章　国際公務員と国際経済の研究、一九四七―一九五七年

一九四七年の春を迎える頃には、スウェーデンの対ソ通商協定にかかわる騒動によって、ミュルダールがスウェーデン政治の舞台で出世していく見込みには大きな傷がついていた。そのとき、国連事務総長トリグヴ・リーが彼に、国連経済社会理事会から委託された新たな組織の指揮を執るようにとの機会を与えたのは、偶然であった。その組織体は、「欧州経済委員会 Economic Commission for Europe」（以後はＥＣＥと表記する）と呼ばれるようになった。これは国連の賛助によって創設された初めての地域組織であり、その後、アジア、極東、ラテンアメリカにも同様の委員会が設置されることとなった。

ミュルダールは、創設まもないＥＣＥが直面するであろう困難の大きさを十分に認識していた。ジュネーブに本拠地をもつその組織の局長に彼が任命されたことには、少なくともひとつの大きな利点があった。すなわち、それは最近のスウェーデンでの出来事にかかわる精神的苦痛を忘れさせる好機を彼にもたらしたのである。一九四七年春の国際環境についての後日談のなかで、彼はこう

述べた。

私がＥＣＥでの職位を受諾した一九四七年を振り返ってみると、私は確かに、政府間組織による独立した欲得ぬきの調査の試行はやるに値すると感じていた。しかし、私は、第二次世界大戦後のような政治状況のなかで、しかも非常に多くの独立した政府のすべてがいついかなる時も、自国で支持されているか少なくとも反対されていないような経済的事実に対する見方をもつことに強いご都合主義的利益を感じているはずであって、しかもそれら各国の見方が相互に対立しているという傾向があるなかでは、調査を行うために設置された事務局が調査の自由を保持できるなどということは必ずしも可能ではないと思っていたし、おそらく不可能であろうとさえ思っていた。そして、私はいま述べたばかりのような調査に向かう態度を捨て去る用意はなかったのであるが、私は――とくにこうした理由のために――ＥＣＥにそれほど長くいようとは予想しなかった(1)。

欧州経済委員会（ＥＣＥ）の目的と機能

国連経済社会理事会が明記したように、ＥＣＥは「ヨーロッパの経済復興、ならびに、ヨーロッパ諸国内部や世界の諸外国との経済関係を維持強化するための協調行動を促進する諸方策に着手し、関与する……」ことを委任された。さらに、その委員会は、「委員会が適当と判断するような経済的・技術的・統計的情報の収集・評価・普及の任務を行う、あるいは、その支援をする」とともに、「経済的・技術的問題の調査研究、ならびに、委員会に属する諸国や委員会が適当と判断するようなヨーロッパ全域にわたる発展の調査研究を行う、あるいは、その支援をする」ようにと指令を受けていた(2)。

この歴史上の特定の時期にECEが創設されたことの背後には、多くの要因があった。なかでも、国連救済復興機関（UNRRA）がまさに廃止されようとしていたこと、さらには、欧州石炭組織（ECO）や欧州中央内陸輸送組織（ECITO）といったヨーロッパの臨時的な緊急経済組織を引き継ぐような制度が必要であると考えられたことがあった。委員会の構成国は、ヨーロッパ全域にわたるよう意図された（例外はスペインであり、除外された）。アメリカも、ドイツの占領統治国であったことから構成国となった。

ECEの初回会合は一九四七年五月に開催され、事務手続的な問題に議論を費やす会議となった。そうした問題は、この機会にはうまく解決されなかった。残された議題は一九四七年七月の第二回会議に再開されるよう予定された。しかし、経済問題についてのヨーロッパ全般の対応を取りまく状況は、ECEの第一回会合と第二回会合の日程の合間に大変化を迎えることになった。一九四七年六月、アメリカの国務長官ジョージ・C・マーシャルが前例のない発議を通知したのであって、そこで彼は、ヨーロッパ諸国自体が蓄積している資源で賄うことのできないニーズをアメリカが補償することを引き受けるという想定において、ヨーロッパ諸国に対し、経済復興の要望に関する共同声明を用意するよう求めたのである。アメリカの申し出は無制限であった。すなわち、その申し出は、一方で西側ヨーロッパ諸国、他方でソ連やその隣国の東側ヨーロッパとの間を差別しなかった。

ほんの少しの間だけ、ECEはその委任事項が起草されたときには予想されてもいなかったような機能を果たすであろう、つまり、マーシャルの要請に対応してヨーロッパのニーズと資源の目録を作成する全ヨーロッパ機関として作動するように要請されるだろうと思われた。だが、こうした希望は短命に終わった。それは東西間の緊張の帰結であった。ソ連の代表は、アメリカの提案に対して集団的返答を作成するために召集されたパリでの会議を退場し、東ヨーロッパ諸国の政府もそれに従ったのである。こうしてマーシャル・プランの形成は、西側ヨーロッパの努力に任されることになった。ミュルダールは、精力的に――しかし勝算はないまま――ECEをヨーロッパの東西分裂を超える媒介機関として維持させるように働きかけた。その目的のために、ミュルダールは、事務局長としての自分の代理人はロシア国民であるべきであり、その人物はソ連政府によって任命された候補者ではなく、彼自身が選んだ者であるべきだと主張した。(3) このポストに任命された人物はニコライ・ペロヴィッチ・コクトモフであり、ロンドン駐在ソ連大使の直近の参事官であった。任命を発表するに際してミュルダールは、コクトモフは「自国と外国の双方において外交および行政分野で広い経験を培ってきた」(4) のであり、彼はECE事務局に「経済学と産業についての非常に有益な知識」をもたらすと述べた。

初期ＥＣＥの活動

ＥＣＥは、組織構造が完全に形成される前から、ＥＣＯ、ＥＣＩＴＯ、欧州緊急経済委員会（ＥＥＣＥ）に従前分担されていた機能を引き継ぐために迅速に動いた。事務局長としてミュルダールは、ＥＣＥは「三つの緊急的組織が残した問題を受け継いでいるだけではない……。つまり、ＥＣＥはまた、それらの組織が戦後の経済活動領域で得てきた経験をも受け継いでいる」と明言した。(5) 技術的専門知識をもつ職員が配属された委員会は、基本的諸商品――その代表は石炭（それについてはＥＣＥが配分を決定する権限を有していた）――の利用可能性に関連する問題を扱うために創設された。ミュルダールはその技術委員会の構成員たちに対して、共同研究をする際には各人同等の権限をもつようにすることが重要であると説いた。この件について、彼はこう意見を表明した。

さまざまな分野の専門家たちが、個々別々に考え、計画を立て、行動するということをやめるならば、それはごく当然ながら全員に利益をもたらす。運送手段の利用可能性を考慮に入れることなしに、石炭供給の準備をすることは無意味である。ほかの燃料の供給について考慮せずして、電力の配分計画を立てることも、また同様に無意味である。

個々の専門家たちが「彼らそれぞれの問題を比較考量して、一般的な『ギブ・アンド・テイク』の精神でもってそれらを解決することができるように」協働することが不可欠であった。[6] 遅くとも一九四八年の初めには、事務局長〔ミュルダール〕は専門委員会の構成員たちが経済問題を「脱政治化」しえたことにおいて、その仕事振りにおよそ満足していた。「われわれの主要な技術委員会のすべてにおいて、なされるべき任務を皆がやりたがらないような場合に生じてくる組織体質的ないし手続的な問題をめぐって、困難が生じたことはない」と彼は報告した。[7] なぜ技術委員会がそうした職人的な雰囲気を醸成したのかという理由の一部は、ソ連と東ヨーロッパ諸国がそこに参加しないことを選択したという事実に基づいていた。ECEの総会の状況は、それとはまったく異なっていた。東側ブロックからの代表者たちは、そうした会合には出席したのであり、彼らが出席したときには、議論はマーシャル・プランやアメリカの経済帝国主義を非難する激しい演説に支配されがちであった。

ECEの組織構造が確定すると、ミュルダールは「委員会の良心の番人」と彼が性格づけた調査計画部局に特別の注意を払った。その活動は、「国際行政の仕事」にかかわろうとするものではなかった。そうではなく、「その機能は、委員会とその諸部局に対して、ヨーロッパの経済状況についての必要かつ事実に基づく情報を提供し、それらの特殊な諸問題研究を支援することであった」。彼は、その任務は二つの部分に区分できるだろうと付言した。

ヨーロッパ諸国の復興の進展、ならびに、経済回復の進度を抑えるような主たる障害——すなわち、人材力、希少資源、燃料や動力、工業の生産能力など——を明らかにする調査部局が創設されよう。その部局の仕事が十分に進展した暁には、ヨーロッパの経済状況についての選択的な調査書を出版することになろう――ここでの選択的という意味は、それが広大な領域のすべてを網羅しようとする意図はもたないが、その代わりにヨーロッパ諸国の差し迫った困難や問題に注意を喚起するような、目覚まし時計としての役割を果たすことになろうという意味である。(8)

「目覚まし時計」の実際

ECE事務局長としての一〇年を通じて、ミュルダールは調査計画部局に勤務した数多くの傑出した経済学者集団からの業績に恵まれた。それは知的刺激を発する「シンクタンク」として羨望のまなざしを向けられるほどの名声を獲得し、そのことが才能ある者を引き寄せることになった。当時イギリスのロンドン・スクール・オブ・エコノミクス(LSE)にいたニコラス・カルドアを調査計画部局の初代部局長として任命したことが幸運の訪れであった。(しかしながら、カルドアがその任務を引き受けたときの状況は理想から程遠かった。彼はそれより前に国際通貨基金から招かれていたのであり、LSEは二年間の休暇を与え、彼はそれを受諾するはずであった。しかし、彼がジュネーブにいたミュルダールと合流することを選択すると、LSEは彼に辞職を迫った。)調査計画部局へのその他の新入職員の名簿もまた印象的であった。そこには、ロバート・ニールド、エスターおよびモーゲンズ・ボーザラップ、ヘレン・マコワー、アルバート・ケルヴィン、ハンス・スタエール、ハル・ラリー、ティボー・バルナ、そしてP・J・フェルドゥーンが含まれた。(9)

一九四八年にジュネーブで出版された調査計画部局の最初の主要な書物――『ヨーロッパの経済状況および展望の調査』――は多くの読者の関心を引いた。それはヨーロッパ全般の状況について概観を示したものであったが、それ以上のことも成し遂げた。ミュルダールが描写したように、

執筆者たちは、多くの国で見られる「抑圧されたインフレーション」という深刻な戦後問題の特殊な性質に何よりも注意を払わなければならなかったのであり、彼らはまた、貿易や貿易収支問題、そして多国間ベースでのヨーロッパ域内貿易を拡張させるための条件について、相当な注意を払った。(10)

この書物の熱心な読者のなかには、マーシャル・プランの行政を担当しているアメリカの公務員もいた。

ミュルダールは、経済学者たちからなる国際的共同体のなかで、調査計画部局の名声を高め、維持することに熱意を傾けた。彼はその任務環境を学会の環境に近似したものとしばしば認識するようになった。しかし、彼はまた、その部局が「純粋な」学問的自由を完全には複製できないことも認識していた。もちろん、そこにおける経済学者たちは最高水準の私利私欲なき科学的専門家意識によって規律づけられていた。しかしながら、学会のすべての特徴をもつようにそれを複製しようとすることは適切でもなかっただろう。彼が言うには、ECEにおける調査は、

常に「実践的」かつ直接的に「使える」ものでなければならない。……この種の調査機関は、積極的な貢献をなしうると考えられる問題にどうしても集中しなければならない。一国内にせよ国家間にせよ、政治関係があまりにも混乱していて、科学的探究を通じても政治の改善の機会をほとんど与えられないような問題をわざわざ取り上げることはやめておかなければならない。(11)

しかし、ミュルダールはまた、ヨーロッパの経済学者たちに見られる偏狭傾向を打破するのに、ECEは有効な先導的役割を果たしうると考えた。その目的のために、彼はロックフェラー財団に対し、「さまざまな国からの主要な経済学者が、理論的・実践的側面からヨーロッパ経済の主な問題を議論するために、私的な立場で一堂に会せられるような定例の会議を財政支援してもらえないか」と要請した。(12) 彼は次のような理由を提示した。

こうした性質の定期的会合の必要は、経済問題の解決に向けた一国的アプローチの極度の偏重、ならびに、一国の政府仕事に従事する経済学者たちが増える傾向にあり、それによって独立した科学的接近が狭小な国民的視点に取って代わられるという危険が生じてきたことから出てきている。……これらの傾向は、もしときどき経済学者たちが科学的論議に適切な雰囲気と論題とを提供するような非公式な会合に集合することができるならば、いくらかは緩和されるかもしれない。(13)

ロックフェラー財団は、この提案を支援することに同意した。それにより、一九四九年九月八―

一二日、ジュネーブにおいて会合が開かれた。出席者には、傑出した人物が目立った。イギリスは最大の派遣団を送ってきた。すなわち、トーマス・バロー、F・A・バーチャード、D・G・チャンパーノウン、J・M・フレミング、M・F・W・ヘミング夫人、ヒューバート・ヘンダーソン卿、アーサー・ラブデイ、G・D・A・マクドガル、E・F・シューマッハー、ピエロ・スラッファであった。イタリア代表は、パウロ・バッフィ、F・ディ・フェニージオ、V・トラヴァグリーニであった。フランスからの派遣員は、モーリス・バイ、フランソワ・ペルー、A・ソーヴィー、そしてピエール・ウリであった。エリク・ルンドベリとキェルド・フィリップがスウェーデンからやってきた。デンマークの代表は、ジョルゲン・ゲルティング、カール・イヴァーソン、ジョルゲン・ペダーセンであった。ヤン・ティンバーゲンがオランダから来て、ラグナー・フリッシュがノルウェーから来た。E・H・チェンバリンとゴットフリード・ハーバラーはアメリカから来た。カール・ブルンナーとE・ラッパードはスイス代表であった。エルンスト・ヨンはオーストリアから来た。[14]

東側ブロックからの経済学者は欠席することで目立った。多くが招待されていた。そのなかにはE・S・ヴァルガとK・V・オストロヴィティアノフ（ソ連）、イヴァン・ステファノフ（ブルガリア）、ルドヴィク・フリーカ（チェコスロヴァキア）、オスカー・ランゲ（ポーランド）がいた。[15] 結局のところ、誰一人としてジュネーブにたどりつけなかった。ランゲとフリーカは出席したいと考えたのであるが。ミュルダールが指摘したように、「東ヨーロッパからの経済学者が欠席したことは、いうまでもなく、諸論題が主に西ヨーロッパの観点から議論されることを意味していた」。彼はさらに、貿易収支問題に対する調整策としての為替切り下げに関する意見は割れてかなり拮抗している、と伝えた。英貨ポンドの切り下げ（ほかの西ヨーロッパ諸国の政府の多くも引き続いて同様に行動することになった）は、その会議が休会に入ってからほんの数日後に起こったが、会議に出席していた者にも「その出来事を明確に予想することはできなかった[16]」。

会議の開催が繰り返されることはなかったが、ロックフェラー財団は別のやり方でECEの任務を支援し続けた。一九四八年から一九五五年にかけて、同財団はECEにおける若手経済学者のための「在職奨学金システム In-service Stipend Scheme」を財政支援した。ミュルダールは、このプログラムは大学院教育訓練システムが限られているような諸国、とりわけ東ヨーロッパのそうした諸国が対象とされるべきであると主張した。しかし、冷戦中ではその地域からの候補生を獲得することは困難であった。このプログラムによって二七人の奨学生が奨学金を受給したが、東ヨーロッパからは二人が来たにすぎなかった。ポーランドとハンガリーから一人ずつであったが、両人とも国外にいたときに採用された[17]。

ロックフェラー財団はまた、ストックホルム大学のイングヴァー・スヴェニルソンが用意した『ヨーロッパ経済の成長と停滞』という題の重要な研究の出版を助成した。それは一九四九年に研究が始められ、一九五四年にECEから出版された。この高評価を受けた分析研究は、とくに一九一三年から一九三八年までのヨーロッパ経済の実績を集中的に扱うものであった。スヴェニルソンは、二回の世界大戦の間のヨーロッパの成長率が一九一三年以前に達成していた成長率よりも低いことを発見した。概要をいえば、この結果は世界経済の構造変化に対応して貿易や生産のパターンをうまく変容させられなかったことに起因していた[18]。

調査計画部局の任務のさらなる側面

もっとも人数が多いときに、調査計画部局のスタッフは六三人になり、うち三五人は専門の経済学者か統計学者であった。その専門家たちの大半――職位ごとに彼らの国籍はきわめて多様であった――は、彼らの長大な大学生活の職歴を振り向けるつもりであり、彼らの本拠地から休暇を取ってECEに二年ほど勤務した。最大限の学問的自由の精神がその部局の仕事環境で奨励され、研究を行う際の判断基準は実践的問題の解決に向けられているかどうかに求められた。理論化の目的のための理論化は打ち捨てられた。

さらにいえば、調査計画部局の分析家たちは、注意すべき問題を見つけた場合、彼らの立場の論拠となる事実を握っている限りは妥協を許さない態度を取ることを推奨された。年次調査書やそのほかの出版物で彼らがそうした諸問題を報告すると、真実の立証が指針基準とされた。すなわち、彼らの発見が構成国の政府のいくつかの神経を逆撫でするというリスクに対しては無関心であった。これにより、実際にいくつかの論争が引き起こされたのであり、例えば、フランスが「各国の信認の危機の時期に」パリで行われていた「外国為替の闇市場」を認容していたことで非難されたり、あるいは、イギリスが石炭の消費に関して無駄で非効率なやり方を許可したことで責められたり、ソ連の実質軍事予算の推計が公表されたときなどがそうであった。南ヨーロッパ（とくにイタリアやギリシャ）の経済開発問題の調査研究は当初批判されたが、後に調査計画部局は低開発研究に新地平を切り拓いたと賞賛された。事務局長が、ECEの研究は出版に先立って構成国の政府からの「検閲許可」を受けることはないと断言したことで、そうした活動が可能であった。その代わり、関連文書は完成したらすべての者に同時に公開するようになっていた[19]。

研究成果に対する評価

ミュルダールは当然ながら、確固とした国際機関をその草創期から築き上げ、海図がないなかでも針路をとってうまく運営してきたことを誇りに感じていた。しかし、彼はまた、成し遂げられるはずであったことと実際に達成されたこととの間の落差については、ひどく心苦しく感じていた。一九五七年四月のECE総会における開会の辞の最後に彼が語ったように、「政治的要因からの制約が経済協力に厳しく影響してきているときほど、経済協力からの共通利益はいっそう大きくなる——もしそれが可能であるならば。計り知れない程度、冷戦は分割線の両サイドにおいて経済進歩を妨げている。とても有益であるだけでなく、もっと正常な政治状況ではほぼ必須であろうと思われる大事業が、着手されていないし、現実に可能であると考えられてさえいない[20]」。

可能性と実行との間のこうした落差は、どのように理解されるのであろうか。冷戦がひとつの要因となっていることは疑いなかった。しかし、おそらくもっと深い理由がいくつかあるだろう。「参加者でもある観察者」という役柄に自分自身を起用することで、ミュルダールは一九五〇年代初めの三つの主要な講演において、この問題を探ろうとした。それらはいずれも、国民的統合の増大――先進西側諸国における過去三〇年ばかりの中心的現実――が国際的分裂を伴って現れてきたという考えに注意を向けるものであった。

これらの講演の最初のものは、一九五〇年三月にマンチェスター大学においてなされたが、こうした世界状況の性格づけがかなり詳細に説明された。一九三〇年代以来、国民的統合が増大してきたのは、大恐慌の状況に対する各国政府の反応として理解されえた。大量失業に代表される諸問題を扱うために、政府は経済に介入しなければならず、しかも着実かつ大規模にそれを行わなければならなかった。ミュルダールはこのことを「経済計画化への趨勢」と見た。それは自由放任主義がまぎれもなく死んだことを意味し、多数の民衆は見えざる手によって秩序づけられる体制への後戻りを支持しないであろうということを意味した。この現象を嘆くのは的外れであった。彼の見方では、「価格メカニズムはもはや均衡を回復するように機能することはない」のであり、さらにいえば、「現在の状況における自由経済はそれほど実践的な提案ではない」のであった。(21) 第二次世界大戦後の政治環境において、事実上すべての西側政府が、経済政策上の最優先の責務として完全雇用の維持に懸命に取り組んでいた。このことは、経済に対するよりいっそうの政府介入が必要とされていることを意味していた。彼はさらに、戦後のヨーロッパは慢性的な国際収支危機を食い止めるために見える手に頼る必要があろうとも指摘した。(22)

ミュルダールは、計画化への趨勢を「不可逆的」であるとみなし、それを「国際的原因と国内的原因とが相互作用している」といった「累積的因果関係」の原理が働いているもうひとつの事例と見た。この論点について、彼は次のように書いた。

一方で、外部からのとてつもない衝撃、すなわち国際的不均衡と不安定は、それぞれの国家において、よりいっそうの国家介入と経済計画化を必要とする状況をもたらした。他方で、国際的混乱によって必要とされた、あるいは拍車をかけられた国民経済計画が、今後は逆に、価格メカニズムの自動調整力によって、貿易や収支の国際的均衡が回復される際の主要な障害物として継続的に作用することは疑いない(23)。

古典的形態の金本位制は、すべてのプレーヤーが「ゲームのルール」を忠実に守っている限りでは、国際主義的メカニズムの代表的事例とみなすことができた。その崩壊は、「国際的分裂」の象徴的事件でもあった。しかし、この現象を感傷的に見ても、何も有益な提案は得られない——古典的な金本位制は回復されるはずもない。他方、国際主義者たちが世界の金融秩序を統治するためのブレトンウッズ体制と結びつけて考えてきた崇高な希望は、実現されてこなかったことを認識する必要があった。現代の政府のなかで、国内の経済政策を国際的バランスの状態に応じて調整してもよいと考えているところはなかった。

「経済計画化への趨勢」の扱いにおいて、ミュルダールはまた、完全雇用政策を遂行するための国民国家の取り組みから生じているマイナス面についても注意を喚起した。彼は、多様な利害集団によって、諸政府が事実上人質に取られているという状況を思い描いた。そのような状況のために、「われわれの計画された経済には本来的なインフレーション傾向」があったのであり、それは諸政府の「民主的基礎」から生じていたのである。彼はそのメカニズムを次のように説明した。

もはや価格や賃金が純粋に市場現象でなく、規制されているものである場合、このことは、われわれはみな、われわれの代表者たちを通じて、集団交渉により、われわれ自身や互いの所得を決めることを……意味する。われわれの報酬をできるだけ高く維持しようとしているこの政治過程では、われわれがほかの人々の所得も向上することを認めるような妥協案に賛同しようとするのは、当然のことである。

ここには、私的圧力団体が自らの利益を求めて政治空間を開拓していくといった、後に「レント・シーキング」と呼ばれる過程についての新鮮な分析的洞察があった。この点において、ミュルダールは二〇年ほどその研究領域の先を行っていた(24)。

政府は国内の貨幣的バランスを保持することによって、この「固有の」インフレーション傾向に対する抵抗を強めるべきであるとミュルダールは勧告した。さもなければ、インフレーションを抑えようとする際に、「悪い解決法」に頼りがちとなるだろう。そして、このことは不幸であると考えられる。というのも、「それは唯一の動機づけとして、過大な名目総所得を相殺しなければならないような多くの政府干渉、すなわち、配給、建築規制、割当、価格統制などを必要とする。事細かな『統制』にまで政府規制が及ぶことは、あらゆる類の不経済的混乱をもたらし、生産を妨害する」からである。そのことはまた、「当該国の政治的・経済的頭脳」が、「こうしたすべての些細な干渉に」費やされるようになるであろうことを意味していた。それらの精力は、そんなことにではなく、総需要と総供給を一致させることを始点とするような長期的経済計画に注がれるべきなのである。[25] ミュルダールは、アメリカ社会問題心理学研究学会での発表のために用意した一九五四年の講演において、世界状況についてのさらなる側面を探究した。その焦点は、演題──「効果的な国際協力に対する心理的障害」──に明瞭に表れていた。彼は、東西間の緊張が世界規模での協力を妨げる厄介な障害物として存在していると認識した。しかし、西側諸国の内部における成果もまた、従来は落胆させるようなものであり続けてきた。彼は、「経済の領域においては、いままでのところ、西側の協力のいかなる達成も、経済的な国際的分裂の一般趨勢を決定的に打ち消してきてはいないこと……を検証」できると書いた。[26] 議論のために、彼は、「ソ連と西側の関係が、たとえ西側諸国やとりわけアメリカの政治家を含むほとんどの人々が正しく望んだが戦争中には誤って考えられた方向へと発展してきたとしても、なお存続してきたであろうと考えられる、より永続的で基本的な性質をもつ心理的要因」に集中するために、自分の分析から冷戦やその多くの派生的効果を除外したいと考えた。[27]

彼の一連の探究は、一方で国内政策に関して、他方で対外政策に関して、大衆の態度が形成される仕組みの違いを指摘することから有益に始められた。ミュルダールは問題を次のように診断した。すなわち、国内的に統合されている国家では、「より多くの人々に対して、国内政策は広く理解されるような明確で具体的な意味をもつ、という性格を帯びる。これは、比較的に安全だという感覚を与える傾向をもつ」。対外政策の問題は、際立って対照的であった。「対外政策には不確実性という客観的要素があり、それはすなわち、他国の態度や政策の一貫性についての特定の根拠ある予測可能性――協力を前進させるための信頼にとって必要な事柄――が欠如しているということである。」(28)

しかし、ここにいっそう複雑な性格があった。人々の態度は、「国内の出来事に対してよりも、国外の出来事に対して、格段に感覚的で不安定であり、穏健でもなければ現実的でもなく、当てにならない」のであった。そして、「他国」への態度はまた、操作されがちであった。ミュルダールはそのことについて、「人々を何かの反対に参集させる方が賛成に参集させるよりも随分と簡単であることが常であるような、今日の人間の精神状況についての悲しくも的確な解説である」と考えた。「もし国民の結束を維持し高めるためにこの手段を使いたいならば、外国人は明確に敵として選ばれる」のであった。(29)国際協力を向上させるためのもうひとつの心理的障害は、世界の大半の住民が関係している「文化的孤立」であった。観光業の発達は外国文化に触れる機会を増大させるが、こうしたやり方での接触は表層的で印象的なものとなる傾向にあった。彼の見方では、真の文化理解は他国に住んで働くことによる没入法から最善のかたちで得られるものであった。皮肉にも、この方法は半世紀前よりも一九五〇年代の方が実行しづらかった。第一次世界大戦前には、西側諸国での労働力の国際移動にはほとんど障壁はなかった。しかし、労働力移動に対する現代世界の制限からして、これはもはや妥当しない。自国民に完全雇用を保障しようという取り組みにおいて、諸政府は外国人を自国の労働市場における競争者とみなし、警戒の目を向ける傾向にあった。

こうした障害にもかかわらず、ミュルダールは国際協力の増大への希望を完全に捨て去ることはなかった。控えめな規模であることは否めないが、彼はそれをＥＣＥ事務局の活動のなかに見ていたのであり、そこでは国際公務員というスタッフたちが「国際主義者」の精神性をうまく発達させていたのである。彼は、このことを可能とした多くの要因を見定めた。

第一に、性格や力量を重視し、組織的に政府任命者を避けるような機敏な新人獲得方針、第二に、各国からの圧力に直面している構成員を規律づけるための保護措置の堅持、第三に、組織のより大きな目的を絶えず自覚するよう刺激を与えること、第四に、合法的に規定されている領域では委員会のイニシアティブを保護し、慎重だが明白で確固とした委員会政策を持続的に形成すること。(30)

この延長上に位置する第三の講演は、一九五四年二月二五日、ロンドン大学ベッドフォード・カレッジにおいてＬ・Ｔ・ホブハウス講演として行われた。そのテーマは、政府間組織の機能についての「現実と幻想」であった。問題となっている組織を「国際」としてではなく、このように「政府間」と特徴づけたことは重要である。ミュルダールの中心的論点は、「国際機関は個々の政府の政策のための道具にすぎない……」ということであった。(31) 多くの民衆がこの「現実」を知ってこなかったために、誤解が生じてきたと彼は論じた。代わりに、世論の大半は「幻想」を抱き続けてきたのであり、それは、第二次世界大戦の終結時に創設された国際機関は、連合国側の勝利の歓喜のなかで明言された「ひとつの世界」理念を表現するであろうという考えであった。こうしたことのすべては、戦争に勝利を収めた大連合が平和時にも持続するであろうという前提の上に成り立っていた。この前提が現実によってねじ曲げられると、「幻想」は「幻滅」へと変容した。もし歴史的経験を知ることによって期待が抑えられていたならば、こうした幻滅は必ずしも起こらなかったであろう。

ECEでの任務について語るなかで、ミュルダールは、「現存の経済協力に対する現実的可能性という観点から測定すれば、いかにわれわれの企てがほとんど無駄に終わったかということについて深く心を痛めている」と述べた。その説明のために、彼はお馴染みの議論を再び持ち出した。すなわち、「国民的統合と国際的分裂といういまの時代では、政府は経済的な分野でさえも、ほんの限られた規模の国際協力以上のものを受け入れるだけの用意ができていない」(32)。それでもなお、制度的機構としてのECEの存在は何がしかの価値をもっていた。つまり、それは誠実な仲介役としての機能を果たすことができた。彼は、「事務局の仲介経験のなかでもっとも重要な事例は、いうまでもなく、多国間および二国間の東西貿易締結の資金援助をする際に事務局に与えられた責務である」と語った(33)。

事務局はさまざまな政府から派遣された貿易専門家たちの非公式会合を召集する権限をもち、それは「諮問会議」として知られた。ミュルダールはこうした展開を次のように評価した。「とりわけ困難な分野におけるこうした政府間協力の新たな形態は、ほかの形態の会合では克服しえないような政治的な板ばさみを回避したい政府にとっては、ことのほか有効であることが明らかになってきている(34)。」

一九五四年の初め——上記の言葉が書かれた頃——までには、スターリンの死亡を契機に生じてきた東西関係の雪解けにより、ＥＣＥはそれまで見られなかったような全ヨーロッパの制度機構へと近づくことになった。

国際経済についてのさらなる研究、一九五六―一九五七年

ＥＣＥ事務局長としての任務によってずっと多忙であったわけだが、ミュルダールはそれでもなお、ヨーロッパをはるかに越えた国際的経済問題の局面についての主要な研究を生み出すことができた。一九五六年には、およそ三八〇頁にもなる『国際経済——問題と展望』と題する大著が出版された。この研究は広い視野をもち、非ソ連圏の世界の全体を包含するものであり、とりわけ豊かな諸国と貧しい諸国との関係に注意が払われた。ミュルダールの文章を見ると、「国民的統合と国際的分裂」の共存から生じている諸問題をめぐる議論のなかでは、以前に指摘されていた現象が発展的に取り扱われたことがわかる。この点、彼は分裂状態から統合状態へと移り変わる国際システムの行く末について考察しようとした。

既述のように、国民的統合——個々の政府が国内経済政策に対してきわめて周到に統治支配権を保護している——は、同時に国際的分裂の相当部分の責めを負っており、国際的再統合に向けては障害物でもあった。このように考えるならば、国民国家が国内的に統合されている度合いを低めることが国際的再統合への道を確かなものにすることに役立つと考えられがちであろう。しかし、そ

うした推論はミュルダールの思考法とはかけ離れている。彼の状況把握では、国際的統合という最終目標は、より広い国際社会に対して開かれたかたちで応じられるだけの自信の獲得と成熟をすでになし遂げたような統合された国民国家という基盤の上に依拠することで、初めてしっかりと確立しうるのである。

ミュルダールは、次のように書いたとき、自身の考えにいくらかの特殊性を加えた。

「経済統合」は、機会の均等という古くからの西洋的理想の実現である。われわれが一国内の社会関係に関連させて共通に理解しているところでは、この理想の本質的要素は、諸個人から自分の仕事や生活の状況を自由に選び取ることを妨害している社会的硬直性を緩めることにある。すべての者にすべての道が開かれており、人種的、社会的、文化的差異とは関係なく、生産的サービスに支払われる報酬が平等であるということが満たされないならば、経済は統合されない。

西側の国民はいまだ完全な機会の均等という理想的状態に到達していないが、過去一世紀にわたる再分配的改革はその方向に随分と彼らを導いてきた。いまや世界の貧しい地域の人々をその方向に動かす時であった。ミュルダールは、「この意味における経済統合は――国民的にと同様、国際的にも――望ましい」と疑いなく思っていたのであり、彼はそのことを「当研究における特殊な価値前提」であると認めた(35)。彼はさらに、もし機会の均等という夢が世界規模で現実に近づけられるならば、それは、「いまやすべての先進諸国で現実のものとなってきている福祉国家という概念が、

「福祉世界」という概念にまで拡大し変容しなければならない」ことを意味するであろうと述べた。(36)目標を設定することと、それを現実に近づけるような実践的方策を考え出すことは、まったく別物である。世界の低開発部分を経済進歩の方向へと動かすという課題が難しいものであるという事実からは逃れようがなかった。彼は、「低開発諸国(訳注1)のほとんどがひどく分裂した国内経済を抱えている」こと、そして、このことから、それらの国は発展に向けて準備するよりも先に、大規模な制度改革を必要とするであろうことを認識していた。(37)しかし、これらの問題に取り組もうと真剣に考えている経済学者は、もうひとつの問題に直面しなければならなくなる。すなわち、自分の概念一式――結局、豊かな諸国の諸問題を扱うために作られてきた――が、貧しい諸国の分析にどれほどうまく応用できるかという問題である。そうした疑問は、国際貿易に参加している諸国間の利益分配をめぐって、一九五〇年代半ばの議論の中心に位置していた。

当時、低開発経済の大半における輸出品は、国際市場で競争的に売られる第一次産品であったことが思い起こされなければならない。と同時に、これらの諸国は、工業品のニーズを賄うために、先行している経済からの輸入に大きく依存していた。ミュルダールはこの問題状況を経済的不均等のひとつの条件であるとみた。すべての低開発諸国が工業化に向けた大規模なプッシュを矯正策と考えていたことは事実であった。しかし、もしこれらの経済が国際通商のために「自由貿易」ルールに従わなければならないのであれば、それは無理となろう。この点において、ミュルダールは、国連のラテンアメリカ経済委員会を統率していた国際公務員の同僚ラウル・プレビッシュに賛同しつつ、その言葉を引用した。プレビッシュによれば、その説明や正当化がどのようなものであろうとも、国際分業体制の土台となっている基本的前提を破壊するような明白な不均衡が、事実として存在している。それゆえに、新興諸国の工業化が根本的に重要となる。工業化それ自体が目的ではなく、それらの国が技術進歩や労働者の生活水準の漸進的向上から自由に利益の分け前を得ることができるような主要方策が目的なのである。(38)

工業化へのプッシュは、明らかにかなりの外貨資金を必要とする。低開発世界の大部分にとって、輸出による外貨獲得は農産物や原材料の販売によるものであった。国際貿易の条件は貧しい諸国に不利となるように偏っていると考えられる論拠があった。確かに、プレビッシュはこのことが妥当すると考えた。貧しい諸国の輸出品が世界市場で競争的に価格づけられていた一方で、それら諸国が輸入していた工業製品の価格は完全競争に達していない市場において統制することができた。また、工業製品よりも第一次産品の方がはるかに荒々しい価格変動にさらされていることは疑いようがなかった。ミュルダールはこの種の議論に共感した。低開発諸国が外貨獲得を最大化できるよう助力を与えるつもりで、彼はそれら諸国に対し、集団交渉力を高めるべく結集することを求めた。(39)

しかし、工業化計画はまた、これ以外にももっと多くのことを必要とした。豊かな国の生産者たちとの競争にさらされないようにするために、形成途上の産業を保護することが必要となるだろう。少なくとも初めのうちは、豊かな国のコストは「幼稚」産業を背負った国のコストよりもかなり低くなるだろうからである。そして、彼は豊かな国と貧しい国、それぞれの通商政策を導く原理を明確に区別した。彼は、「二重の水準」を支持するための確固たる論拠がある、と主張した。先進諸国が輸入制限を課すならば、国際貿易の規模は縮小し、これは嘆くべき事態となる。低開発諸国の場合、ローカル産業を保護する貿易障壁は世界貿易を縮減させない。それらの国の貿易行動を制限するのは、外貨の利用可能性であった。それら諸国が獲得したものは何であろうと、工業化計画に必要な資本財や原材料に支出される見込みであった。計画化当局による外貨配給は、もっとも急を要する必需品が確実に行き届くようにするために必要とされるであろう。（彼は、政策立案者が使える「国際的空間」の大きさという概念において、この手続に言及した。この定式化は、彼が作成した一九三三年のスウェーデン財政政策についての覚書やそこにおける拡張プログラムに対して起こりうる制限についての扱いを思い起こさせるものであった。）工業化しつつある貧しい国において「国際的空間」を保持するということは、輸入の総量を減らすということではなく、輸入の商品構成が変化することを意味した。[40]

ミュルダールは、この研究の結論を示すとき、「歴史の現段階では、非ソ連世界の諸国は、平時においては、国際的経済統合に向けた進歩を可能とするほどの国際的な人間連帯を受け容れる準備ができていない」と述べた。[41] しかし、彼はそれでもなお、低開発諸国は力強く「自らの利益を要求する」べきであり、「それは、ほぼその定義からして、広くは国際的統合の利益ともなる」と考えていた。「それら諸国側からの努力は、機会の均等に向けた進歩のために必要である。というのも、……先進諸国がたんに自らの善意からそれら諸国の利益に沿うように行動するようになると考えるのは、幻想だろうからである。」しかし、ここに一筋の光明があるかもしれない。もしそれら諸国がうまく圧力を加えることができれば、「それらの特権をもたない諸国は、先進諸国の内部から彼らを支持する多数票を得ることができるであろう。なぜなら、彼らの要求は、たとえ実践されていない場合であっても、先進諸国で大切にされている理想に訴えかけるものとなるだろうからである」[42]。最後の文章は、『アメリカのジレンマ』を発表した際に決定的に重要であった議論と同じ響きをもっている。

ミュルダールは、一九五八年にイェール大学で行った講演を基礎とした書物において、これらの論点の多くを繰り返した。それは出版される時に『福祉国家を越えて』と題された。この時点での彼の考えによれば、先進福祉国家はきわめてうまく国民的統合を果たしてきたので、国家の役割そのものが再概念化されうるであろうという可能性を思い描くことができた。将来の理想的世界においては、「福祉国家の理想に合致するには、細部にわたる公共統制を国家の直接干渉によって実施させるかわりに、安全で実行可能なかぎりその責任を地域別や部門別の集団当局に委譲する」ことになろう、と彼は書いた。こうして「国家干渉の現実の減少」が達成されうるのである。この帰結が得られるための前提条件として、「市民の参加の強化……」とともに、「地方や都市の自治が引き続いて強化されること、および有効な利害団体からなる支柱構造の均整のとれた成長」が挙げられた[43]。国民的統合を国際的再統合と融合させるという課題がまだ残っているだろう。彼は、新たな政府間組織が国際協調を育成することにより、この課題が解決されるという希望を抱いていた。「……一〇年間、この仕事に自ら参加するとともにその観察者でもあったことを経て、私は、われわれは正しい軌道に乗っている……ことを、かつてないほどに確信している。」彼はこう付言した。

「もし大戦争が避けられるならば、趨勢は政府間経済組織の重要性が増大する方向にあるものと信じられる。」[44]

低開発世界への注目

エジプト国立銀行からの招待――一九五五年に同銀行は彼に連続講演を行うよう依頼していた――において、ミュルダールは世界の低開発地域に立ちはだかっている諸問題に対して集中的な注意を向けた。その講演は一九五六年に『開発と低開発――国内的および国際的経済不平等のメカニズムに関する一考察』という題名で出版された。[45] 一九五七年には、これらの講演内容を若干拡張した改作がイギリスとアメリカで出版された。それらの文章は同一であったが、題名が異なった。イギリス版は『経済理論と低開発地域』という題、アメリカ版は『豊かな国と貧しい国』という題がつけられた。これらの研究は、豊かな国と貧しい国、ならびに、国内における豊かな地域と貧しい地域との間の格差が拡大しつつあるという不平等の問題を中心に構成された。ミュルダールの探究は、調査計画部局が南ヨーロッパの低開発問題、とりわけイタリアとギリシャといった貧しい地域の状態に注意を向けた一九五三年と一九五四年のECEによる調査研究から大きな影響を受けていた。

国際的ならびに地域間の不平等拡大という現象は、正統派経済理論の枠組みでは満足いくように説明されえないとミュルダールは主張した。結局、その基本的教義は、市場が自由に働くことにより、所得における初期の不平等は縮小する傾向があるはずだ、ということであった。したがって、目に見える現実を理解するためには、ほかを当たる必要があった。ミュルダールの見方からすると、標準的経済理論――それは経済的攪乱が安定的均衡の方向への調整をもたらすという想定に基づいている――は、まったく間違ってきた。実際には、規制されない市場諸力はそれ自体、不平等を拡大させるよう作用するのであった。貧しいところが豊かなところと手加減なしの競争にさらされた場合、累積的因果関係の原理が働き、初期の不均衡が拡大する傾向をもつだろう。典型的な変化のあり方としては、貧しい国や地域の当初の競争的不利益が小さくなるのではなく、むしろさらに悪化する傾向をもつであろう。そうして、富める者はますます富み、貧しき者はますます貧しくなるのである。「成功ほど成功するものはない」という格言が妥当することが認められるのであり、ミュルダールはそれに「失敗ほど失敗するものはない」とも付け加えるのである。

これらのメカニズムをいっそう詳細に検討するなかで、ミュルダールは経済学者の語彙を増やした。貧しい国や地域は、豊かな国や地域と交流することで不利益を被るのであり、それは「逆行効果 back-setting effect」による。（カイロ講演の一九五七年版では、「逆流効果 backwash effect」という表現に置き換えられた。）例えば、貧しい国や地域の状況を考えてみよ。まさに貧困という事実によって、道路交通システムや公共機関の不十分さというハンディキャップは埋められそうもなく、その領域は新規事業から見て魅力のないものにとどまることになろう。同様に、教育・健康サービスは標準以下であろうし、その結果、労働力の生産性が損なわれるだろう。原理からすると、もっと幸福な結果も考えられる。ミュルダールはそれを「波及効果 spread effect」という概念で論じており、その効果は、拡張しつつある豊かな国や地域から与えられ、貧しい国や地域に上向きの影響を与えるものとされる。拡張勢力は食料品や原材料に対する新規の市場需要を生み出すとも期待される。しかし、貧しい国や地域はこの刺激に対し、どのように反応すると見定められるのであろうか。ミュルダールが考えたように、うまく反応する能力はそれ自体、発展レベルの関数であった。その場所が後進的であればあるほど、こうした好機を捉えるように生産様式を再調整できる見込みは小さい。貧困によって背負い込んだ障害があるとすれば、ほぼすべての場合において、「逆流効果」が「波及効果」を圧倒することになろう。

　この悪循環はどうしたら打破できるのだろうか。一国レベルにおいては、無規制の市場諸力の変動に対して保護を与える国内的計画化体制ほど、うまくいく選択肢は存在しない、とミュルダールは見ていた。その中心的責務のひとつは、経済的向上のための原動力を与えられるような産業基盤をつくりだすことにあろう。これには、対外競争力からの保護シェルターが必要であった。この点について彼は、貿易慣行における「二重の水準」の「道徳規範」を説明するために、『国際経済』で綿々と論じた議論を再び登場させた。先進諸国には国際貿易の自由な流れに対する障壁を低くするよう求める一方、低開発諸国はそれを打ち立てることが正当化された。また、彼は依然として次のように考えていた。「国際的統合への道は国民的統合を乗り越えていかなければならない。すなわち、貧しい国による国民主義的政策やそれらの国が交渉力を増すことは、これらの諸政策やそれら諸国が集団として協力を増すことを通じて勝ち取られるのであるが、それはよりいっそう効果的な世界規模での協力に向けての必要な段階である。[46]」ミュルダールは、貧しい国を経済的に向上させようとする際、豊かな国は自らの優勢権を並び替えるような「道徳的義務」を負っていると考えていた。彼は、西側資本主義諸国における産業化過程が階級闘争を激化させ、体制を破壊するような革命が引き起こされるほどになるというマルクスの予言に、改めて注意を喚起した。近年の歴史は、少なくとも豊かな国のなかでの階級間摩擦に関する限りは、その予言への信頼を失遂させてきた。しかし、グローバルな舞台において、豊かな国と貧しい国の間の分極化が不安定な暴力を生み出すか否かは、いまだ開かれた問いであった。皆がそうした事態が生じないようにと願っていた。

反応の数々

国際経済の状態に対するミュルダールの分析と彼の政策的処方箋への批評は、賛否両論であった。二人のECEのベテランは彼の貢献に賛辞を送った。ウォルト・ロストウは、妻との共著のなかで、『国際経済』の出版は「啓蒙の原理に基づくひとつの作品であり……、民主的社会のもっとも深く、もっとも忘れられやすい規範が、いまだ妥当性をもって有効であること……を厳密に示している」と賛同を示した。この理由からして、その本は「二〇世紀の社会科学の最上位に位置する」ことになろうとされた。(47) ヘレン・マコワーは、「自由な諸国すべての人々に、彼らがいまその只中にいる危険を知らしめ、そこから逃れられる道を示そうとしている」ミュルダールの企図を賞賛した。(48) ケネス・ボールディングは、『国際経済』を「意義深く、感動を引き起こす研究作品」と評した。彼は次のように続けた。

アダム・スミスの『国富論』と比較してみることが、この研究の偉大さを計測する際のひとつの基準となる。それは同等の幅広い視野、人間の幸福を追求することに対する同等の情熱、さらに時折見られるような同等の機知に富んだ批判を含んでいる。しかしながら、スミスの「自然的自由」の代わりに、われわれは世界の統合を示されるのであり、それは、国民的統合が豊かな諸個人に対する差別待遇によって達成されているように、豊かな諸国に対する差別待遇によって達成されるのである。(49)

しかし、賞賛は一般的というには程遠かった。当時ヴァージニア大学にいたレイモンド・マイクセルは、容赦なく否定的であった。彼はミュルダールの「機会の均等」の解釈に異を唱え、人によっては、彼が提言したような私的企業に対する政府統制の拡張はその目標に反すると考えるだろうと指摘した。彼は、貧しい諸国が直面している貿易条件は実際に悪化しているという主張の正確さについて、疑念を表明した。彼はミュルダールの「相対的に貧しい諸国の願望への共感」について、「深遠であり、賞賛に値する」としながらも、そのことによって「彼が、それら諸国における限定的かつアウタルキー的な諸政策——それらの多くは政治的えこひいき、あるいは、多人数の福祉よりも少人数の利益を保護することによって規定されている——を批判的に扱う代わりに、過度の国民主義の言い訳や合理化をしてきた」ことは不幸であったと述べた。彼は、「資源の合理的分配や、関係者たちの経済的自由に対する含意がどんなことであろうとも、工業化を促進するためにはあらゆる手段が用いられるように低開発国を支援する」という教えを疑問視した。彼は、著者は「おそらく、厳密な経済分析を犠牲にして、国際経済の政治的・社会的要因を強調した」と結論づけた。(50)

以上のすべてが『アジアのドラマ――諸国民の貧困に関する一研究』という題をもつ三巻本の研究のプレリュードとしての役割を果たした。ミュルダールは次の一〇年間、その研究に没頭することになる。

注

（1） G. Myrdal, "The Research Work of the Secretariat of the Economic Commission for Europe," *25 Economic Essays in Honour of Erik Lindahl* (Stockholm: Ekonomisk tidskrift, 1956), p. 270.

（2） David Wightman, *Economic Cooperation in Europe: A Study of the United Nations Economic Commission for Europe* (London: Stevens and Sons Ltd. and William Heineman Ltd.) が伝えるところによる。

（3） ＥＣＥの形成段階にかかわる背景については、W. W. Rostow, "The Economic Commission for Europe," *International Organization*, 3: 2 (May 1949), pp. 254-268 を参照。ロストウはＥＣＥ事務局のスタッフとして創設当初から一九四九年半ばまで勤務した。

（4） "ECE's New Deputy Executive Secretary," *United Nations Bulletin*, 5 (1 October 1948), p. 772.

（5） G. Myrdal, "Prospects of the Economic Commission for Europe," *United Nations Weekly Bulletin*, 3 (29 July 1947), p. 147.

（6） Ibid.

(7) *United Nations Bulletin,* 4 (1 February 1948).

(8) G. Myrdal, op. cit., p. 149.

(9) A. P. Thirlwall, *Nicholas Kaldor* (New York: New York University Press, 1987), pp. 104-105.

(10) G. Myrdal, "The Research Work of the Secretariat of the Economic Commission for Europe," p. 290.

(11) Ibid., pp. 268-269.

(12) G. Myrdal, "Memorandum on proposed periodic conferences of economists to be held in Geneva under the Rockefeller Foundation Project" (5 November 1948), Rockefeller Foundation Archives, Record Group 1.2, Series 100.

(13) Ibid.

(14) Ibid.

(15) G・ミュルダールからN・ブキャナン宛。Rockefeller Foundation (6 September 1949), Rockefeller Foundation Archives, Record Group 1.2, Series 100.

(16) G・ミュルダールからN・ブキャナン宛。Rockefeller Foundation (26 September 1949), Rockefeller Foundation Archives, Record Group 1.2, Series 100.

(17) G. Myrdal, "The Research Work of the Secretariat of the Economic Commission for Europe," p. 273.

(18) "Growth and Stagnation in Europe's Economy," *UN Review,* 1 (March 1955), pp. 43-44.

(19) R. Girod, "How the Public Is Told About the Results of Surveys Carried Out by International Organizations," *UNESCO, International Social Science Bulletin,* 4: 4 (1952); G. Myrdal, op. cit.

（20） G. Myrdal, "Opening Statement by the Executive Secretary to the 12th Session of the United Nations Economic Commission for Europe" (April 1957). G. Myrdal, "Twenty Years of the United Nations Economic Commission for Europe," *International Organization*, 22 (1968), p. 625からの引用。

（21） G. Myrdal, "The Trend Towards Economic Planning," （一九五〇年三月一三日に行われたマンチェスター大学におけるルートヴィヒ・モンド講演の筆記録） *The Manchester School*, 19 (January 1951), p. 7. 注において、ミュルダールは、ここで示されている「主要な考えのいくつか」はそれ以前の一九三五年にストックホルム大学で行った教授就任講演に含まれていると伝えた。

（22） Ibid., p. 25.

（23） Ibid., p. 32.

（24） Ibid., p. 35.

（25） Ibid., p. 36.

（26） G. Myrdal, "Psychological Impediments to Effective International Cooperation," *Journal of Social Issues*, Supplemental Series 6 (1952), p. 9.

（27） Ibid., p. 11.

（28） Ibid., p. 13.

（29） Ibid., pp. 15, 16.

（30） Ibid., p. 25.

（31） G. Myrdal, "Realities and Illusions in Regard to Inter-governmental Organizations," L. T. Hobhouse Memorial Lecture No. 24, Bedford College, London, 25 February 1954, Oxford

University Press (London, 1955), p. 5.

(32) Ibid., p. 18.

(33) Ibid., p. 24.

(34) Ibid.

(35) G. Myrdal, *An International Economy: Problems and Prospects* (New York: Harper and Brothers, 1956), pp. 11, 12. 強調は原文のとおり。

(36) Ibid., p. 324. 強調は原文のとおり。

(37) Ibid., p. 167.

(38) R・プレビッシュ、Myrdal, op. cit., p. 226 からの引用。

(39) Ibid., p. 319.

(40) Ibid., pp. 274-276, 288.

(41) Ibid., p. 315.

(42) Ibid., p. 321.

(43) G. Myrdal, *Beyond the Welfare State* (New Haven and London: Yale University Press, 1960), p. 93（北川一雄監訳『福祉国家を越えて——福祉国家での経済計画とその国際的意味関連』ダイヤモンド社、一九六三年、九三―九四ページ）。

(44) Ibid., p. 282. 邦訳二七九ページ。

(45) G. Myrdal, *Development and Underdevelopment: a Note on the Mechanism of National and International Economic Inequality* (Cairo: National Bank of Egypt Fiftieth Anniversary Commemoration Lectures, 1956).

(46) Ibid., p. 76. 強調は原文のとおり。

(47) W. W. and E. Rostow, "Mr. Myrdal Brings Utilitarianism Up to Date," *The Reporter*, 5 (12 July 1956), p. 45.

(48) H. Makower, "Review of 'An International Economy'," *Economica*, 24 (August 1957), p. 262.

(49) K. Boulding, "Warning to Nineveh," *The Christian Century*, 73: Pt 2 (12 September 1956), p. 1053.

(50) R. F. Mikesell, "Review of 'An International Economy'," *American Economic Review*, 46 (December 1956), pp. 1011-1116.

訳注1 ミュルダールは「発展途上国 developing country」という語を用いず、意図的に「低開発国 underdeveloped country」と表現した。これは彼が前者を楽観をもたらす「外交性」を含む用語であると問題視したためである。

第9章　『アジアのドラマ――諸国民の貧困に関する一研究』（一九六八年）

ＥＣＥでの一〇年が終わりに近づくと、ミュルダールはアメリカの諸財団に新規の大規模調査企画に対する資金援助を要請した。企画書において、彼はその目的を次のように記した。「南および南東アジアは、その外部や内部……からの作用により実際に発展しているので、その状況に対してバランスの取れた評価を与えること。研究の主たる強調点は、……その地域全体の「経済的」問題に置かれる予定である。……経済的な潜在能力は、社会的・政治的背景に基づいて観察されるであろう。したがって、研究は必然的に、その地域の新たな国民主義に関する分析を含むことになろうが、それは社会的・文化的・宗教的・人種的コンフリクトに条件づけられて存在している。[1]」これは、一九五〇年代後半に彼が国民的および国際的な経済「統合」に関する諸著作のなかで明示していた立場の延長上にあった。関連して、彼が企画した研究の構想は、南アジア地域の低開発諸国が最終的には国際的経済統合に変容するかもしれないような確固たる経済的国民主義を形成している、あるいは、形成していない過程に注意を向けていた。ここにはまた、多様な南アジア諸国間における協調的計画化の可能性が探究される、という暗示があった。

この企画の資金援助を依頼する際、ミュルダールは予想以上の困難に直面した。ロックフェラー財団とカーネギー・コーポレーション——両社はそれまでは彼に対して寛大であった——に断られた。フォード財団も同様であった。ニューヨークに拠点を置く二〇世紀基金によって、彼は運よく資金が得られることになった。そこの幹部たちは、二年半の期間に対し、彼に一九五七年時点で一四万ドル（その一〇％はミュルダールの給料として支払われることになった）の助成金を交付した。その時点では、この期間は研究を完成させるのに適当であると考えられた(2)。

当初考えられていたスケジュールは、ひどく非現実的であることが明らかとなった。最終的に『アジアのドラマ』——三巻、二二八四頁と一六の付録からなる書物——として現れたのは、作成に一〇年も費やされたものであった。そればかりか、その成果の内容のほとんどが、当初に予定されていた内容とかけ離れていた。

『アジアのドラマ』の形成——第一段階の試論

ミュルダールは、ＥＣＥの調査計画部局のベテラン、デンマーク人夫婦のエスターならびにモーゲンス・ボーザラップを連れ立って、研究に乗り出した。第一段階は、当該地域の徹底したフィールド調査を含み、とりわけインドに注意を払ったものとなった。（インドに大きな比重を置いたことについては、その国が調査対象諸国のなかで他をはるかに凌駕した大国で、もっとも錯雑であったことから正当化されよう。しかし、ミュルダールはここにいっそうの個人的関係があった。アルヴァがニューデリーにあるスウェーデン大使館の長、すなわち、インド大使に任命されていた。）この時期の研究の進捗により、第一次資料が山のように収集された。また、ボーザラップ夫妻は、その背景について多量の覚書を準備した。

一九六一年、ミュルダールは研究企画の拠点をストックホルムに移した。このときまでには、アルヴァは病気のために外交官の役職を辞めなければならないことになっており、スウェーデンで医師の治療を受けていたし、ボーザラップ夫妻も——彼らの当初の取り決めに従って——移ってきていた。ここで、この企画の第一段階と『アメリカのジレンマ』の準備における第一段階との間には、対称性のようなものが見られた。どちらの場合も、あり余るほどの素材が集められたのであり、どちらの場合にもミュルダールはそれをどう活用するか定かでなかった。二〇世紀基金の理事長アウグスト・ヘクシャーへの書簡のなかで、ミュルダールは状況を次のように語った。

研究の開始期に共同研究者たちへ支払った金額の多くは浪費でした。……（その）書物は「運命」のように発展したのであって、いまでは因習的であったと認識している私の先入観から分岐していったものです。試行錯誤の後なら、もちろん研究は違ったものに、そしてより経済的に計画化できたはずですが、それはそのときには不可能でした。(3)

アメリカでの黒人問題の研究に関していえば、ミュルダールは「アメリカのジレンマ」——支配的な国民的イデオロギーと人種関係における日常の現実との間の分裂というかたちでの――という概念を思いついた時点で、第一段階での混乱を克服した。このことが、あの記念碑的研究を完成させるために必要な体系化の道筋を与えたのである。南アジアの研究企画では、それに匹敵するようなひらめきはなかった。しかしながら、研究協力者たちの顔ぶれに変化があった。(4)

研究を特徴づける価値前提の規定

一九六一年の時点で、研究の最終的方向性についての多くの側面が未決定のままであった。しかし、ミュルダールの心のなかには、その研究課題のひとつの重要な特質について決定的な明快さがあった。すべての研究において、彼は自身が『経済学説と政治的要素』で論じていた方法論的批判に従ったが、それはつまり、研究者には自分の調査の基礎にある価値前提を明確に述べる義務があるということであった。この研究の場合、中心的な価値前提は「近代化諸理念 modernization ideals」という括りで捉えることができた。この選択は決して無作為ではなかった。これらの諸理念は、南アジアの現実の重要な特質と適合的であって、その特質とは、もっとも啓蒙された指導者たちが持続的な経済的・社会的進歩をもたらすように自らの社会を変革させようとしている熱意であった。

「近代化諸理念」に関するミュルダールの明細な説明は詳述に値する。彼はそこに含まれる次のような要素を示した。

a　合理性。公的な議論において、政策が合理的思考にその基礎を置かねばならないということは、ほとんど常に前提とされている。

b　発展と発展のための計画化。発展と発展のための計画化への欲求は、合理性追求のなかから直接生み出されるもので、経済・社会領域において、近代化諸理念の全面的・包括的表現となって現れる。

c　生産性の上昇。総人口または労働力人口の一人当たり産出高の上昇ということが、発展計画の共通目標といえる。

d　生活水準の上昇。南アジア――とりわけそのなかでも国土の大きい貧困な国々――における極度に低い生活水準からいって、この価値判断が普遍的に受け入れられているのも不思議ではない。

e　社会的・経済的平等化。南アジアの全部の諸国において、地位、機会、富、所得および生活水準の平等化を促進するために、社会的・経済的階層化の現状が変えられなければならないとする理念は、一般に計画目標や政策目標に関する公的な議論において共通に受け入れられている。

f　制度および態度の改善。一般に社会的・経済的制度および態度は、①労働の能率向上、有効競争、移動性および企業家精神を促進し、②機会均等を増大し、③生産性および福祉の向上を可能にし、④一般に発展を促進するために、変革されねばならないとされている。

g　国民的統合。理想的には国民的統合とは、国の領域が及ぶ範囲内のあらゆる地域および集団に対して揺るぎない権威をもち、効果的、強力、かつ目的と行為において内部整合性のある政府、裁判所および行政諸官庁の国民的体系を意味する。

h　民族独立。この理念は頑強に護持され、諸理念のなかでももっとも明示的な表現を与えられている。

i　狭義の政治的民主主義。南アジア諸国の全部が、その独立を開始するにあたって、民主的民族国家になる意図を表明した。彼らは、自由選挙と普通選挙権に基礎を置く代議制議会を含む憲法をもっていることを宣言した。

j　草の根民主主義。国家政府の政治形態や権力基盤の問題とはいちおう独立に、自治の責任が地方および地域社会に移譲され、これら小社会の住民によって受け入れられている程度の問題がある。

k　社会規律対「民主的計画化」。南アジア諸国においては、決定された政策が、仮に立法化されたとしても、しばしば執行されず、政府当局が政策を策定する場合でさえ、国民に義務を課すことを嫌うという意味において、いずれも「軟性国家 soft states」である。(5)

「近代化諸理念」のこうした定式化は、『アメリカのジレンマ』で示された「アメリカ的信条」に包含されている諸価値と機能的な類似性をもつと考えられるかもしれない。どちらの研究の場合も、その概念道具は理想的状態のヴィジョンを与えた。しかし、基本的な相違があった。一九四四年の著作では、平等の理念と現実問題としてのすべての人々に対する平等な正義との間の乖離が、建設的な社会変化にはずみをつける動力となった。これはアメリカの場合には可能であり――ミュルダールはそう論じるのに多大な労苦を払った――、というのも、どれほど彼らの実際の行動がそこから離れていようとも、アメリカ人は皆、「信条」に現れている原理にほぼ従っているからであった。南アジア諸国の環境は、それとはまったく異なっていた。総人口のなかの庶民階層は、「近代化諸理念」とは縁遠かった。地方に住む膨大な人口は、伝統的な小作農を生業として生計を立てていた。彼らが居住する社会的環境は、進歩的変化を拒否するような態度や制度によって支配される傾向にあった。むしろ、植民地時代の経験により、「近代化」への抵抗が強まっていた。植民地当局によって展開された間接支配のやり方では、伝統的制度や文化的慣行に対して干渉を最小限にとどめることが求められた。さらに、多くの国では、植民地支配に反対する組織的抵抗運動が伝統的文化を美化する傾向にあった。

これらの考察から示唆されることとは、支配層のエリートたちが「近代化」に対して熱狂しても、それは伝統主義者たちからの無関心や積極的な反対によって圧倒される見込みが高いということであった。総人口における後者の割合が単純に大きすぎるのであった。原則的には、そして時間が経てば、伝統的な態度や制度が近代化推進論者によって実施される膨大な教育努力によって変革されうるだろうとは想像できた。しかし、その結果を生み出すのに必要な能力者や諸資源は、少なくとも短期的には見出せなかった。さらに、たとえ「近代化」部門が大きくなりつつあるとしても、そこに吸収される以上の人口増加が起きていることにより、状況は悪化しそうであった。総じて言えば、作用している諸力は、「近代化諸理念」がうまく実現される見込みはまったくなさそうであることを指し示していた。こうした一連の思考は、ミュルダールの精神に強烈な影響を与えた。彼は一九三〇年代末や一九四〇年代初めにおけるアメリカ南部でのおぞましい慣行に直面しても耐えることができたが、それは黒人の苛烈な環境が大幅に改善されるという見込みが確固としているという信念があったからである。当時の彼が理解していたことからすれば、南アジア諸国の状況の最終的結末に対して、楽観を抱けるような類似の基礎は存在しなかった。

しかし、これで諸困難のすべてというわけでもまったくなかった。ミュルダールの最初の意図――『国際経済』の議論に反映されているような――は、南アジア諸政府の政策が、最終的にそれら諸国を国際経済共同体のファーストクラスの一員に位置づけることになるような変化を促進する狙いをもつべきである、という方向性を示すことにあった。しかしながら、その地域の現実についての実地調査から得られた発見から、彼はこの目的が――いかに原則として推奨されるべきであるとしても――実現不可能であると結論づけることになった。彼の思考がこのように転回したことは、二つの主要な考察内容から説明することができる。第一は、「軟性国家」という現象に関する彼の診断であった。（この用語は『アジアのドラマ』における創作的な述語イノベーションの多くのうちのひとつであった。）これは、その地域の政府が「近代化諸理念」の実現に必要とされる重要な介入を統率する手段あるいは意志を欠いているという認識を意味した。定義的に、西洋（そして、もっと特殊的には北欧）諸国は、政府が影響力をもって、ある種の行動を禁止する、あるいは、別の行動を促進できるということを前提としていた。そして、そこではさらに、人々が全般的に政府の権限を認めるであろうし、人々は規定を強めるために政府が刑罰を課すことについても支持するであろうことを前提としていた。西洋諸国においては、この種の規律は広く当然のものと思われており、それは広い範囲へと拡張されていた——例えば、高速道路の速度制限の規制から児童労働雇用の禁止、職場における健康や安全面での慣行の規制などに至る。同様の状況は、当該地域の「軟性国家」には見られなかった。何より、政府は、合理化という近代化論者の概念に相反するような多くの行動に対して、干渉しないことを選んでいた——例えば、インドにおける老齢で不生産的な牛に対する寛容であり、それは資源面からしても不必要であるし、道路交通の障害ともなっていた。あるいは、さまざまな国において、異なる宗教、カースト、地位階層をもつ者たちと同じ空間で働くことを労働者が拒否することに対してである。しかし、諸政府が「近代化」に向けた政策に着手したとしても、それらが政策を遂行する能力は、有能な人材が希少であることから制限されていた。

ミュルダールの悲観主義は、先進諸国と当該地域の諸国で見られる典型的な慣行とが対照的であるという第二の点からも影響を受けていた。公務員の腐敗は、開発の計画努力に必要とされる効率的な資源配分にとって明らかに不都合であった。この害悪は、現在発展している諸国の初期段階における歴史の一部であったことが知られていたが、二〇世紀の第三・四半世紀までには、少なくとも目に余る権力乱用は抑えられるようになっていた。南アジアにおける腐敗の規模を正確に計測することができなくとも、誰が何をいつ得るかということを取り決める際に、それが重要な要素となっていることはほとんど疑いえなかった。強調されるべきことであろうが、ミュルダールは経済学を専門領域とする同僚たちの多くにはっきりと先んじて、この問題を正面から論じた。一般的に言って、開発経済学者は、腐敗の規模が信頼に足るようには確定できないという理由から、あるいは、それを論じることは外交的に失礼に当たると考えたことから、この問題を遠ざけた。一方、『アジアのドラマ』は、経済計画化を通じてその地域を必ずや向上させるという著者の当初の意見を侵食することになってさえも、腐敗の問題に焦点を当てたものであった。

ミュルダールの娘、シセラ・ボクは、当時の父の雰囲気に関して、父自身からの話を記録している。「真夜中に起き、恐怖や不安を感じながら考えることがよくある。一体私は何をしているのか、いつそれはできあがるというのか。そうした書物を書くのは、ひざまで泥に浸かって第一次世界大戦の塹壕に立っているようなものだ。(6)」このストーリーにはハッピー・エンドに結びつくような基礎を見出せなかったのであるが、ミュルダールはその探索を完全にあきらめたわけではなかった。かなりの程度、こうした態度がその書物の長きにわたる形成期間の理由となっている。例えば、一九六六年に彼はその完成にはさらに時間がかかると企画の出資者に謝らなければならなかった。彼は努力不足によって責められるはずもないと主張した。「私はこのとてつもない仕事を私のシステムから産出するために、私の人生の他のいかなる時よりも、そして私がこれまでに見た他のいかなる人よりも、懸命に働いてきました。昼夜をおかず、土曜も日曜も働き、休みはありませんでした。(7)」

途中調整――概念批判の重視

『アジアのドラマ』の序文において、ミュルダールは最終生産物がどのように、そしてなぜ彼が当初意図していたものとかなりかけ離れたものになったのかを説明した。彼はこう書いた。

研究に取り組んでみると、南アジアにおける低開発諸国の問題を分析するのに通常使われている概念や理論の多くは、論理的一貫性や現実主義、すなわち現実に対する適切性の観点から吟味すると、使い物にならないことに私は次第に気づいてきた。私がだんだんとひどく歪んだ先入観とみなすようになったもの――それらの多くは私の同僚の経済学者たちの多くと以前に共有していたものであるが――を乗り越えて自分の道を切り開くことはまた、緩慢にしか進まない苦労の多いプロセスであった。(8)

彼はさらにこう述べた。

その研究に取り組むことは私にとって個人的な運命となったが、その行く末は最初から予見されていたわけでも計画されていたわけでもなかった。私は、現段階において、これらの諸国についての知識の進歩に対する主要な貢献とは、われわれが急速に組み立てた諸概念を破壊し、それらの構築物の枠組みのなかで集められた、程度の差こそあれ無価値な統計の全体を批判にさらすというようなネガティブな行動であると誠意をもって考えている。(9)

彼はさらに、「この本のなかで批判する考え方の多くに、私自身賛同してきたことを深く自覚している」とも述べた(10)。

こうして、三巻の核心的議論は形づくられた。それは、南アジアで見られるような低開発諸国の状況の分析に向けて、「西洋の概念や理論の転用」に対して連続攻撃をしかけることになった。こうした意見の不一致がどのように生じたのかについては、ほとんど何も不明なことはない。主流派に属する西洋の経済理論家たちは、自分たちの教義が時間や空間の差異を超えて普遍的な価値をもち、発見を生み出すことができると考える傾向にあった。この考え方からすれば、先進諸国の状況に適合するように仕立てられた概念一式が低開発諸国の問題を把握するのにあまり適していないだろうと提議することは異端であり、それらが西洋諸国で典型的な状況と根本的な対照を示している経済的・社会的構造に沿ったかたちで体系立てられるとしても、そうなのであった。ミュルダールは、こうした場違いな転用に入り込んでいる欺瞞を明るみに出す必要があると主張した。これが『アジアのドラマ』の主要な課題となった。準備作業として、ミュルダールはうまく適合していない西洋の分析概念の多くの例を列挙した。すなわち、次のとおりである。

失業や過少雇用（underemployment）という概念や理論は、先進諸国ではかなり現実的であるが、低開発諸国では態度や制度についての非現実的な仮定に依拠している。所得を二つの部分、すなわち消費と貯蓄とに截然と分けることは、所得の一般的レベルや所得再分配の階層化されたシステム――社会保障政策やその他の方策による――が、生産性に対する消費の影響を大部分押しとどめている西洋社会では、現実的である。このことは低開発諸国には当てはまらない。

西洋の経済学者にきわめて広く受け入れられているマルクスの想定、すなわち、一般的には工業化の効果、さらにいえば投資の効果が、経済の他部門ならびに制度や態度へと急速に波及するという想定は、西洋諸国にとってはかなり現実的かもしれない。しかし、これらの「波及効果」は生活水準や一般的文化レベルの関数であるから、その想定は低開発諸国の多くには妥当せず、とくに変化しつつある部門が社会全体で占める割合が小さい場合にはそうである。

低開発諸国における社会的流動性の欠如や市場の不完全性は、雇用、貯蓄、投資、産出の規模の集計値による分析方法をほとんど無意味にさせる(11)。

概念批判――例証

南アジアの経済環境に対して西洋の分析的構築物を誤って転用しているという主題は、『アジアのドラマ』の三巻に貫徹している。二つの事例から、そうした批判の基本的性質が明らかとなろう。それらはともに、当該地域の経済展望についての論議、ならびに、その内部で政策が方向づけられるような政策枠組みに関して重要である。第一は、南アジア諸国での労働力の過少雇用の解釈にかかわっている。第二は、南アジア政府の計画に用いられているマクロ経済的成長モデルの適切性を考察している。

失業や過少雇用といった概念――西洋諸国や南アジアで解釈されているような――には、特別の注意が必要である。というのも、主に小作農業に基づく伝統的部門には、労働力の蓄積があり、それは最小限のコストで都会の産業にかかわる仕事へと移転させることができ、また大きな社会的・

経済的利益をあげることができるだろうという見方が広まっているからである。この教義の一種は、伝統的農業における労働の限界生産物がマイナス値であるとした。このことは、限界労働者を除去することによって農業生産物が実際に増大するであろうことを意味していた。それはさらに、伝統的農業から余剰な労働者を吸収するような産業化の促進に、政策の優先順序が与えられるべきであるということを示唆していた。(12)

伝統的部門が労働余剰という状態で特徴づけられるという考えは、植民地時代に支配的であった見解と著しく対照的であった。賃金労働者の潜在的雇用主――当時、彼らのほとんどはヨーロッパ人であった――は、常に労働力の不足に不満をもらしていた。プランテーションや鉱山の国外在住オーナー(そうした活動は当該地域に対する国外投資者を引きつけた)は、実際、地域の労働者を雇い入れ、雇い続けることに苦労した。(彼らは、供給側の反応がどんなものであるかを判断するために、賃金率の大幅な上昇を試みにも提示してみることはなかったと付け加えておく必要があろう。)ともかく、彼らが見た世界では、機会が与えられれば大量の過少雇用状態の小作農が賃金雇用に従事するであろうといった見通しは立たなかった。

西洋諸国における過少雇用の概念は、もともと大恐慌の時期に見られた状況を表現するためにつくられたものであったことを思い返す必要がある。問題となった論点は、日常業務からレイオフされていた熟練労働者の苦境に関係した。彼らの多くは失業手当を受け取るよりも、なんとか生計を立てようと自らの生産的潜在能力を十分活かすことのない非熟練作業を引き受けた。彼らはそれでもなお労働力の活動的参加者であったので、失業者としては扱われなかった。(失業というカテゴリーは、非自発的に怠業している者たちのために取っておかれた。）それとは異なり、彼らの状態は過少雇用状態と描写されうるものであった。なぜなら、彼らの生産的潜在能力の大部分が、彼らが選択したわけではない理由で無駄にされていたからである。（「偽装的失業」という述語も同義語として使われた。）いったん経済が回復すれば、過少雇用者は直ちに彼らの技能にもっとふさわしい仕事に就くだろう。こうした様子が観察されるのは、小作農業で広がっているとされる過少雇用のタイプが存在しない世界においてであった。

南アジア経済の伝統的部門で労働力が低利用されているという事実は明白であった。かなりの怠業がそこには埋め込まれていた。しかし、そうした怠業は、西洋諸国での労働力分析のために構築された枠組みにおいて、有効に分析されうるだろうか。その点を疑うのには、正当な根拠があった。小作農労働において確立されている慣習は、しばしば規範として認められていた。すなわち、相当な怠惰があっても、そうした規範意識のために黙認されていた。外部の観察者の見地からすると、この怠惰は、潜在的には生産的であるはずの資源の無駄づかいと解釈されるかもしれない。しかし、小作農民はこの状況に不本意ながらとどまっているように強制されてきたわけではなかった。その点については、選択という事柄は当てはまらなかった。怠惰のなかのある部分は、農業活動の季節性に組み込まれていた。労働投入量は植え付けや収穫の季節には大きくなるであろうが、農業活動期以外の季節での怠業は、その埋め合わせとして歓迎されよう。おそらく、労働投入量のより重大な不足分は、文化的環境に根ざしていた。仕事（あるいは特定タイプの仕事）に関する社会的に制裁を課されるような禁忌――ジェンダー、宗教、カースト、あるいは階級、いずれの理由によるものであれ――は、それがなければ生産を遂行する力のある多くの者が、生産活動にかなりの程度参加していないことの原因となっていた。こうした形態の「過少雇用」――おそらく労働力の低利用として表現されるのがより適切であろう――は、西洋社会においてこの述語で表されている現象とは明確に異なった。伝統的社会においては、それは構造的枠組みのなかで所与とみなされていた。

さらに、この怠業は、近代化しつつある産業基盤への外向きの移転のための流動性を用意するのにも役立つことがなかったと指摘されるべきである。かなりの量の余剰労働がそうした事業のために利用可能であるという前提に沿って構築された諸モデルは、当該地域の構造的現実とかけ離れていた。それらはまた、この種の訓練が本質的にコストなしで済ませられるであろうと示唆する場合には誤ってもいた。必要とされるタイプの労働移転は、伝統的部門から退出した者たちが、不慣れな状況において要求される技能や規律を体得するよう訓練された後に、ようやく生産的となりうるのであった。これは、大恐慌時の西洋諸国における過少雇用の経験とはまったく異なっていた。ひとたび彼らのサービスに対する需要が現れれば、彼らの技能はすばやく復活しえた。

先進諸国の状況を検討するように考案された概念道具を誤って適用することはまた、多くの南アジア諸国の中央計画活動においても見出された。それは、ハロッド＝ドーマー型のポスト・ケインジアン的成長モデルの流用というかたちをとっていた。このタイプのマクロ経済的モデル化は、長期にわたって完全雇用を維持するのに必要な成長率の性質を特定する目的から考案された。均衡条件は、新規投資によって作り出される総供給の増加が総需要の増加と一致しなければならないということであった。この考察から導き出されたのは、成長率は、総所得に対する総貯蓄の割合を、一単位当たりの投資によって作り出された新規産出量に反映されている資本係数（あるいは資本産出比率）で除した数値によって決定される、ということの論証であった。この種のモデル化は、西洋諸国では第二次世界大戦直後の数年間、マクロ経済学の理論化の最先端に位置していた。[13]

南アジアの新興独立諸国の政府が、経済成長率を分析するためのそうしたアプローチを魅力的だと考えたのは、不思議なことではない。諸政府は、自分たちの歴史的経験からして、西洋諸国から最高の処遇を受ける権利があるものと考える傾向にあった。その他で生み出された最新の分析的発見は、技術的精緻化によって説得的な雰囲気をまとっていた。そして──少なくとも表面的レベルでは──、ハロッド＝ドーマー的成長モデルで展開された考えは、彼らのニーズに合っているように思われた。例えば、目標成長率を特定することができ、それに到達するために何が起こらなければならないかを確定することができた。もちろん、この考察は資本産出比率や貯蓄所得比率に入れられる数値によって肉づけされなければならなかった。これらの規模について、信頼に足る経験データを得るのは容易でなかった。しかしながら、西洋諸国の多くで使われている慣例値を採用する傾向、つまり、完全雇用経済での資本産出比率の通常数値は3であると前提する傾向（戦争や不況といった非常事態では、明らかにかなり変化するであろうが）があった。貯蓄所得比率にある数値を当てはめることは、また別の問題をもたらした。南アジア諸国の貧困状態からして、それら諸国が望む成長率と適合するような貯蓄所得比率の達成が不可能であることは、たいていの場合に断定されており、それは正しくもあった。仮定的な数値を入れることにより、その分析手続は例証されよう。総産出の五％の成長率が求められていると仮定せよ。資本産出比率が3である場合、総所得に対する総貯蓄の比率は一五％であることが必要となろう。貧しい国において、この規模の国内貯蓄は達成不可能であるが、きわめて低い率――例えば五％といった――ならば達成可能であると無理なく推断できよう。このとき、南アジア政府は、国内での貯蓄不足を埋め合わせるように、先進諸国に支援――贈与、借款、直接投資を通じた――を求めることができる。目標とされた規模での好ましい反応があれば、望ましい成長率を実現することが可能となろう。ハロッド＝ドーマー的成長モデルは、明らかにその有用性（あるいは悪用性）を含んでいた。

しかし、これらの分析道具は、南アジアの環境にどれほどうまく適合するのだろうか。例えば、総資本産出比率という概念について考えてみよ。先進諸国においてさえ、その正確な大きさは確定することが困難である。すなわち、伝統的な数値である3には、少なからぬ恣意性があった。しかしながら、この点に関する量的な精度が確保されないとしても、資本ストックの増加とその後の産出量の増加との間にかなり予測可能な関係性があるということは、論拠をもって確信できよう。新規投資が実行されると、能力ある経営者たちに加え、新たな道具を使うのに適した技能をもつ労働者たちが活用されるようになると十分に予測できる。西洋諸国では一般的に、それを支えるインフラストラクチャー――例えば、輸送や情報通信手段、電力――が十分に存在することについても、心配する必要はほとんどなかった。南アジア経済では、同様の確信を得るための基礎が欠如していた。それら諸社会においては、資本の増加分が産出の拡大に変換されうるようになる以前に、他の多くのこと――既存の制度や態度の枠組み内では必ずや抵抗に会うような出来事――が起こる必要があった。

ハロッド＝ドーマーの考え方を南アジアに関する経済学的思考に吸収させようとすることは、もうひとつの理由からしても有害であった。それは、一国の経済成長を導く原動力として、ほかのすべての要素を排除して単一の要素――すなわち、資本形成――を重視する意味をもっていた。同時に、それは体系的に、ほかの意義ある事柄への注意を弱めるものであった。実際、南アジア社会に独自な性質――とりわけ、その地における成長展望を妨げるような文化的障害の影響力――は、描写から消されていた。現実のこうした側面を考慮に入れるならば、資本の成長と産出の成長との間には、そこそこ安定的で予測可能な関係性といったものが欠如している。総資本ストックの拡大が産出量の拡大を伴わない場合と同様、産出量のかなりの増加が新たな資本形成なしに達成可能であるという状況を、確実に想像することができる。例えば、インド――約四分の三の人口が農業に従事している――では、モンスーンはうまくいけば総産出量を増大させる（うまくいかなければ減少させる）が、これは資本ストックの全体規模に生じることとまったく無関係である。

しかし、西洋の概念である総貯蓄所得比率を南アジアに移転することにも、同様の困難がある。ハロッド－ドーマーの体系は、貯蓄は産出を拡大させるような投資に結びつくと前提している。それはまた、貯蓄行動は当座の消費の抑制を余儀なくさせると前提している。後者の説は、人口の大部分がきわめて低い生活水準しか得られていない貧しい国においては、とくに問題含みである。そうした状況では、消費の削減を余儀なくさせる貯蓄は、全産出量の縮小という結果に帰着するであろうと大いに予想される。この結果は、消費水準の低下が栄養、健康、活力にマイナス効果を与え、それが今度は労働パフォーマンスや生産性に影響することから生じると考えられる。

制度的アプローチ

以上に見てきたように、ミュルダールは南アジアの現実に対して取り組んだことで、主流派経済学が提供してきた経済発展過程へのアプローチを拒否することになった。膨大な数にのぼる事例のすべてにおいて、当時の標準的な理論化はその地域の状況に適合しない前提からの影響を受けていた。『アジアのドラマ』のこの部分の議論は、必要な概念正常化であるとミュルダールは前向きに考えたが、ネガティブな論調となった。それにしても、どこに新たな分析上の拠り所を見出すべきなのであろうか。彼は、偏見を含んだ概念的目くらましが排除され、事実に向き合うような制度的アプローチの必要を訴えた。プロローグにおいて、彼はこのアプローチの含意について説明した。彼はこう書いた。

それは、伝統的経済学者の何人かが誤解しがちであるが、「ゆるい考え」を甘く評価することではない。反対に、それは理論や概念が現実に対して十分であると同時に、論理的に一貫しているべきであることを求める。……制度的アプローチを「質的用語」を使用するという点において特徴づけることはできない。仮にそうであったとしても、このアプローチは制度派経済学者に対し、自らの理論に量的な正確さを付与するような調査をいっそう求め、彼らを経験的検証へと導くものである。……目標は常に、事実と事実間関係を量的に表すことになければならない。……さらにいえば、制度主義者は基本的に伝統的経済学者よりも批判的であるのだから、たいていの場合、量的正確さへの後者の主張は信頼に足るものではないし、論理的基礎からしてしばしばそうなのである。(14)

彼の経歴の初期段階——一九二〇年代や一九三〇年代初め——において、若きミュルダールはそのような文章を書くはずがなかった。彼は当時、制度派経済学として理解していたことに対して敵意を抱いており、実際、それを反理論的、さらにはゆるい思考を後押しするものとして非難していた。

概して、制度的アプローチは『アジアのドラマ』がなぜ三巻もの大部になったのかを説明している。『アメリカのジレンマ』のときと同様、そこには百科事典的諸特質があった。これは、諸事実を明るみに出し、それらを適切な歴史的・政治的・文化的文脈に位置づけよ、という指令の一環であった。したがって、当該地域のさまざまな場所での植民地経験や独立運動が新興独立政府の運営者たちの考えにいかに影響を及ぼしたかについて、拡張的な取り扱いがあった。本論では、その地域の天然資源一覧やそれらが経済活動に与える影響——過去・現在、そして展望まで——が示されている。人口の変化と展望についての拡張された議論もあり、それには人口の質を向上させるための保健・教育プログラムへの資源配分についてのデータが付加されている。

制度的アプローチは、その地域の労働利用についての議論に当てられている章において、もっとも明確に機能しているように見える。それは、労働力分析に関する西洋的先入観を剝ぎ取り、諸問題への制度主義者の見方が新たな問題群を提起しうるやり方を知らしめる狙いをもつものとなっている。きわめて多くの事例のすべてにおいて、それらの疑問に決定的な回答を与えるのに必要な経験的データは、欠如しているか不完全なものにとどまっていた。しかし、少なくともこのやり方は、より豊かな現実理解を生み出すという目的において、いっそうの調査を牽引するような代替的分析枠組みを提供するのであった。

ここで提示された労働利用という概念は、三つの要素に分けることができる。第一は、参加率という要素である。それは全人口規模に対する特定年時点の労働人口数である。ここで注意すべきもっとも重要な点は、その地域の状況と西洋諸国に典型的な状況とが対照的なことである。定義からして、参加率は先進諸国よりも南アジアにおいてかなり高い。このことは、両者の環境における最若年および最老年の人口層がまったく異なる行動をしていることに基づく。先進諸国では、労働力への適格な参加者は一六―六五歳や一六―七〇歳に限定されているのが普通である。これは多くの要因の結果である。とりわけ、学校への登校の命令的要求、児童労働を禁止する立法、国庫負担による年金システム、退職時期の規定などである。南アジアにはこうした制度装置に相当するものがない。伝統的農業において、幼い子どもは動物の世話をするなどの役目を負った労働力参加者である。それ以上に、幅広い教育機会の欠如が、家庭内労働に対するこうした競合形態の影響力を最小にとどめている。定型化された社会保障システムが（拡張された家族による社会保障以上には）存在しないので、老年層は社会保障がある場合と比べると、長期間にわたって労働市場への参加者であり続けるだろう。このアプローチはまた、不参加者や彼らの行動の理由についての調査を求める。

例えば、ジェンダー、宗教、カーストに応じて課される禁忌、ならびに、ホワイト・カラー労働以外は自分たちの運命にふさわしくないと考える「教育ある失業者」の階層についてである。

労働利用について考えることはまた、その全体像に関する二つの追加的調査を必要とする。すなわち、労働持続時間（つまり、労働投入における一日当たり時間数や年間労働日数）と労働投入効率性である。典型的には、これらの要素の値は西洋諸国で想定される値よりも低い。高度に組織化された先進経済――労働参加者の大多数が被用者であるような――では、労働持続時間は雇用主側の経営条件によって相当に標準化されており、最長週労働時間などに対して政府規制がかけられている。こうした状況は、南アジア経済のほんのわずかなところのみで実現しているにすぎない。その代わりに、大多数の活動的労働力は、家族経営の自営業のボスが統率している活動に従事しているのであり、それは伝統的農業か、あるいはもっと都市化したところではインフォーマル部門のいずれかなのである。

例えば、田舎の村に典型的な状況を考えてみよ。当該地域全体では、この点についての多くの変種があるが、村での生活の典型的パターンは、階層の最上位に大地主が位置し、底辺に土地をもたない労働者が位置するように組織化されている。農民がその中間にいて、その何人かは自らが耕作する小区画地を所有しており、またほかの多くの者は分益小作人である。態度が文化に深く埋め込まれているとすれば、こうした環境は労働の効率的利用をおのずと招き寄せるものではない。活動的労働から引退することは、高い社会的階層にあることを意味し、その余裕のある者がそうするのである。この種の行動は、大地主――彼らの多くは不在地主――に特徴的であり、彼らは地代の収集で食べていける。他方で、肉体労働はスティグマ化されている。

このシステムの困難は、たんに労働力参加が減少するということだけではない。分益小作——総生産物が通常、小作人と地主との間で五分五分に折半される——は、かなりの程度、労働が投入されるときに効率性を損なう。

終身雇用保障のない小作人は、産出量を増大させようという気持ちをそがれている。彼は、自分ではなく地主が利益の大部分をもっていくことを知っている。結果として、農場の産出量は停滞する。

農村地域外部のインフォーマル部門における労働利用の性質についても考えてみよ。このカテゴリーはかなりの活動範囲を包含する——例えば、零細な小売業、人力車、タクシー、洗濯・清掃サービス、ごみの収集・廃棄、軽微な消費財生産、そしてある場合には、土木・建築業である。インフォーマル部門は参入の容易さが特筆すべきであり、それ以外の機会を得ることができない労働者を吸収できる。ここでの参加率は高いであろうし、労働日・月・年における労働持続時間も長いであろう。しかし、労働が達成する効率性は低い傾向にある。この種の問題は、雇用・失業問題研究のために西洋諸国で開発された分析概念ではうまく把握できない。

経済政策を熟慮するための枠組み

研究の最初の局面から、印象的な結論が現れていた。すなわち、これらの経済における近代的工業部門の成長が可能な限りもっとも高速なペースで実現されようとも、短中期的には労働力の増加を吸収するのに十分な仕事を創出することはできないであろう、ということである。長期的には——とりわけ、政府が家族計画を推進する事業をやり遂げるならば——人口増加は減速するであろうし、工業における仕事数の増大は加速するだろう。しかし、短期的展望は、非農業部門で仕事が創出されたとしても、すでに生まれてきている者たちによって拡大されている労働力に居場所を提供するには不十分にとどまるだろう、ということであった。それでも、また別の考察により、経済政策の目標にかかわる議論の流れはつくられた。つまり、野心的な計画を執行するための有能で清廉な公務員要員の不足についての考察である。

工業部門において仕事が十分に創出されないだろうというミュルダールの悲観は、工業化が追求されるべきではないということを意味するわけではなかった。それはなお追求されるべきであるが、実現できることとできないことについて現実的である必要があった。工業部門の成長の見込みを概観して、彼は新設の工業が輸出市場に地歩を築く能力をもつとは考えることができなかった。それは望ましいことではあるが、できそうもないことに思われた。新規参入の製造業者が事業を開始する際に付随するような高額の操業開始費用は、国際市場における彼らの競争力を弱める傾向にあった。工業基盤を拡大する戦略としては、輸入代替を当てにする方が前途有望に思われた。国内で市場を見出すことができる生産物は、国内需要の確立されたパターンを調査することですぐに確定されよう。しかしながら、この戦略を実行することは、外国の生産者との競争からの保護を必要とする。この状況において、ミュルダールは必要とされる保護シェルターを是認する用意があった。彼はこの点、『国際経済』での議論を繰り返した。

こうしたやり方で工業基盤を拡張することにより、いくらかの推進力が得られることになろう。少なくとも潜在的には、これはいっそうの拡張を生み出しうる。この議論において、彼は以前の著作に現れていた概念――「波及効果」――を再登場させた。原理的には、新しい企業が原材料やほかの投入物に対する新たな需要を生み出す場合、追加的な刺激が予測されうる。と同時に、新たな企業の労働者に支払われる所得は、需要に対するさらなる刺激を与えることになる。しかし、ミュルダールは、南アジアの環境において「波及効果」からそれほど多くを期待することには警告を発した。時折、彼は、この効果は「低水準の発展の副産物であり、……『供給の弾力性』は結局のところ『低い』という事実があるのだから」弱いと考えた。拡張を促進する刺激は、早い段階において、潜在的な波及効果を減退させるようなボトルネックによって、じきに抑えられる。より重要なのは、効果的で持続的な波及を妨げる障壁であり、それらは容易に列挙できる。すなわち、「技術管理できる人材供給の不足、熟練労働の供給や移動性の不十分さ、原材料や半製品の利用可能性におけるボトルネック、輸送・電力システムの不足である」[15]。そうした複数のボトルネックを打開することが政策立案者たちの責務であった。最終的にこれらの諸問題は解決されるだろうが、時間がかかるであろう。

工業化の影響を分析するには、さらにその「逆流効果」――つまり、新しい工場の生産物が、ほかの国内生産者によって従来占有されていた市場空間に取って代わり、それによって所得や雇用が犠牲になる程度――を見る必要があった。この問題については、消費財のかなりの範囲、そしてもっとも主要には織物を生産している伝統的な手工業者の運命を中心に論じられた。多くの事例において、伝統的工芸と直接に競争する生産品から離れるように、現代的工業部門の製品パターンを導くことができた。ミュルダールはそれをこう表現した。「村には手工業者の多くに対して代替的雇用がないのであり、彼らの運命を改善するための唯一可能な方法、そして実際、彼らの生活水準をこれ以上悪化させないようにする方法は、彼らに市場からの保護を可能な限り多く与えて、同時に彼らの生産性を向上させることである。」(16)

伝統的農業に対する政策を形成することは、なおいっそう大きな挑戦であった。問題を解決するよりも、その局面を明文化することの方が容易であった。既述のとおり、経済におけるこの部門は、相当規模の労働の低利用で特徴づけられていた。しかし、この現象は——ある系統の伝統的理論化において論じられていたように——余剰を抱えているとされる労働を拡張しつつある工業部門へと移動させることによっても、消え去りそうになかった。それどころか、近代化された工業における吸収能力が短中期的には限られたものであるということは、伝統的農業部門は少数の人々というよりも多くの人々にとって勤め口を与えるために必要とされるであろうことを意味した。引き起こされる必要があること——そうなるという保証は決してないのだが——は、怠業を減少させることであり、と同時に、より多くの労働者に生産的空間を提供するということであった。

どの方向に解決策を探究すべきかを指し示すことができよう。収穫量を増大させる新たな農業技術の適用は、最優先の目標であった。営利的な化学肥料の使用量を増大させること、高収穫をもたらすとともに耐病性をもつ種子を導入すること、農年期に多期作を可能とするような潅漑を拡張すること――これらの段取りはすべて、労働利用を高め、生活水準を向上させるといった利益を生み出すであろう。農業に関する再教育の主要プログラムが、これを達成するために必要とされよう。そして、そのことは既存の制度や慣行のかなりの改革も同時に必要としよう。とりわけ、村の金貸しといった暴利をむさぼる小集団から自由な農民たちが、無理のない料金で信用融資を受けられるようになるべきであった。農村地域の輸送システムの改善は、望まれているにちがいない全生産量の増加を目指し、市場へのアクセスを確保するために必要とされるであろう。何より、耕作に携わっている農民は、いかに新しい機会をつかんで利益に結びつけるかについて教育され、そうする価値があるということを説得される必要があった。

これは――とくに、ミュルダールが「主要な制約」として認識していたことに照らし合わせてみると――無理な命令であった。つまり、「進歩路線に沿って農業生産を導き、方向付けるために利用可能な技術的能力の供給は、厳しく制限されている」のであった(17)。「伝統的階層制度」――地主と小作人、耕作農民と土地なし労働者――は、農業部門を平等の方向へと動かすことになる農地改革を通じて打ち壊せる、というのが彼のそれまでの希望であった。彼はこれらの階層制度の持続性を「より完全な労働利用を妨げている主要な要因」であるとみなしていた。しかし、いくぶん心に反しながら、彼は、「政治的意思も行政資源も、急進的な、あるいはその問題に即して言えば、かなり効果的な農地改革には利用できないであろうという理由から、進歩的な耕作者たちに対しては、彼らの試行努力と労働から生じる利益の金額……を得られるように許可し奨励することによって、資本主義的農業経営を後押しするといった意図的な政策選択を行うことが望ましいであろう」と結論づけた。この政策提言は自由放任主義への引渡しではないと彼は主張した。むしろ、それは現状の大きな変革を求めるものであった。目的は、生産者――とくに、技術革新を受け入れる準備がある進歩的な耕作者――に報酬を与え、不生産者に罰を与えることに置かれるべきであった。後者は不在地主、ならびに、厳しい課税処罰を科せられるべき非耕作地主であった[18]。彼は実際、ある再分配構想を提案した。それは、土地をもたない農民に対して、占有されていない土地の小区画を配分するという案である。これは農業産出量を大きく向上させるものとは予想されない。むしろそれは土地をもたない農民にわずかながらも威厳を与えることが意図された。

経済政策に関する議論に一貫して、ミュルダールは、自らの状況を改善できるかどうかはその地域の国家自身の力にかかっていると主張した。それらの国は、外国からの援助による支援がうまく作用するという想定を置いて政策を立案すべきではなかった。

西洋諸国における当初の反響

『アジアのドラマ』は一九六八年三月に出版された。経済学者たちの間で、書評にはかなりの幅があった。オックスフォード大学のトーマス・バロー（卿）――経済問題に対する非伝統的アプローチに彼が共感的な信条をもっていることは広く知られていた――は、惜しみない賞賛を送った。『ニューヨーク・タイムズ・ブック・レビュー』誌への寄稿のなかで、彼はその研究を「数学的決定性、過度の一般化、不正な集計値、そして不十分にしか実証されない長期展望という魔法に引きつけられて、科学者の地位にしがみつこうとしている伝統的な現代経済学者が住む、不毛で面白味のない平原に高くそびえる解釈的な政治経済学の巨頭」の二つのうちのひとつであると歓迎した。(第二の「巨頭」とは、ジョン・ケネス・ガルブレイスの『新しい産業国家』であった。)[19] アメリカ経済学会長であったケネス・E・ボールディングは、ミュルダールをおそらく「世界の最高位に位置する社会科学者」であると評し、その研究を歓迎した。彼は、「発展を技術と同一視し、古くからの伝統、階級構造、そしてとりわけ社会における既存の権力構造によって作り出される障害を認識することができないような西洋の経済学者や社会科学者に対する容赦のない……批判」について好意的に言及した。「これは、このテーマに関する大部分の西洋の著作、そしてとくにアメリカの著作において、あまりにも軽視されてきた点であるだけに、新鮮である……。」彼は、ミュルダールが「軟性国家」について語るときに何を意味しているか――それは、政府による諸政策がきちんと実行されることを保証するような規律が欠如していることである――を理解していたが、いくつかの点ではこれらの国家が人種的マイノリティーの扱いにおいて、とくに軟弱であるという事実に注意を喚起した。例えば、セイロン(現在のスリランカ)におけるタミール人への対処、インドにおけるイスラム教徒への対処、パキスタンにおける仏教徒への対処、インドネシアにおける中国人への対処、ビルマ(現在のミャンマー)におけるインド人への対処である。総じて、彼は「農業がきわめて重大であると主張すること、そして少なくとも来るべき一世代の間は、予想される工業化の規模が急速に増大する労働力を処理しえないという事実を主張することは、問題全体のうちで何がおそらくもっとも厳しい事実であるかということのきわめて確固とした計量的認識を示している」と結論づけた。[20]

『アメリカン・エコノミック・レビュー』誌に寄せて、ジョージ・ローゼン（当時、アジア開発銀行に所属）は、南アジアに対する西洋的モデルや概念の使用についてのミュルダールの批判を「なすに値する」ものと評価したが、「いっそうの制度的分析の必要を彼が強調する際、……彼自身が政策提案の基礎として、市場や価格システムを中心とした伝統的経済学的概念を使用している」とも述べた。ローゼンはその診断が「正当化される以上に……陰鬱」であると考えた。彼は、輸出の増大、ならびに、「新たな技術、とりわけ新たな種子の種類による農業生産物の増加……」の展望に注意を喚起し、「こうした技術的打開策は、その書物が一九六六年に出版過程に入ってからようやく作用し始めた」ことを指摘した。[21]ロンドン・スクール・オブ・エコノミクスの開発経済学者であったラ・ミントは、その書物は「インドやパキスタンのような大きくて人口密度の高い国と、南東アジアにある小さくてそれほど人口密度の高くない国とのきわめて重要な相違」を十分に特徴づけてはいないが、「インド経済の理解のために大きく貢献した」と述べた。彼はさらに、「ミュルダール以前にも多くの経済学者が『偽装的失業』の概念を批判してきたが、彼は労働参加率、労働持続時間、労働効率性といった用語を通じた有益な分析によって、いっそう体系的に攻撃を展開してきている」と指摘した。[22]一般聴衆に向けて講演したアメリカのコメンテーターの発言内容もまた伝えるに値する。『ハーパーズ・マガジン』誌の編集者ジョン・フィッシャーは、「ミュルダールの議論の趣旨は否定のしようがなく」、この書物によってミュルダールは再び歴史の流れを変えることができると論じた。[23]

しかしながら、その研究に対する熱狂は、普遍的というわけではまったくなかった。ロンドン・スクール・オブ・エコノミクスのP・T・バウアーは、政府干渉や経済問題への非市場的解決に疑念を抱く経済学者集団の代表として語った。「開発に関心をもつ他の著者よりもずっと、ミュルダール教授は、価値や態度の変容をも明らかに含んでいる物質的進歩を政府行動に依存するものとみなしている。このアプローチの欠点は、他のどこよりも低開発世界において知れわたっている。これらの諸国では、西洋よりもはるかに、政府はそもそも一部の利害の代弁者である」と彼は書いた。バウアーは次のように結論づけた。

実のところ巨大なパンフレットにほかならないこの書物についての評定は、それゆえに比較的単純である。その多くは読む価値が十分あるが、それはいくつかの部分にはそれ自体に意義があるからであり、それより多い大半の部分は、政治学の至上性がもたらした知的結果、すなわち社会研究の目標として真実に対する学問的探究よりも政治目的を追求することを示しているからである。(24)

ハーヴァード大学の国際研究センターを拠点にしていたグスタフ・F・パパネクもまた、否定的な論調を加えた。彼は、ミュルダールが「数値に対する傲慢な無関心」とみなした内容について、とくに攻撃した。南アジアの小作農民は、西洋の農民が反応するのと同じようには価格シグナルに反応できない、という趣旨を述べるには、限定と計量化が必要である。例えば、農民が「より多く述べた。

の労働が必要となろうとも、もっと儲かる作物へ移行」した事例があるというインドやパキスタンの研究に注意が払われる必要があった[25]。より包括的な批判は、ロンドンの『タイムズ・リテラリー・サプルメント』誌における匿名コメンテーターの筆によってなされた。その著者は次のように述べた。

もし作成までにかかった時間と資源の大きさでもって書物の偉大さを測るとするならば、その解答に疑問の余地はないだろう。本書を作るのには一〇年以上の歳月がかかり、アメリカの財団のみが取り扱える規模の資金提供を受けた（二五万ドル以上もの金額と伝えられている）のであり、膨大な努力の産物なのである。

その書評者の判定では、「ミュルダール教授の基本的な弱点は……経済成長の道筋に立ちふさがる障害を粉砕する必要があるとすることへの執着である。……彼はそれを迂回しうる可能性について、ほとんど考えることさえしなかったし、『時代遅れの』制度や態度がある場合に、実際にはそれらが進歩の道具として役立っているかもしれないことに思いを馳せることも決してなかった」[26]。この論点は、シカゴ大学人類学部のクリフォード・ギアーツが書いた長大な論文によって、さらにいっそう力強く展開された。とりわけインド――「きわめて豊かな歴史、きわめて深い文化、きわめて複雑な社会システムをもつ国」――に注目することにより、彼はこの研究が「その国の創意の力や精神の活力」を十分に捉えるのに失敗していると非難した。「ミュルダールにとっては時代錯誤という海のなかに目的なく漂っているように見えた文明であるが、実際は、その歴史上最大の連続的変化を遂げつつある」と彼は書いた。ギアーツは、インドの諸制度には多くの「ひどく間違った」こと——「分益小作制、パーダ〔女性を見知らぬ男性から幕で隔離する制度〕、エリート意識、カースト、インドの食堂における思考の質」——があり、「それらが根本的に改革されなければならないことは明白である」ことを認めた。「しかし、そうした改革は、インドの諸制度やそれらに埋め込まれた価値が、たんに非合理であるのではなく、インドの開発上もっとも重要な必要要件のひとつに呼応していると理解することから着手されなければならない。すなわち、インドの諸制度は人々を労働力の外側に、しかしながら社会の内側にとどめる傾向がある。」(27)

アジアからの意見の数々

アジアの書評者の多くはその本に何らかの批判点を見出したが、彼らは一同にそろって語るようなことはなかった。当時ハーヴァード大学社会関係学部で博士学位授与候補者であったクリシュナ・パラカシュ・グプタは、ミュルダールの「アジア的価値」という概念を問題にした。それは「歴史的に合理的な西洋と非合理的な東洋」とを比較対照するものであった。「前提条件」についての彼の解釈に対し、「アジアの制度形態は実は発展にきわめて適合的であるとする社会科学者たちの近年の認識を見過ごしている」と彼女は論じた。「ミュルダールが日本を研究していたら、彼は親戚関係、パターナリズム、その他多くの『障害』が必ずしも経済発展に不利に働かないことを見出したであろう。」[28]『ヨジャーナ *Yojana*』(インドの情報・放送省の機関誌)への寄稿において、ジャーナリストのラメシュ・タパーはその本を「時代遅れの思考」に依拠したものであり、「インドで進行中の農業革命」について十分な説明が与えられていないと非難した。さらに、「諸国民の貧困は、植民地時代の腐敗に対するしっかりとした言及がないままに探究されている」のであった。彼は付言した。「ミュルダールが自身の試みにもっと大胆であったならば、彼は西洋の産業化に必須であった余剰生産物をつくりあげることになった植民地主義の役割の詳細について調べたであろうし、アジアへの援助はアジア人からしてみれば債務返済と見られていることを理解したであろう……。」タパーは、「外国人の専門家は、ロンドンやワシントンやストックホルムからよりも、デリーや北京から世界を見る必要がある」と結論づけた。[29]

ニューデリーのジャミア・ミリア・イスラミックの教育学教授S・シュクラは、ミュルダールの教育政策への接近法を「自民族中心主義」であるとして非難した。「彼の主要な問題点は、彼が見ている(または引用している!)アジアの企業にある。彼の情報源や研究上の接触のすべては、西洋で教育を受けたか、その影響を受けて教育されたエリート階層の人たちであって、アジア社会、とくにインドで権力や文化をコントロールしているのは彼らである。」これらの人々は、「自分たちにとって好ましいことが何かということよりも、西洋式の教育成果から多くの影響を受けている」とその書評者は指摘した。真なる発展は、「社会構造の変化、すなわち、現代的ないし伝統的といった社会集団間、カーストや人種間、あるいは階級間における人間関係や権力や富の形態の変化」を包含するであろう。ミュルダールの根本的問題は、「既存の社会的枠組み内で発展を達成」したいという願望から生じていると診断された。「ミュルダールはそれゆえ、このシステムを先導している西洋教育を受けたインテリゲンチャを批判しすぎるようなことはしたくないのである。」[30]

ロヒット・ダヴァは、ボンベイで発刊された雑誌のなかで、この本を通じて流れている悲観主義の論調を問題にした。その地域の展望を明るいものとするような変化が進行しつつあった。「計画者たちは政策を実行計画へと移す際に含まれる人間的要素を気にとめていないとか、アジアの農業専門家はあまりに遅れているので、よりよい農業方法の有益性や農業に投資することさえわからせるのが困難であるといった印象を与えることは、正しくないだろう」と彼は述べた。[31] 悲観主義はS・S・ウェイグルによってもまた批判され、彼は、「経済成長によって、自己改革的な国民的性質という原動力は再び活力を取り戻す。このことは、ある程度アジアのメトロポリタン都市に垣間見られるのであり、そこでは工業労働や都市社会において宗教的禁忌やカースト規範の表層的習慣をほとんど目にすることがなく、合理的で進歩的な考え方に比較的反応がよいように見える」と論じた。彼は「軟性国家」というミュルダールの性格づけを受け入れたが、この現象は別様に解釈されるべきであると主張した。すなわち、「植民地時代に、外国権力に対する感情の深いところでの反感や非協力的態度が育成された」のであり、「それによって社会的義務という感覚が浸食された」のである。加えて彼は、ミュルダールの「政策理解」は「アメリカの対外政策に強く影響されており、インドの行政組織についてパターナリスティックな知ったかぶりをしている」ので疑わしいと述べた。[32]

とりわけ興味深いのは、インドの第二次五カ年計画の主要設計者であるP・C・マハラノビスの反応であり、彼は重工業の優先性について強調していた。（このちょっとした彼の製作物は『アジアのドラマ』においてネガティブな批判の標的となっていた。）彼は、官僚制に見られる遅滞と腐敗といったその書物の議論を認めた。（とはいえ、彼は、後者の方はほかのいくつかの国よりもインドではそれほど蔓延していないと主張した。）しかし彼は、インドの技術的計画への批判については、「誤解に基づいている」ものと考えた。第二次五カ年計画（一九五五―一九五六年から一九六〇―一九六一年）は、長期を考慮に入れていないことにおいて非難されるはずのないものであった。彼は、「肥料を生産する工場を設立するように国内の機械製造を進める戦略は、基本的に長期の考察に基づいて採用された」と主張した。彼が論じるには、インドは「もはや停滞していない。……インドで始まっている工業成長は、たとえ遅々としていようとも動力を得たようであり、インド社会の近代化を後押ししている」。彼は長文となった書評を敬意を示すような論調で結んだ。「私は自分の見解を率直に申し上げてきた。このことは、最高の知的誠実さ、ならびに、南アジア諸国に住んでいる世界の四分の一の人口における貧困や停滞に対して深い共感と苦痛を感じながら、偉大な書物を書いた、きわめて偉大な人間に対する私の尊敬の念を示しうる唯一の方法なのである。」[33]

『アジアのドラマ』再訪

『アジアのドラマ』が公刊されてから一五年ほど経って、ミュルダールは世界銀行からの招待に応じて用意した論文において再びこの主題に立ち戻り、それは開発経済学の開拓者たちの栄誉をたたえる書物に掲載された。彼は、先進諸国で構築された分析概念を低開発諸国の現実にあてがうことは信頼できず、不適切であることを明らかにした制度的研究に対する自身の貢献について繰り返した。そして彼は、「貧しい者の消費レベルを向上させるための平等主義的制度改革は、そこにおける人々の生産性を上げることによって、より急速な発展の前提条件となるであろうという確信」を固守していた。しかし、彼は、先進諸国から低開発諸国へと流れ込んでいる財政支援に対して、彼がもともと不適切に賛同したことから生じている「良心の呵責の増大」を告白した。彼は依然として援助の持続的流入に賛同していたが、そのふさわしい管理の方法について再考を求めた。彼がこうした結論にたどり着いたのは、当該地域の諸政府の任務に当たっている政治的エリートが人々のニーズにますます鈍感になってきているように思われ、そのことについて次第に幻滅したからであった。彼の意見では、「工業事業計画、とくに大規模なもの」への援助は打ち切られるべきであった。彼が「現在の状況において」支持したのは、「食糧生産を増大させ、衛生機能を提供し、それらの利用を高め、一般的にはきれいな水を供給し、またできる限りヘルスケア——とくに貧しい家族に向けた——を改善させ、そこにおける子どもたちによりよい学校教育をある程度多く与えるような、もっとも単純でもっとも費用のかからない諸方策に振り向けられる」ような開発援助のみであった。さらにいえば、援助を与える側の諸政府は、受け手政府の希望に従うべきでなく、彼らが利用する諸資源の使用法を監督すると主張すべきであった(34)。

二〇〇二年、ポール・ストリーテンとアディール・マリクはさらなる再検討を行った。彼らの見方においては、ミュルダールの「軟性国家」批判——広範に発生している脱税についての証言——

には、いまだに説得力があった。腐敗——学問的議論としてはミュルダールが初めて切り開いた——は、いまだに深刻な問題であり、資源配分を歪め、潜在的成長率を抑圧していた。南アジアに伝統的な西洋的分析カテゴリーをあてがうことの不適切性に対するその書物の批判は、いまだにきわめて妥当的であった。したがってまた、農業が最高に重要であるということが、工業支持の偏向に動機づけられている諸政策によって弱められるべきではない、というその書物の主張も妥当的であった。それゆえ、三分の一世紀を経たその研究には、再評価されるべきことが十分に残されていた。(35)

一九六〇年代以来、南アジア諸国には多くのはっきり目に見える変化が起こってきており、とくに上流金持文化への注目を集める近代部門での変化は著しかった。とりわけインドでは、情報技術革命によりコンピュータ・プログラマーにきわめて魅力的な仕事が生み出されてきている。情報通信分野における最先端技術もまた、バンガロールといった都市に新たな豊かさを与えてきており、そこではすばらしくよく訓練されたオペレーターたちが有名なアメリカ企業の膨大な数の料金無料通話の流れを管理している。そうした発展は、前述の時期には考えられないことであっただろう。そのときに欠如していたのは、必要とされていた技術だけではなかった。この種のサービスは国際的に取引可能なものではないと考えられていた。

顕著な変容がいくつか起こってきているものの、基本的な真実はいまなお同じである。これらの諸国における人口の大部分は、労働が十分利用されておらず、貧困に釘付けにされるような農業システムに依然として閉じこめられている。しばらくの間、緑の革命はそこにおける展望を明るいものとした。一九七〇年代の初め、例えばインドは食料穀物の自己充足を達成していた。二〇〇六年において、これはもはやそのとおりではない。

想起されうる類似の議論？

ミュルダールは常に自身を啓蒙思想の申し子であると考えていた。啓蒙思想は合理性の美徳に栄光を与えるものであったが、それは彼の学問経歴の中心点となってきた。彼の知的態度と啓蒙思想の形成の初期段階で貢献した哲学的急進派の主要人物の一人のそれとの間には、想起されうる類似性がある。ジェームズ・ミル（一七七三―一八三六年）もまた、理性の力に対する啓蒙思想の教義を信奉した。今日、彼はおそらくジョン・スチュアート・ミルの父としてもっとも記憶されている。これは彼に対する正当な評価を損なうものである。その時代において、彼はデヴィッド・リカードやジェレミー・ベンサムと緊密な研究関係を築いていた。彼は古典派経済学の分野において広く知られた書物を書いたのであり、「市場の法則」（その後、セー法則と同一視される）についての叙述が初めて現れたのはその本であった。加えて、彼はインドについて書いており、後に東インド問題の行政に携わるようになった。

ミルの『英領インドの歴史』は三巻からなる書物で、一八一七年に刊行された。完成させるのに一〇年かかり、それは作業に取り掛かったときに予想されたよりもずっと長い期間であった。（当時形成されていた英領インドは、現在のインドのほかにもパキスタンやバングラデシュを含んでいたことには注意が払われるべきである。）ミルは亜大陸に決して足を踏み入れることはなかったが、彼はそのことでこの研究の質が損なわれるとは考えなかった。彼が考えていたように、その研究を行うための基本的資格は、「人間の性質の諸法則」や「人間社会の諸原理についてのもっとも深い知識」をもつことであった。[36]

ここで興味深いのは、この啓蒙思想家がいかにインド社会を解釈したかということである。彼は、自身がヒンドゥー社会の「粗野」で退廃的な状態として考えたことについて、とくに辛辣であった。（彼はイスラム社会に対しては、より多くの共感を示していたが、結局それはすべての学問分野のなかでもっとも合理的な科目、すなわち数学に主要な貢献をなしたことからなのであった。）しかし、ヒンドゥーの社会や制度は「迷信による制御しがたい支配」に沿って構築されていた。[37] 彼はカースト体制を告発するなかで痛烈な批判を与え、それを「運命の気まぐれや利己性の働きが生み出してきたほかのどのような制度よりも、人間の性質の善きことに対して作用する障害として立ちふさがっている制度である」と表現した。彼は、「どの国の農業部門においても、かつてはその存在が見られたようなもっとも非合理な慣行が、インドではいまでも一般的である……」と付言した。彼は、織物（ヨーロッパでは広く賞賛されていた）におけるヒンドゥー教徒の技能に対して、否定的な新見解を示しさえした。ミルにとって、ヒンドゥー教徒が織物の作業を好んで行うことは特段に奇妙ではなかった。彼が観察するには、この手工業は座業の職業であり、「したがって、広く見られる嗜好と一致すること」であった。さらにいえば、それはほとんど肉体作業を必要とする仕事ではなく、「そこにおける人間は常に肉体を使うのを過度に惜しんでいるのであるが、製品が精巧になればなるほど、提供すべき力は少なくて済む」のであった[38]。

一九世紀初頭にミルが研究対象とした英領インドと『アジアのドラマ』で焦点を当てられた亜大陸との間には、両者を区別するような大きな変化が目に見えて生じてきているが、啓蒙の考え方には繰り返す連続性がある。巨大な研究を成し遂げた後に、ミルは東インド会社の一員となり、実際に英領インドの経済政策立案者になった。(彼の息子のジョン・スチュアート・ミルは、彼のそうした職位を継いだ。)ミュルダールは、ミル父子がその課題に取り組んだ方法に対しては厳しく反論したことであろう。彼らは、英領インドの地代の基礎として、リカードの差額地代の理論を適用することを提案し、亜大陸の一部でそれをなんとか実行した。これこそは、『アジアのドラマ』が批判したような類の、西洋的経済理論の最新イノベーションの誤った転用であった。

さらには、ミュルダールが民主主義的諸価値の推進を主張したことと、専制的なパターナリズムの実践を目指す一派であったミル父子の経歴との間には、両者を隔てる基本的な亀裂が存在した。

注

(1) G・ミュルダールからN・S・ブキャナン宛、ロックフェラー財団、一九五六年六月一九日、J. Angresano, *The Political Economy of Gunnar Myrdal* (Cheltenham, UK: Edward Elgar, 1997), p. 78からの引用のとおり。

(2) Ibid., p. 79.

(3) G・ミュルダールからA・ヘクシャー宛、一九六一年九月一八日、J. Angresano, op. cit., p. 79.

（4）総じて、六人が「主要協力者」として一九六八年出版の三巻本に名が連ねられている。そのうち二人はイギリス出身であり（当時サセックス大学にいたP・P・ストリーテンとバーミンガム大学のD・ライトマン）、二人はアメリカ出身（ウェスリアン大学のW・J・バーバーとインディアナ大学のG・W・ウィルソン）、一人はフィンランド出身（国民計画局の人口学者A・マジャヴァ）、そして当時スウェーデンの閣僚の一人であったA・ミュルダールであった。さらに、オックスフォード大学のベリオル・カレッジを卒業したばかりのK・アズファーとM・リプトンが一九六〇―一九六一年頃に調査助手として働いた。

（5）G. Myrdal, *Asian Drama*, 1, pp. 57-67. 強調は原文どおり。〔抄訳〕板垣與一監訳、小浪充・木村修三訳『アジアのドラマ――諸国民の貧困の一研究（上）・（下）』東洋経済新報社、一九七四年、上、四三―五一ページ。

（6）S. Bok, *Alva Myrdal: A Daughter's Memoir* (Reading, MA: Addison-Wesley Publishing Company, 1991), p. 289 からの引用のとおり。

（7）G・ミュルダールからA・ヘクシャー宛、一九六六年一〇月一日、J. Angresano, op. cit., p. 79 の引用のとおり。

（8）G. Myrdal, *Asian Drama*, 1, p. xi.

（9）Ibid., 1, p. xii.

（10）Ibid.

（11）Ibid., 1, p. 19.

（12）関連する議論への完全な言及は『アジアのドラマ』付録6「過少雇用の概念と理論に対する批判的評価」に見出される。

(13) ここで含まれる諸問題についての決定的言及は、P・ストリートンが書いた『アジアのドラマ』付録3「南アジアの計画に向けた経済モデルとその有効性」に見出される。

(14) G. Myrdal, *Asian Drama*, 1, Prologue, pp. 30-31.

(15) Ibid., 2, p. 1188.

(16) Ibid., p. 1239.

(17) Ibid., p. 1378.

(18) Ibid., pp. 1378, 1380.

(19) T. Balogh, "The Scrutable East," *New York Times Book Review* (24 March 1968), p. 1.

(20) K. E. Boulding, "Asia: Soft States and Hard Facts," *New Republic*, 157 (4 May 1968), pp. 25-28.

(21) G. Rosen, Review of 'Asian Drama,' *American Economic Review*, LVIII: 5: Pt 1 (December 1968), pp. 1397-1401.

(22) H. Myint, Review of 'Asian Drama,' *Swedish Journal of Economics*, 70 (1968), pp. 242-245.

(23) J. Fischer, "Western Intellectuals vs. Myrdal's Brutal Facts," *Harper's Magazine* (June 1968), pp. 12, 16, 18-19.

(24) P. T. Bauer, "Million-word Pamphlet," *Spectator*, 222 (10 January 1969), pp. 44-45.

(25) G. F. Papanek, Review of 'Asian Drama', *The American Journal of Sociology*, 74 (July 1968), pp. 308-310.

(26) *Times Literary Supplement* (21 November 1968), pp. 12979-12999.

(27) C. Greetz, "Myrdal's Mythology: 'Modernism' and the Third World," *Encounter*, XXXIII: 1

(July 1969), pp. 26-34.

(28) K. P. Gupta, Review of 'Asian Drama', *Commonwealth,* LXXXIX: 1 (4 October 1968), pp. 35-36.

(29) R. Thaper, "Poverty of Nations or Notions," *Yojana* (12 May 1968), pp. 2-6.

(30) S. Shukla, "Planning and Educational Development," *Indian Educational Review,* 5 (July 1970), pp. 156-165.

(31) R. Dave, *Commerce* (29 July 1968), pp. 146-147.

(32) S. S. Wagle, "An Inquiry Into the Poverty of Nations," *United Asia,* 20 (August 1968), pp. 202-209.

(33) P. C. Mahalanobis, "The Asian Drama: an Indian View," *Economic and Political Weekly* (Bombay, July 1969), pp. 1119-1132.

(34) G. Myrdal, "International Inequality and Foreign Aid in Retrospect," *Pioneers in Development,* G. M. Meier and D. Seers, eds. (New York: Oxford University Press, published for the World Bank, 1984), pp. 151-165.

(35) P. Streeten and A. Malik, "Asian Drama Revisited," *The South Asian Challenge,* K. Haq, ed. (Bangalore: Oxford University Press, 2002), pp. 33-71.

(36) J. Mill, *The History of British India*, 1 (London: Baldwin, Cradock, and Joy, 1817), p. xix.

(37) Ibid., p. 131.

(38) Ibid., pp. 628, 348, 342. ミルの考えについてのより完全な議論としては, W. J. Barber, *British Economic Thought and India, 1600-1858* (Oxford: Clarendon Press, 1975), とくに第8・10章を

参照。

第10章　一九六〇年代・一九七〇年代における富裕国および貧困国への経済政策提言

多作な経歴の後半段階において、ミュルダールは経済政策形成についての自身の成熟した思考内容を書き留めた二冊の書物を出版した。それらはともに、それまでの彼の研究で築かれた分析的基礎の上に成り立つものであった。両者とも、アメリカでの招待講演をもとに作成された。それらは題名に「挑戦」という名詞を含んでいた。

『豊かさへの挑戦』（一九六三年）の文脈

この研究——アメリカ経済の状況について論じたもの——によって、ミュルダールは、国民所得や国民総生産の決定要因について一九三〇年代に考えたことを再び思い起こすことになった。一九三二年に初版が刊行された『貨幣的均衡』やスウェーデン政府のために彼が用意した覚書は、その後まもなく英語圏ではケインズ革命と関連づけられることになったマクロ経済理論や政策についての中心的考察を予見していた、ということが思い出されよう。

ミュルダールは一九六〇年代初めにこれらの論題に立ち戻ったが、その時期はアメリカ経済の実績に失望が広がっていたときに当たる。そのころの同国の経済成長率は不振であって、ソヴィエト経済がアメリカを追い越すかもしれないと危惧する向きもあった。その間、アメリカは労働力のおよそ六・五％の率での持続的失業を経験した。ジョン・F・ケネディ大統領は一九六〇年の選挙戦において、「もう一度国を動かす」ことを公約していた。いざ着任してみると、その公約を守ることは予想以上に難しいことがわかった。

ケネディは大統領経済諮問委員会（CEA）に強力なチームを指名していた。それは三人の大学教育に携わる経済学者から構成されており、彼らはすべてケインジアンであった。すなわち、議長のウォルター・ヘラー（ミネソタ大学）のほか、ジェームズ・トービン（イェール大学）、カーミット・ゴードン（ウィリアムズ・カレッジ）である。彼らは、総需要の増加が、過渡的な変化は別として、失業を減らすという考えにおいて結束していた。こうして、失業率が四％と計測されても、それは「完全雇用」状態にあるものとみなされた。総需要を増大させるための政府の諸方策もまた、経済成長率を刺激することができた。財政的刺激は、いうまでもなく減税や政府支出の拡大、あるいはそれら二つの組み合わせによって与えることができた。CEAのケインジアンたちは、減税が選ばれるべき道であると信じていた。この点においては、タイミングが重要な考慮事項であった。すなわち、減税は即座に大衆の購買力を増大させるであろう（そして、その後まもなく経済への刺激が予測されうる）が、他方で、政府支出の拡大は、配分や事業設計をめぐる議論、競争入札に対する請願などによって、必ずや時間がかかることになろう。一九六二年の『大統領経済報告』(CEAによって執筆された)は、詳細にこの戦略の計画を立てたものとなっており、応用ケインズ経済学の教本と認識された。

ワシントン政官界では、経済政策のこうした設計に対して恐るべき抵抗があった。議会の意見は、賢明な行動指針は連邦政府に年次予算を均衡させるよう求めることにあるという教義から深く影響を受けていた。こうした見方は、前アイゼンハワー政権において経済政策の基本原理となっていた。(この原理の適用を試みたことによって、一九五七―一九五八年には厳しい景気後退が生じた。国民所得の下落が税収を減少させたことで、連邦会計はそれまで記録されたなかで最大の平時財政赤字を生み出した。均衡財政の優先を唱える教条主義者たちは、この不都合な事実を無視する傾向があった。)

しかし、ワシントン政官界とは別のところでも、恣意的な――減税によって遂行される――赤字に抵抗するといった一悶着があった。国の金準備を管理する責務を負っていた大蔵省は、急速な経済拡大はすでに顕在化している金流出を悪化させるであろうと気にかけていた。国の中央銀行の経営陣――ウィリアム・マッチェズニー・マーティン議長に率いられた連邦準備制度理事会――は、また別の理由からCEAの分析に納得しなかった。連邦準備制度理事会の見方によれば、観察される失業率は、不幸なことに財政的刺激では治癒されえないものであった。この現象は「構造的」であり、循環的ではないのであって、経済の衰退部門で職を失った者たちが拡大部門で仕事を見つけるのに必要な技能資格を持ち合わせていないという事実を反映していた。こうした分析枠組みからすると、総需要を増大するための財政政策は、仕事をもたない者たちに仕事を与えることにはならず、危険なインフレーション圧力を誘発することになると考えられる。さらにもう一点、ケネディの首脳陣の内部からも異論が出された。ケネディは、ハーヴァード大学の経済学者で個人的友人でもあったジョン・ケネス・ガルブレイスをインド駐在大使に指名していた。ガルブレイスは少し前に『ゆたかな社会』という題の書物を出版したところであり、同著において彼はアメリカにおける私的部門の豊かさと公的部門の貧しさを並置した。彼が問題状況を見て取ったところによると、最優先権は教育やヘルスケアを改善して都市の荒廃を取り除くための支出の拡大に割り当てられるべきであった。すでに裕福な者たちに報酬を与えるような減税は失策となろう(1)。

アメリカの論説に対するミュルダールの貢献

ミュルダールは『豊かさへの挑戦』の冒頭を、アメリカは「いかにして経済進歩を誘発するかについてわれわれがもっている新しい知識や、その知識をわれわれの利益のために活用しようとする決意を実際に適用する点で、遅れをとった。しかも本書でやがて明らかにするように、アメリカの経済政策のこのような不幸な立ち遅れは、その国民の多数の福祉に対してばかりでなく、その対外政策の方向と効果の両者に対しても由々しい影響を及ぼしているのである」と警告することから始めた(2)。彼はまちがいなく、ケネディのＣＥＡ、ならびにその経済政策提言を下支えしている分析的思考が、ケインジアン的志向をもっていることを十分に承知していた。それにもかかわらず、彼は

「相変わらず非現実的なケインズ的方法で推論している」経済学者たちについて批判した。(3)

この批判の土台は、ミュルダールが『アメリカのジレンマ』の執筆中に発見したことにまで起源を辿ることができる。彼はそのとき、黒人たちが労働市場での魅力的な仕事に応募しようとする際に経験するハンディキャップを直接に知るようになった。差別という障壁は、一九六二―六三年までには低くなり始めていたが、黒人の競争上の地位は依然として技能と訓練が不十分であることによって損なわれていた。アメリカは失業者や雇用不適合者といった永続的な「アンダークラス」の存在を耐え忍んでいかなければならないという見通しに直面している、と彼は危惧した。『アメリカのジレンマ』を髣髴とさせる言葉を用い、彼はこの状況を「アメリカ的信条」とは相容れないものであると述べ、それを告発しようとその国の良心に訴えかけた。彼の見方では、「急速かつ着実な成長と完全雇用」は、「アメリカの国内で機会や生活水準の平等を増進するような強力な措置を講じなければ」可能ではなかった。(4) ここにおいて、ミュルダールの「完全雇用」の概念は、ワシントンの政官界で使われていたものとは異なっていたことに留意すべきである。彼は、「ケネディ政府が、これなら我慢できるという失業率を高水準な四％に再定義した」ことに対して、「失望した」。(5) これはパートタイム失業者や低生産性水準で働いている者の過少雇用を考慮に入れていなかった。

ミュルダールの判断では、アメリカ人たちは政策目標をよりいっそう野心的なものに設定すべきであった。失業や過少雇用に対する徹底した取り組みは、その問題の「構造的な」側面を認識することによって始められるべきである。(この形容詞はケネディのCEAを騒がせた――それは財政的刺激に対する連邦準備制度理事会の抵抗にあまりにも類似しているように思われた。) この用語によってミュルダールが意味したことは、「供給労働のタイプと需要労働のタイプの間にある……乖離」であった。(6) 周辺労働力を担っている者たちに強力な教育訓練プログラムを提供することを通じてのみ、それは補正されうる。財政政策が拡張状況を生み出すならば、その努力が成功する展望が開けるだろうが、ケインズ主義的財政戦略それ自体では効果がないだろう。実際、彼は、ケインズ的な「従来の経済分析」は「皮相的である」と述べた。(7)

その本以外にも、ミュルダールは自身の主張に別のはけ口を見つけた。すなわち、一九六三年初めに『ニュー・リパブリック』に掲載された論文――題名は「アメリカを動かす」――であり、ケネディ政権の標語を拝借したものであった。しかしながら、政策についての彼の提言は、当時の執行部が考えていたことをはるかに超越していた。彼は減税を「経済に拍車をかけるために」支持したが、政府支出の大幅な増加――とりわけ教育や職業訓練に振り向けられる――もまた絶対に必要であると主張した。彼は、アメリカの労働力の構造変化が「アメリカ社会の階級亀裂を増大させ、階級構造を固定化」する傾向にあることを懸念した。このことは、「技術進歩が労働を一様に解放することなく、よりいっそう高度に熟練され、高度に教育を受けた者に労働需要が向けられている」ために生じていた。「失業の発生は、社会的・経済的理由からして、低レベルの技能や教育しかもたない者に重くのしかかる傾向にある」のであった。(8) さらに、彼は自身の見方を『ビジネス・ウィーク』誌のインタビューや一九六三年一二月の「雇用およびマンパワーに関する上院小委員会」の午餐会において打ち出した。(9)

『貧困からの挑戦——世界的反貧困プログラムの概略』(一九七〇年)

この著作の序文において、ミュルダールはもともと『アジアのドラマ』を、自身が発見した政策的含意を論じることで閉じようとしていたと読者に打ち明けた。しかし、その三巻からなる書物(『アジアのドラマ』)は「手に余るほどの長さ」であったことから、そこに「低開発諸国や先進諸国が従うべき主要な諸政策の包括的概要」は含まれなかった。したがって、一九七〇年に出されたその本(『貧困からの挑戦』)は、「この穴を埋める」ための努力の産物として理解されうる——あるいは、ちょっと違った風にいえば、それは『アジアのドラマ』の「実現しなかった第八部」とみなすことができるものであった。[10] しかし、ここで但し書きを加える必要がある。『貧困からの挑戦』は、『アジアのドラマ』にすでに書かれていたことの抜粋であるはずがなかった。何よりも、分析範囲において明確な違いがあった。すなわち、その一九七〇年の書物は世界に対して発表されたものであり、南アジアのみに対してではなかった。この区別に注意を払うべきであることを念頭に置いておかねばならないが、しかし、その文章内容やそれらを証拠立てる注記のほとんどが『アジアのドラマ』から引用されていたこともまた事実であった。

ミュルダールは、『貧困からの挑戦』を書く気になった追加的な動機を認めた。彼は、『アジアのドラマ』がしばしば、「低開発諸国の発展努力を助けるために苦労しなくてもよいという議論をしているると誤解されており、それは西洋諸国の保守主義者を喜ばすものであったたし、反動主義者にとってはなおさらのことであった」ことについて狼狽していた。彼のリベラルな友人の何人かもまた、「同じ誤った印象」を受けていた。[11] この新しい研究は、事を正す機会を与えた。それは、一方で低開発諸国に向けた政策提言の道筋と、他方で先進諸国が遂行すべきと彼が考えている諸政策とを区別するように構成されていた。

低開発諸国でのもっとも重要な問題についての議論は、『アジアのドラマ』で展開された枠組みのなかに位置づけられた。つまり、中心的問題は、この先一〇年の展望において人口（そして潜在的労働力）の増大が著しく、産業基盤における実現可能な拡大がその増加に対して生産的雇用を提供できないという事実から生じるという認識である。これは、農業部門に焦点を当てることこそが、政策形成者から特段の優先権を与えられるべき価値をもつということを意味した。彼らの干渉の目的は、農業収穫量を増大させ、同時に農業部門がより多くの労働者を吸収するような労働集約的イノベーションを促進させることに置かれるべきである。もしこのことを引き起こそうとするならば、相互調整された政策パッケージが必要とされよう。それぞれのイノベーションを別個に扱うのでは不十分となろう。例えば、改良された潅漑設備が使用できるならば、収穫高を上げると同時に追加的労働力を吸収するような多期作が可能となるかもしれない。しかし、そうした望ましい結果は必然的帰結とは考えられない。上首尾な結果を得るためには、何にもまして、新技術を利用する方法について教育された農民、肥料や多産をもたらすタイプの種子の買付資金を調達するための信用取引へのアクセスの改善、マーケティングや店舗販売機能の拡大などを含む、より広範な実行計画が必要であった。しかし、これらすべてとともにミュルダールは、「農業にしばりつけられている人々は、もし彼らの所得と生活水準を上げようとするなら、今日においてはたいてい欠如しているような大望を身に付けなければならない。彼らにそうさせるようにし、彼らの技術を原始的水準から引き上げさせるには、きわめて大きな教育努力が要求される」と論じた。[12]

しかし、そうした変化が成し遂げられるような環境をつくり出すことは、たいていの貧しい国において大きな障害に直面するのであり、その障害とは「貧しい諸国の大半に広まっている不平等的な社会的・経済的階層」にほかならなかった。ミュルダールが述べたとおり、「『土地改革』とか小作制度の改革を含んだ『農地改革』の問題として広くいわれているものは、自らを非常に多く働かせるような機会と誘因を労働力にもたせるような状況をつくり出すような方向で進められるべきである」。[13] 彼は普及している分益小作制度をとくに非難されるべきものであるとみなし、それは「技術変化にも、労働と金による投資にも、……労働投入量の質量の増加にも一般的に資するところはない。……耕す土地の総生産高の半分以上を地主に支払う小作人は、貧乏と無関心さのなかにとどめられている」と論じた。[14]

もちろん、こうした議論は『アジアのドラマ』以来、よく知られたものであった。しかし、ここでは、長期にわたる農業戦略を成功させるのに不可欠な条件として、いっそうの平等主義的経済構造を要求するという主張が明言されたのであり、おそらくそのことはより大きな情熱をもって語られた。同様に、有意義な農地改革を推進するリーダーシップがうまく取られていないことについて、明確な失望の念が示された。多くの議論がなされていたが、行動はほとんど起こっていなかった。

こうした状況を鑑みて、彼は――『アジアのドラマ』でそうであったように――資本主義的農民

（経済的インセンティブに反応するような人物）に報酬を与えること、ならびに、怠慢な地主に（徴税政策の標的とすることを通じて）罰則を与えることが、おそらく次善ながらも最善の接近法であると結論づけた。

『貧困からの挑戦』において、ミュルダールは『アジアのドラマ』では現れていなかったひとつの論題について検討した。「緑の革命」――かなり大幅に多産をもたらすタイプの種子が導入されたことによる――は、以前の研究では検討するには直近にすぎる出来事であった。この事態の展開は、低開発世界の農業を変容させる突破口であるとして、歓呼のうちに迎えられていた。彼は、「この突如として一般的となったテクノクラティックな楽観主義」について批判的であったが、それは、「なんらかの形の土地および小作改革を大規模に行うことは不必要となるという議論を補強するのに用いられる」ことになるという理由からであった。彼の見方では、「緑の革命」の完全な遂行は、制度改革なくしては実現されえないものであった。それがなければ、「穀類の新品種は、低開発国の農業人口間における不平等を拡大しつつある他の反動的作用と同じ作用をすることになろう(15)」。

ミュルダールはさらに、この問題を一九七〇年の晩夏にソ連のミンスクで会合が開かれた国際農業経済学者協会に提出した論文において扱った。そこにおいて彼は、農地改革についてのいっそうの考察を事実上葬り去ることになった「緑の革命」から生み出された「テクノクラティックな陶酔」を批判した。その論文において、彼は、「……新たな機会は、潅漑された土地、肥料や他の必要品を購入するための資金、そして集約的農業に適した道具をもつ農民に対してのみ開かれている。

……最低限生活を送っている耕作者の大半は、分益小作人として働いているか、自己所有の狭小な農地で働いているかであるが、彼らにとっては新たな機会は手に届かない」と書いた。(16)

貧しい諸国に示したミュルダールの政策目標は、農業に誇りある居場所を与えるものであったが、話はそこで終りではなかった。彼は政府に対し、真剣に家族計画に取り組むこと、ならびに、その目的に適した医療および医療近接部門の強力な人員を配置した行政機関を設置することを求めた。さらに、彼は教育制度の抜本的改革を求めた。かなりの程度、既存の教育構造は「学問的にすぎる」のであり、あまりにも多くのジェネラリストを輩出していた。このことは総じて、人力を使う仕事に対する偏見を永続させがちであった。教育――どのレベルにおいても――は、技術的・職業的訓練の方向に再度振り向けられるべきである。教育へのアクセスもまた、社会のすべての集団に対して開かれるべきである。不幸にも、これら諸国の権力構造は通常そうした改革に対抗するものとなっており、このことがまた逆に、不平等を増幅させていた。(17)

『アジアのドラマ』において、ミュルダールは「軟性国家」やその状況に関連する腐敗について厳しく批判していた。彼の改革課題は中央行政の強化を要請した。これは規模における「縮小」を意味するものと考えてよいだろう。すなわち、官僚機構には典型的に過剰な人員水増しがあり、それらお役所世界には、疑問に思われるような管轄事項があまりにも多く含まれていた。腐敗に対する部分的な緩衝装置として、彼は、省庁間に共通して適用される規制を優先的に選び、政策実行における行政の自由裁量を最小化すべきであると提言した。認可・許可・約定を与える際の官僚的自由裁量は、優遇を金で買おうとする者からの賄賂を引き寄せていた。官僚機構の権限の縮小は、給与の増大によって埋め合わせられるべきである。これにより、賄賂を受け取りたいと思う気持ちは弱められることになろう[18]。

『貧困からの挑戦』において、ミュルダールは『アジアのドラマ』で論じていた政策のすべてを網羅的に示すことはなかった。工業化計画の取り扱いは、それに該当する事項である。『アジアのドラマ』において、彼は輸入代替政策によって導かれる工業化戦略について好意的に述べていた。『貧困からの挑戦』では、このことは短く、そしてもっと消極的に言及された。これに関連して彼は、「輸入制限は低開発国が国際収支上の問題から常に取らざるをえない措置である」と指摘した。これらの方策はまた、輸入代替産業に携わっている生産者に保護手段を与えた。したがって、「高コストで運営される企業が国内で、それなりに利益をあげることができる」のであった。しかし、この状況は決して健全ではなかった。「国内市場を海外からの競争と切り離すことによって、今度は企業の輸出意欲が鈍らされてしまう[19]。」

上記のように提言された諸政策の大部分は、「低開発国自らの手によって実行されなければならない」とミュルダールは論じた[20]。わずかに例外があった。先進世界は、熱帯環境における農業調査のための資金や専門家を提供することによって、相当な貢献をすることができるはずであった。そして、低開発国が自国民の態度を規律づけるならば、外国人たちはそこでの公共行政の透明性を向上させるように協力ができるだろう。ミュルダールの判断によれば、「西欧の企業が低開発国の経済活動に収賄をもちこんで食い込んでいくことを慎むならば、規律なき国〈軟性国家〉であることを克服しようとしているこれらの国にとって非常に大きな援助となるであろうことは自明のことである」[21]。

さらに、先進世界出身の経済学者は、もし低開発諸国における彼らの調査がそこにおける事実の理解を改善させるならば、およそ重要な貢献をなすことができよう。このことは政策形成において「健全な影響」を与えるであろう。不幸にも、それらの活動に携わっている者たちは、あまりにわずかにしか、その課題に立ち向かっていなかった。ミュルダールが状況を診断したように、「低開発諸国問題の経済研究の主な偏向は、……生活水準がきわめて低い場合の意欲、制度、生産性の効果などを抽象化してしまうことにある」。彼はこう付言した。「偏見のない徹底的な研究」は、必ずや「抜本的改革を要求する進歩グループの力となり刺激となる」[22]。

必要とされる調査のタイプは、利用可能な統計資料の「吟味」から始められなければならないであろう。あまりにもしばしば、「印象的な計量モデル」を急いで打ち立ててしまうといった失敗が引き起こされてきた。専門家の慣行に対するこうした批判は、『アジアのドラマ』で長文を割いて議論したテーマを繰り返したものであった。しかし、このころの彼の言葉の選択は、より鋭い批判を含んでいた。すなわち、「最近の経済学者は、厳格さや正確さを強く主張しているだけに、かえってその点において学問水準を低下させているという結論を避けるのは困難である」[23]。

先進諸国の責任を要求する

先進諸国が低開発諸国を苦境から解放するために果たすべき役割について検討する際、ミュルダールはそれより前の一九五八年に『国際経済』で示しておいた多くの論点を繰り返した。彼は――標準的な国際貿易理論の議論とは対照的に――、国際貿易体制はこれまで発展してきたように、国際間の不平等を拡大させるメカニズムとなってきたと主張した。概して、この状況は貧しい国における「逆流効果」と「波及効果」の相対的ウェイトという観点から、もっともよく理解されうる。貧しい国の状況では、国際通商に自国を開放してきたことは、「逆流効果」――外国との競争から生じる国内雇用や所得への悪影響――を強く受けてきたことを意味した。と同時に、「波及効果」――つまり、国内の経済活動の拡大を刺激するための輸出利益獲得を増大させる能力――は弱まってきた。国際経済の不均衡を正すことは、彼の見たところ、道徳的問題であった。彼は読者に対し、国際レベルでの「創られた均衡」が実現された「福祉世界の観念」を想起するよう求めた(24)。

もちろん彼は、国際的場面の現実はそうした理想から遠く離れたところにあることを認識していた。実際、一九五八年の状況の方がまだ近く、一九七〇年代になる頃には一段と遠ざかっていた。彼はこの後戻りの大部分の責任がアメリカにあると考えた。同国の対外援助予算は、ベトナムでの軍事作戦を遂行するための資源移動の争議のなかで、一〇年以上にわたって縮小してきていた。(ミュルダールはこの行為に激しく反対し――彼はそれを残忍、犯罪的、不道徳、違法と表現した――、ベトナムにおけるアメリカ戦犯に関する国際調査委員会の議長を務めた。)減少した合計額が配分されてきた方法にもまた、非難すべき点があった。受益者――そして、彼らが受け取る合計額――についての決定は、政治的考慮によって導かれており、人道主義的な考慮によって導かれてはいなかった。広く見られる「紐付き貸付」――つまり、援助受取国が援助供与国からの購入を義務づけられる輸出信用――は、援助受取国に追加的な不利益をもたらしていた。

たとえその実践がいまだ非現実的であるとしても、ミュルダールはより健全な国際経済秩序がどのようなものであるかという見取り図を素描した。少なくとも、先進諸国は貧しい国への移転のために国民所得の予想増加分のかなりの部分を保蔵しておくべきであった。（最終的に、彼は国際累進課税体系が導入され、それによって世界の所得分配が平等主義的方向へと動くことを望んでいた。）理想的状態において、このように利用可能となる諸資源は、多角的政府間組織によって分配されるべきであった。近いうちに、先進諸国は低開発世界からの輸出品に対して、それらの生産物への差別を撤廃することにより、自国の市場を開放する方向へと迅速に動くべきであった[25]。援助資金が割り当てられる使用法についてのミュルダールの提言にも、急進的な性質があった。彼は、対外援助予算配分の反対者たちが、その資金が真の開発目的のために使われておらず、代わりに不平等な権力構造の上位者たちの私服を肥やしているという趣旨の議論をしていることに十分気づいていた。対外援助は大衆に利益を与えるような――ミュルダールが支持したような農地改革などの――諸改革を推し進めているところに優先的に割り当てられるべきであると主張することによって、そうした議論を弱めることが理にかなっていた。しかし、この戦略はそれ自体の価値に基づいて遂行されることがふさわしいと彼は主張した。彼は、「たんに人々の道徳的感情に訴えることこそ、低開発国向け援助を必要なだけ増やす一般的な基礎をつくることを可能にさせる」と固く信じていると書いた[26]。人々が完全に情報を与えられ、彼らの道徳的感情が喚起されるならば、「人々は援助を寡頭政治家連中の私服を肥やすことに用いるべきではないと要求することになるであろう。また、援助を、真剣に社会改革を試みる国、あるいはこうした改革が実施される条件のある国へ振り向けるべきだという要求も生じてくるであろう。実際、援助はこのような真剣な社会改革を促すように供与するべきなのであろう」[27]。

ミュルダールは後にこの点についての立場を修正しなければならなかった。前章で指摘したように、彼は一九八四年には低開発世界への対外援助に対する自身の当初の熱狂的態度を振り返って、「良心の呵責の増大」を告白した。この幻滅は、対外援助とは貧しい者たちに利益を与えるものであるという約束が果たされてこなかったと彼が判断したことからもたらされた。それは反対に、腐敗した体制を支援してきていた。

注

（1）一九六〇年代初期におけるマクロ経済政策をめぐる内部抗争の詳細については、W. J. Barber, "The Kennedy Years: Purposeful Pedagogy," *Exhortation and Controls: The Search for a Wage-Price Policy, 1945-1971*, C. D. Goodwin, ed. (Washington, DC: The Brookings Institution, 1975), pp. 135-191 を参照。

（2）G. Myrdal, *Challenge to Affluence* (New York: Pantheon Books, 1963), p. 4（小原敬士・池田豊訳『豊かさへの挑戦』竹内書店、一九六四年、一四―一五ページ）。

（3）Ibid., p. 30. 邦訳五二ページ。

（4）Ibid., p. 7. 邦訳一九ページ。

（5）Ibid., p. 40. 邦訳六六ページ。

(6) Ibid., p. 24. 邦訳四五ページ。
(7) Ibid., p. 23. 邦訳四一ページ。
(8) G. Myrdal, "Getting America Moving," *New Republic,* 148 (26 January 1963), pp. 15-20.
(9) "Good Friend and Critic," *Business Week* (14 December 1963), pp. 57-60.
(10) G. Myrdal, *The Challenge of World Poverty: a World Anti-poverty Program in Outline* (New York: Pantheon Books, 1970), pp. ix, 253（大来佐武郎監訳『貧困からの挑戦』（上・下巻）ダイヤモンド社、一九七一年、上巻x、二四五ページ）。
(11) Ibid., pp. ix-x. 邦訳上巻xページ。
(12) Ibid., p. 98. 邦訳上巻九六ページ（一部修正）。
(13) Ibid., p. 100. 強調は原文どおり。邦訳上巻九八ページ。
(14) Ibid., p. 100. 邦訳上巻九八ページ。
(15) Ibid., pp. 124-125. 邦訳上巻一二二一一二三ページ。
(16) 国際農業経済学者協会（ソ連・ミンスク）に提出された論文、出版されたタイトル等は以下のとおり。G. Myrdal, "Are the Developing Countries Really Developing?" *Bulletin of the Atomic Scientists,* 27 (January 1971), pp. 5-8.
(17) *The Challenge of World Poverty,* pp. 194-207, 諸所。
(18) Ibid., pp. 243-251, 諸所。
(19) Ibid., p. 287. 邦訳下巻一四ページ。
(20) Ibid., p. 254. 強調は原文どおり。邦訳上巻二四六ページ。
(21) Ibid., p. 252. 強調は原文どおり。邦訳上巻二四三ページ。

(22) Ibid., p. 258. 強調は原文どおり。邦訳上巻二四九―二五〇ページ。

(23) Ibid., p. 269. 強調は原文どおり。邦訳上巻二六〇ページ。

(24) Ibid., p. 298. 強調は原文どおり。邦訳下巻二四ページ。

(25) Ibid., p. 364 ff. 邦訳下巻八九ページ以降。

(26) Ibid., p. 368. 強調は原文どおり。邦訳下巻九四ページ。

(27) Ibid., p. 372. 邦訳下巻九七―九八ページ。

エピローグ

一九七四年一〇月、スウェーデン王立アカデミーは、グンナー・ミュルダールとフリードリッヒ・フォン・ハイエクがノーベル記念経済学賞の共同受賞者として指名されたと伝えた。この情報に添えられた特記事項は、長文ではあるが引用する価値がある。

経済学賞が授与されるようになって以来、その研究が純粋経済科学の範囲を超えてきている二人の経済学者の名前は、常に授賞候補者のリストのなかにあった。すなわち、グンナー・ミュルダールとフリードリッヒ・フォン・ハイエクである。彼らはともに研究経歴を純粋経済理論の分野で重要な業績を出すことから始めた。主として、彼らの初期の研究――一九二〇年代と三〇年代における――は、同一の分野にあった。すなわち、経済変動理論と貨幣理論である。それから両経済学者は、社会的および制度的現象といった広範な側面を含むまで視野を広げた。

主に研究のほとんどを広い意味での経済問題に向けること、とりわけアメリカの黒人問題や発展途上国の貧困に向けることによって、ミュルダールは経済分析を社会的、人口学的、制度的条件に関連づけることを探究した。フォン・ハイエクは、経済体制の法的枠組みといった要素、ならびに、諸個人、諸企業、さまざまな社会体制が機能する方法に関連する問題を含むように、研究分野を拡張した。両者とも経済政策の問題に深い関心をもち、それゆえにまた、われわれの社会における組織的、制度的、法的条件の変化について研究してきた。ミュルダールとフォン・ハイエクに共通する資質は、新たな独自の問題設定方法を見つけ、主義主張や政策に関する新たな見解を発表することができる十分立証済みの能力である。そうした性質はしばしば彼らをやや論争的にしてきた。経済学者が通常は当然視するか無視するような諸要因やその関係性を含むように研究領域を拡張する場合に限って、これは自然なことである。

ミュルダール独自の貢献について、選考委員会は『経済学説と政治的要素』に注意を喚起し、同著を「研究の多くの領域において政治的価値がいかに経済分析のなかに組み込まれるかについての先駆的批判」と説明した。さらに留意されるべきは、科学アカデミーが「『アメリカのジレンマ』という記念碑的研究に対して大いなる重要性を認めた……」ことであり、そこにおいてミュルダールは、「経済分析と広範な社会学的見地を統合しうる能力を証明した」と述べられた。特記事項にはこう加えられた。「発展途上国の問題についてのミュルダールの包括的研究は、『アメリカのジレンマ』とほとんど同じ性質をもっている。これもまた、もっとも広い意味での経済学的・社会学的研究であり、そこでは政治的、制度的、人口学的、教育的、衛生的諸要因に対して大きな重要性が認められている。(1)」

王立アカデミーの通知は、かなり巧妙な起草術を披露した。共同受賞者の経歴における並立性の強調は、潜在的緊張のいくらかを緩和する意図をもっていた。その点において、そのやり方は完全に成功したわけではなかったが。

受賞に対するミュルダールの反応

ストックホルムからの電話連絡により受賞の知らせが届いたとき、ミュルダールはニューヨーク市にいた。彼は後にレポーターにこう語った。「アメリカで早朝に電話がかかってきたとき、もし私が寝ぼけていなかったら、断っていただろう。」[2] 実際、彼は後年になって、経済学賞それ自体が廃止されるべきであると論じた。しかしながら、これは後になってからの意見である。一九六〇年代、彼はノーベル記念経済学賞を創設するために、ストックホルムにいる銀行家の友人たちに資金援助を求め、とても熱心に働きかけていた。この件について彼が個人的な利害関係をもっていたのかもしれないという考えを、人々はかえって抱いた。一九七四年、彼は確かにこの受賞を拒否しようとは考えなかった。ノーベル記念経済学賞に対する彼の不満は、彼がそれを偏向や操作の影響を受けやすいものと考えるようになった後から生じてきたのである。

そうであったわけだが、彼は一九七四年の選考委員の意思決定についてはまったく平静ではいられなかった。ここで厄介な点は、受賞がフォン・ハイエクと共同ということであった。全経歴を通じて、彼らはイデオロギー上の立場の両極から研究してきていた。フォン・ハイエクは、政府干渉が諸問題の根源にあると考える自由放任主義の非妥協的な代表的論者であった。反対に、ミュルダールは、干渉されることのない市場が事を正しく運ぶはずであり、市場が失敗した場合にのみ、政府行動が矯正策を与えるために必要とされるべきであるという考えに対して、明らかに疑念を抱いていた。少なくとも二回、彼らの間には個人的衝突のようなものがあった。一九三三年、フォン・ハイエクは彼が編集していた本にミュルダールの貨幣的均衡分析の英語版を掲載して出版したが、彼は渋々そうしたのであった。彼は、その議論には根本的に賛同しえないという事実を隠さなかった。ほどなくして、フォン・ハイエク――当時ロンドン・スクール・オブ・エコノミクスにいた――は、そこでミュルダールが講演するための招待を取り消したと考えられている。ミュルダールの側からは、フォン・ハイエクが『隷従への道』で示した議論にはっきりと距離を置いた。ミュルダールが一九五一年に、「経済計画はわれわれを警察国家に直ちに導く、などといった俗受けする話のすべては、率直に言うことをお許しいただけるのであれば、戯言にすぎない」と書いたとき、彼の標的に狂いはなかった。(3)

ミュルダールの娘の一人、シセラ・ボクは、共同受賞者の名前が伝えられたときの家族の雰囲気をこう捉えている。

このように受賞を分け合うということは、おそらくフォン・ハイエクにとって冷や水を浴びせられたこととなったように、グンナーにとってもそうであった。二人は政治的観点からして両極端にあった。彼らのみならず誰においても、受賞はイデオロギー上のバランスを取った結果であると考えずにはいられなかった。彼らの同僚のなかには、その選択がスウェーデン経済学の支配者層たちによる恩着せがましい悪ふざけを意味しているとさえ推測した。彼らは、頭脳明晰だが、国際主義的で、自由奔放でスウェーデン人らしからぬ自分たちの同胞に対して、賞を授与しないわけにはいかなかったが、彼らは彼に名誉をしみじみと味わうとか、母国から真に受け容れられているとは感じさせないような方法で授与するというかたちで権力を行使したのであった。(4)

アルヴァ・ミュルダールは、ジュネーブ軍縮委員会においてスウェーデン代表として働いた功績が認められ、一九八二年にノーベル平和賞を受賞した。(これは異分野で夫と妻がノーベル賞受賞者となった唯一の事例となっている。)

ノーベル記念経済学賞受賞講演

ミュルダールは、ノーベル記念経済学賞の共同受賞を受諾するに当たっての講演を用意するなかで、彼が感じたあらゆる疑念を封じた。彼は演題として「世界の発展における平等問題」を選んだ。多くの点において、この論題に対する彼の扱いは、彼が『貧困からの挑戦』で示していた論点を繰り返すものであった。彼は、先進世界(そして、とりわけアメリカ)がこの挑戦に応じるような援助を提供できていないことについて、厳しく批判した。彼は、その欠陥の原因を、豊かな国の大衆を動かすのに、貧しい国を援助する合理的理由として「利己的な国益」に訴えかけようとしていることにあると考えた。この戦術は、「われわれのようなタイプの国で長年にわたって公共政策の方針を決定している一般の人々に訴えかけるものではないが、道徳的な意味での動機づけは影響力をもつ」と彼は主張した。(5) 加えて彼は、「政治家や専門家が道徳的コミットメントに正当な重要性を認めることに及び腰であるならば、現実主義は存在しない」と述べた。(6)

先進諸国が貧しい国のニーズに無関心であると厳しく糾弾しただけでなく、彼は先進諸国に対しても自国内での消費を節減するように求めた。彼は、「医師、環境学者、その他の自然科学における仲間たちが希求していることに深く共感している」とし、「多くの物質的製品に対する消費や自国内消費のための生産の伸びに関する限り、個人的にも、またより集団的にも、もっとずっと簡素なライフスタイルの方にわれわれ自身の利益をもたらすような合理性がある、と彼らが語るとき、そのとおりだと思う」と述べた。(7) これは次に貧しい国への資源移転を可能とすることにもなろう。(しかしながら、対外援助に対するミュルダールの熱狂的支持は一〇年後にはかなり弱まった。)彼はまた、低開発諸国が必要としていることについて論じるとき、旧来のテーマに立ち戻った。彼は、「彼らが生活し働いている条件の根本的変化」を求めた。「重要なことは、こうした変化が通常、よりいっそうの平等と生産性向上を同時に意味しているということである。……これらの絶対に必要とされている急進的変化には、第一に農地改革が含まれるが、教育や保健衛生に関する労働の抜本的な仕切り直しも含まれる。また、『軟性国家』は有能にならねばならないし、いまやほぼ至る所で増殖している腐敗は、どのレベルにおいても根絶させられなければならない。(8)」

変化と連続性

ノーベル記念経済学賞の選考委員たちが準備した業績紹介は、ミュルダールの学問人生を通じての焦点の推移と知的活動の優先性を強調した。彼は実際に、純粋経済理論家として歩み始めたのであり、その頃の彼は、分析的形式主義を実践し、その学問に制度的アプローチを採用する者たちについて軽蔑的に語ることもあった。その後の研究により、彼は主流派の経済理論家たちが自らの専門的業績を価値自由な中立性を保つものと主張することに疑問を抱くようになった。まもなく彼はスウェーデン政府の顧問や選挙で選ばれた官吏として、政策形成の「実務」に従事し始めた。純粋経済理論家としての経歴開始から一直線な知的軌道を見通そうとした観察者は、『アメリカのジレンマ』の著者として現れたミュルダールを絶対に予測できなかったはずである。この研究プロジェクトは、まちがいなく彼を学際的方向へと引き伸ばした。そしてそれは、社会科学者は問題を「経済的」、「政治的」、「社会学的」、「歴史的」などとカテゴリー化しようとするときに誤りを犯しているという信念を彼に与えることになり、以来、その考えは常に彼とともにあった。そうした区分は誤りであった。ただたんに諸問題が存在しているのであり、そこには資格限定もなく、それらは多面的な複雑性を含むものとして捉えられる必要があった。『アジアのドラマ』の基本的アプローチは『アメリカのジレンマ』で採用されていたものの延長であると指摘した点において、ノーベル〔記念経済学〕賞の選考委員たちは正しかった。これこそが制度派経済学者に生まれ変わったミュルダール、また誇らしく生まれ変わったミュルダールであった。

時間を経るなかで、彼の知的遍歴の方向性が推移していったことは、彼の多能性、独創性、創造性の表れとして、正当に批評しておく意義がある。しかし、このことにより、そこには連続性もまた存在するということが曖昧にされるべきではない。一九三〇年代以来、彼の思考の中心には——彼がどのような特殊な論点に取り組んでいようとも——経済・社会理論化における価値判断の問題があった。そして彼は、客観性や価値中立性についての欺瞞に満ちた主張に対し、常に警告を発していた。さらに、すべての研究において、彼はヴィクセルから吸収した概念を展開した。すなわち、「累積的因果関係」の原理であり、その循環は「好」でも「悪」でもありえた。また彼は、思想や理想はそれ自体の自律性をもっており、それは出来事の流れを動かす力になりうると主張した。そのことはミュルダールが最後に残した言葉に符合する。一九七七年末、アメリカ・ルター派教会の年次会合での講演において、彼は、もし社会科学者たちという聴衆に向けて話すならば、「人間の価値評価に研究上の適切な役割を与える必要を強調するであろう」と述べた。「たんに『客観的』であり続けるための努力をしているだけの社会科学者が、人々は訴えかけるに足る良心をもっていることを忘れているならば、私の意見では、彼らは非現実的であり、科学者としての義務を果たしていないのである。[9]」

注

（1） "The Nobel Memorial Prize in Economics 1974: The Official Announcement of the Royal

Academy of Sciences". 出版は次のとおり。*Swedish Journal of Economics,* 76: 4 (December 1974), pp. 469-470. 王立科学アカデミーの経済科学委員会の構成員は、次のとおり。バーティル・オリーン（議長）、スネ・カールソン、アサー・リンドベック、エリク・ルンドベリ、ハーマン・ウォルド。

（2）Richard Swedberg, "Introduction to the Transaction Edition," *The Political Element in the Development of Economic Theory* (New Brunswick, NJ: Transaction Publishers, 1990), p. vii による引用のとおり。

（3）G. Myrdal, "The Trend Towards Economic Planning," *The Manchester School of Economic and Social Studies,* XIX: 1 (January 1951), p. 40.

（4）S. Bok, *Alva Myrdal: A Daughter's Memoir* (Reading, MA: Addison-Wesley Publishing Co., 1991), p. 305.

（5）G. Myrdal, "The Equality Issue in World Development"（一九七五年三月一七日のノーベル記念講演）。出版は次のとおり。*Swedish Journal of Economics,* 77: 4 (December 1975), p. 419. ミュルダールは再びフォン・ハイエクとペアにされた。後者のノーベル記念講演は、前掲雑誌における前者のすぐ後に掲載された。

（6）Ibid., p. 420.

（7）Ibid., p. 424.

（8）Ibid., p. 429.

（9）G. Myrdal, "A Worried America". アメリカのルター派協会第一〇回年次会合での講演であり、もともとは *Christian Century* (14 December 1977) に掲載され、*Current,* 202 (April 1978), p. 57 に

再録された。

訳者解題　ミュルダール経済学の「変化と連続性」

藤田菜々子

本書は、William J. Barber, *Gunnar Myrdal: An Intellectual Biography*, Palgrave Macmillan, 2008, xiii＋180 pp. の全訳である。スウェーデン生まれの経済学者、グンナー・ミュルダールの業績を包括的に扱った世界でも稀少な研究書であり、サールウォール（A. P. Thirlwall）編集による「経済学の偉大な思想家たち Great Thinkers in Economics」シリーズの一巻として刊行された。このシリーズには、主に二〇世紀に活躍した一六人の著名な経済学者が選ばれており、英語による原書としては、『ジョン・メイナード・ケインズ』、『アルフレッド・マーシャル』に続いての刊行であった。

本書の著者ウィリアム・J・バーバーは、ミュルダールと直接に接点をもつ経済学者である。一九二五年にアメリカに生まれ、経済思想史を専門とし、現在はアメリカ・コネチカット州にあるウェスリアン大学の名誉教授となっている。序で明らかにされているとおり、彼はミュルダールの『アジアのドラマ』に結びつく研究プロジェクトに参加していた一人であった。とはいえ、彼がミュルダール論を本格的に展開したのは本書が初めてである。バーバーがミュルダールを論じている経緯は、彼がミュルダールと懇意でよき理解者・英訳者でもあったP・ストリーテンと近しい間柄にあったことに見出すことができよう。本書はストリーテンに捧げられている。

ミュルダールは、一九七四年にF・A・ハイエクとともに「ノーベル経済学賞」を受賞したことで広く知られる経済学者であるが、その業績は一言で整理できないほどの多様性に富んでいた。一九二〇年代、彼はストックホルム大学で、当時のスウェーデンのみならず世界においても有名であった経済学者G・カッセルの弟子となり、まずは貨幣理論で成果を残した。と同時に、『経済学説と政治的要素』という経済学方法論・経済学史についての大部の研究書も残している。大恐慌期アメリカでの研究生活によって政治活動に目覚め、一九三〇年代は自国で経済政策や社会政策に深くかかわった。第二次世界大戦中には、カーネギー財団の依頼にこたえて、アメリカの黒人差別問題の調査に取り組んだ。戦後はスウェーデンの商務大臣を務めた後、一九四七年から国連欧州経済委員会委員長となった。世界へと視野を広げた彼は、資本主義圏における先進諸国と低開発諸国の経済格差を分析した。一九六〇年代には、南アジアの貧困問題について、現地調査を踏まえた研究書『アジアのドラマ』を刊行し、開発経済学の開拓者の一人と認められた。彼は福祉国家の先に展望できる「福祉世界」を理想社会として語るようになった。

二〇世紀が抱えた社会科学上のさまざまな問題に挑戦し続けた経済学者、それがミュルダールである。スウェーデン人であったがゆえに広く知られていない側面があるが、彼が取り組んだ問題はいずれも重大であり、しかも彼はどの領域においても先駆的痕跡を残した。業績の数々は一八九八年から一九八七年の生涯を存分に活用した成果にほかならない。

ミュルダール研究における本書の特徴と意義

本書は、経済学に携わる単独著者による包括的なミュルダール研究として世界で初めて登場した著書であることにおいて、何よりも意義深い。ミュルダール経済学の大きな特徴の一つは、研究内容に多様性が見られることである。彼は自身の研究経歴を三つに区分した。理論経済学者の段階、政治経済学者の段階、制度派経済学者の段階である。研究の内容や方法に転向があったうえに多くの著作を残したため、個別論点についての研究はある程度蓄積されてきたものの、ミュルダール経済学の全体像はこれまでほとんど描かれずにきた。

本書に先んじた類書がなかったわけではなく、ドスタレールほか編 *Gunnar Myrdal and His Works*（一九九二年）、あるいは、アペルクヴィストとアンダーソン編 *Essential Gunnar Myrdal*（一九九八年）を挙げることができる。しかし、前者は複数の研究者の手による論文集であり、後者はミュルダールの生誕一〇〇年を記念した名文選といった趣旨によるものであって、ともにバランスの取れた紹介や統一的視点による分析は十分ではなかった。そこに現れたのが本書である。

本書の注目すべき特性としては、大小を含め四点を指摘することができる。従来のミュルダール研究に対する本書の独自性と意義は、主に以下の諸点に求められよう。

第一に、ミュルダールの全業績の内容について、一経済学者の視点から手際よく整理・紹介されている点である。ミュルダールの執筆量は膨大であった。彼の議論の核心を読み解くのは必ずしも容易ではなく、やみくもに精読するだけでは「木を見て森を見ず」になってしまうのであり、既存研究にはその傾向が少なからず見られた。しかし、本書はミュルダールの一連の議論の中心的論点をかなりうまく抽出しているように思われる。扱った内容の広さからすれば、分量はきわめてコンパクトに抑えられているが、本書においてはそれがたんに「部分的」あるいは「荒い」研究となっていることを意味しない。ミュルダールの研究内容の全体を知るのに適切な入門書であると同時に、研究者にとっても示唆に満ちた分析や指摘が含まれたものとなっている。考察の結論として、ミュルダールの思考の「変化」だけでなく「連続性」も強調されていることには注意が払われるべきであろう。ミュルダール経済学における「連続性」を「価値判断の問題」、「『累積的因果関係』の原理」、「思想や理想」という要素から総括している著者の解釈は的を射ている。

第二の特徴は、アメリカに関するミュルダールの考察が重視されていることである。この点は、著者がアメリカの経済学者であることからして、必然的な帰結かもしれない。フーヴァー大統領の経済政策、優生学に対するアメリカ知識人の見解、ハンセンの長期停滞論、第二次世界大戦後のアメリカの経済展望、ケネディやガルブレイスの経済政策などとミュルダールの関連について、積極的な言及を見ることができる。これらの論点は従来のミュルダール研究においてはほとんど扱われてこなかったため、目を引くものとなっている。アメリカ黒人差別問題研究の成果である『アメリカのジレンマ』についても一章が当てられ、同国の歴史的・政治的状況を含めて、その形成過程が比較的詳しく説明されている。

第三に、ミュルダールの諸著作に対する書評を数多く紹介している点である。ミュルダールの主張はときに大胆に経済や経済学の現状を批判するものであったため、さまざまな議論や論争を巻き起こしてきた。熱烈に賛同する者がいれば、それと同程度には厳しく批判する者も存在したといってよいだろう。そうした賛否両論が書評紹介をもとに明確に提示されている。ミュルダールの業績が経済学界や社会に与えた影響力を明らかにするに適した手法と評価できる。

最後に、第四は、著者が時折投げかける問いやコメントが、一見軽く見過ごされそうであるが、実は核心的でなんとも興味深い余韻を残していることである。例を挙げてみよう。「『貨幣的均衡』の立場と重要性を見ると、なぜスウェーデン・アカデミーが一九七四年のミュルダールのノーベル記念経済学賞授与に関して用意した特記事項のなかでそれに言及しなかったのかは謎として残されたままである」（六二ページ）。『アメリカのジレンマ』についてはこうである。「エリスンはミュルダールの視野の限界を正しく指摘した。例えば、ジャズに関して、ミュルダールはその音楽の価値がわからなかった」（一三四ページ）。こうした叙述は、ミュルダールを知るにつれて、改めて思い起こされることになろう。

今後のミュルダール研究に向けた論点

本書の訳出に先立ち、訳者はミュルダールにかかわる研究書を刊行している（藤田菜々子『ミュルダールの経済学——福祉国家から福祉世界へ』ＮＴＴ出版、二〇一〇年二月）。ミュルダール経済学研究の今後いっそうの進展を期待しつつ、ここでは主に拙著の観点から本書に対していくつかの論点を簡潔ながらも提起してみたい。

　内容構成からすれば、本書は「前期」ミュルダールへの考察が大きな比重を占めていることが見て取れる。つまり、本書はミュルダールの貨幣理論について比較的多くの紙面を割いている。研究初期におけるミュルダールの主要な業績は貨幣理論の探究にあったのであり、経済学史的にもケンブリッジとストックホルムの関係など、長年議論されてきた重要論点が含まれるだけに、軽視してはならない側面であることは確実である。本書では、ヴィクセルやケインズなどとの理論的比較が積極的に試みられており、興味深い結論がいくつか出されている。これに対し、「後期」ミュルダールについての考察を重視したのが拙著であったが、その主たる狙いは彼の「制度派経済学」の形成過程と到達内容を明らかにすることであった。ミュルダールにとって貨幣理論は中途段階の業績であり、ミュルダール経済学の主たるメッセージは彼の制度派経済学のなかに含まれていると考えられたからである。

　しかしながら、本書の議論と拙著のそれとは、論争的なものであるというよりは、むしろ補完的とみなすことができる。先に指摘したように、本書はミュルダール経済学に「変化」のみならず「連続性」を看取しており、その「連続性」への分析視角は双方においてほぼ共有されているからである。結局のところ、本書は拙著において分析が手薄であったミュルダールの貨幣理論をより詳細に扱い、どちらかといえばミュルダールの「変化」を詳しく跡づけている。他方、拙著はミュルダールの制度派経済学の性質についてより明示的に考察し、どちらかといえばミュルダールの「連続性」を探究したものであった。ミュルダール研究は、いまや彼の「変化」とともに「連続性」を踏まえたうえで全体像を語るべき段階にきている。

シリーズという性格上の紙面制約から、本書ではミュルダールの私生活に関する事柄への言及は極力控えられている。それは序にあらかじめ宣言されているとおりであり、伝記的考察はボクやジャクソンの著作によって補われるとされている。しかし、残念なことに、それらの著作の邦訳はなされていない。ミュルダールの私生活や個人的信条と彼の経済思想とは決して無関係ではないと考えられるだけに、それらへの直接の参照を含めたいっそうのミュルダール理解が望まれるところである。

本書の事実に関する叙述のなかで、訳者が細かいながらも疑問ないし反論をもった部分は以下のとおりである。読者にも開かれた情報とするために、ここに書きとめておく。
①カッセルの追悼文について、本書ではこう書かれている。「追悼文において、ミュルダールは学生や同僚を盛り立てることができる彼の能力、そして最高水準の学問への専念について温かく語った」（一三ページ）。訳者が見るところ、この追悼文には皮肉が含められた彼独特の表現もあり、単純に温かさに満ちたものとは読みにくい（拙著三三ページを参照）。
②各国の人口委員会の設立について、「特筆すべきことに、デンマークとフィンランドでは、スウェーデンの事例に触発されて、それぞれの人口委員会が創設された」と書かれている（一〇二ページ）。正しくは、デンマークとノルウェー、そしてイギリスであろう（拙著一八三ページ、註13を参照）。
③一九三三年ハイエク編著に所収されたドイツ語論文について、こう書かれている。「当初の計

画によれば、この本にミュルダールが寄稿したスペースはリンダールによる提出原稿で埋められるはずであった。しかし、リンダールは期日までに原稿を作成することができず、代理人としてミュルダールを推挙した」（二六四ページ）。この記述には若干の不明確さ、あるいは誤りがある。リンダールとミュルダールは同時にハイエクからの依頼に対応していた。もっとも、リンダールが抜けた後、ミュルダールの論文によってそのスペースが埋められたのは事実である（拙著三九ページ、註35、ならびに、藤田菜々子「一九三一―三三年のミュルダールとハイエク―往復書簡から見る『貨幣理論への貢献』の成立過程」『オイコノミカ』近刊予定を参照）。

④ミュルダールの「ノーベル経済学賞」受賞についての記述。「これは異分野で夫と妻がノーベル賞受賞者となった唯一の事例となっている」（二六五ページ）。キュリー夫人のケースがある。一九〇三年に夫婦でノーベル物理学賞を受賞した。一九〇六年に夫ピエールが事故死した後、一九一一年に夫人は単独でノーベル化学賞を受賞した。したがって、故人をどう考えるかという問題はあるにせよ、唯一の事例というわけではないだろう。

現代において、ミュルダールを見直す意味はどこにあるのだろうか。本書を通じて、この問いに対する回答はさまざまとなろう。著者バーバーもまた、この点について自身の見解を明確に述べているわけではない。しかし、本書の読者であれば、少なくともミュルダールをたんなる時代遅れの楽観論者、あるいは反対に悲観論者とみなすことは賢明でないということに意見の一致を見出すことができると思われる。

今後のミュルダール研究にとって、本書は必読文献である。ミュルダールの全体像の明確化を図りつつ、内在的な視点をもった研究を進めていくことが求められており、他の経済学者との関係も改めて明らかにされていく必要があるだろう。こうした課題に対し、本書はパイオニア的位置を占める一冊であり、現時点においてミュルダール研究のフロンティアを形成する一冊である。

訳者あとがき

本書と本シリーズの日本語版出版の企画を監修者からお聞きしたのは、二〇〇八年八月であったと記憶している。ほかに手掛けていた翻訳を終えて、その頃、自著の執筆にかかり始めていた。一冊にもなる翻訳の依頼を受けるには手一杯であったが、ミュルダール研究者として、またとない機会と思い、お引き受けすることにした。

版権の調整がついた同年の一一月から作業を始め、約一年かけて下訳を作成した後、監修者と検討を重ねながら訳文の改訂に努めた。最終的に勁草書房に訳稿を渡すことができたのは、二〇一〇年一二月となった。

企画の進行と調整をしていただいた田中秀臣先生と若田部昌澄先生、そして勁草書房の徳田慎一郎氏と宮本詳三氏には、ここで改めてお礼を申し上げる。

本書における文章の責任は訳者にある。訳者としては、慎重に一文一文を読解したうえで、底本の文意が明確に伝わる翻訳、日本語として平明でリズムよく読みやすい訳文を作成することを心掛けた。

いくつかの不明な点については、著者に問い合わせて修正を加えた。それでも至らない点があるかもしれない。読者諸氏の感想と叱正をお待ちしたい。

二〇一一年四月

東日本大震災の復興を祈念しながら

藤田菜々子

著者紹介

William J. Barber（ウィリアム J. バーバー）

1925年アメリカ生まれ。ハーバード大学、オックスフォード大学卒業。1957年にオックスフォード大学にて Ph. D. を取得。現在、アメリカ・コネチカット州にあるウェスリアン大学のアンドリュース経済学名誉教授。ミュルダールの『アジアのドラマ』に結びつく研究プロジェクトに参加した経験をもつ。専門は経済思想史。

主な業績：*British Economic Thought and India, 1600-1858* (Clarendon Press, 1975). *Designs within Disorder: Franklin D. Roosevelt, the Economists, and the Shaping of American Economic Policy, 1933-1945* (Cambridge University Press, 1966). *From New Era to New Deal: Herbert Hoover, the Economists, and American Economic Policy, 1921-1933* (Cambridge University Press, 1985).

監修者紹介

田中秀臣（たなか・ひでとみ）

1961年生まれ。早稲田大学大学院経済学研究科単位取得退学。現在、上武大学ビジネス情報学部教授。専門は経済思想史・日本経済論。

主な業績：『沈黙と抵抗——ある知識人の生涯、評伝・住谷悦治』（藤原書店、2001年）。『昭和恐慌の研究』（共著、東洋経済新報社、2004年、第47回日経・経済図書文化賞受賞）。『デフレ不況——日本銀行の大罪』（朝日新聞出版、2010年）。

若田部昌澄（わかたべ・まさずみ）

1965年生まれ。早稲田大学大学院経済学研究科、トロント大学経済学大学院博士課程単位取得退学。現在、早稲田大学政治経済学術院教授。専門は経済学史。

主な業績：『経済学者たちの闘い——エコノミックスの考古学』（東洋経済新報社、2003年）。『昭和恐慌の研究』（共著、東洋経済新報社、2004年、第47回日経・経済図書文化賞受賞）。『危機の経済政策』（日本評論社、2009年、第31回石橋湛山賞受賞）。

訳者紹介

藤田菜々子（ふじた・ななこ）

1977年生まれ。名古屋大学大学院経済学研究科博士後期課程修了。博士（経済学）。現在、名古屋市立大学大学院経済学研究科准教授。専門は経済学史・制度経済学。

主な業績：『ミュルダールの経済学——福祉国家から福祉世界へ』（NTT 出版、2010年）。「資本主義の多様性と福祉国家——VOC とレギュラシオンの比較検討」（山田鋭夫・宇仁宏幸・鍋島直樹編『現代資本主義への新視角——多様性と構造変化の分析』昭和堂、2007年）。G. ドスタレール『ケインズの闘い——哲学・政治・経済学・芸術』（共訳、藤原書店、2008年）。

事項索引

ア 行

カ 行

サ　行

タ　行

ナ　行

ハ　行

マ　行

ヤ　行

ラ　行

人名索引

ア 行

カ 行

サ　行

タ　行

ナ　行

ハ　行

マ　行

ヤ　行

ラ　行

ワ　行

参考文献

グンナー・ミュルダールの著作

著書および報告書（本文で扱われた順に配列）

Myrdal, G., *Prisbildningsproblemet och föränderligheten*〔『価格形成問題と可変性』〕, (Uppsala and Stockholm: Almqvist och Wiksell, 1927).

——, *The Political Element in the Development of Economic Theory* (London: Routledge and Kegan Paul, 1953), P. ストリーテンによるドイツ語からの翻訳. 原典はスウェーデン語で次の題名で出版された. *Vetenskap och politik i nationalekomomien* (Stockholm: Norstedt, 1930). ゲルハルト・マッケンロートによるドイツ語への翻訳は次の題名で出版された. *Das politische Element in der nationalökonomischen Doktrinbildung,* (Berlin: Junker und Dunnhaupt, 1932). 英語訳は, 1990年に R. スウェドバーグによる新たなイントロダクションを加えて再出版された（New Brunswick: Transaction）. 邦訳は, 山田雄三・佐藤隆三訳『経済学説と政治的要素』春秋社, 1967年.

——, *The Cost of Living in Sweden* (London: P. S. King and Son, 1933).

——, *Monetary Equilibrium,* (London: William Hodge and Co., 1939), 英語訳は R. B. ブライスと N. ストルパーによる. この系統の分析についての最初の言明は, 1931年にスウェーデン語で『エコノミスク・ティドスクリフト』掲載の論文として刊行されており, 題名は “Om penningteoretisk jämvikt” である. 若干の改訂が加えられたドイツ語版は, ゲルハルト・マッケンロートによる翻訳で次のとおり. “Der Gleichgewichtsbegriff als Instrument der Geldtheoretischen Analyse,” in *Beiträge zur Geldtheorie,* F. A. Hayek, ed. (Vienna, 1933). 邦訳は, 傍島省三訳『貨幣的均衡論』実業之日本社, 1943年.

——, *Konjunktur och offentlig hushållning*〔『景気循環と財政政策』〕, スウェーデン議会に提出された予算案の付録III, 1933年 1 月.

——, *Finanspolitikens ekonomiska verkningar*〔『財政政策の経済効果』〕, スウェーデン政府のために用意された文書, 1934年.

――(with Alva Myrdal), *Kris i befolkningsfrågan*〔『人口問題の危機』〕, (Stockholm: Bonnier, 1934).
――, *Population: A Problem for Democracy* (Cambridge, MA: Harvard University Press, 1940). 河野和彦訳『人口問題と社会政策』協和書房, 1943年.
――(with Alva Myrdal), *Kontakt med Amerika*〔『アメリカとのコンタクト』〕, (Stockholm: Bonnier, 1941).
――, *An American Dilemma: The Negro Problem and Modern Democracy* (New York: Harper and Brothers, 1944).
――, *Varning för fredsoptimism*〔『平時楽観主義への警告』〕, (Stockholm: Bonnier, 1944).
――, *An International Economy: Problems and Prospects* (New York: Haper and Brothers, 1956).
――, *Development and Underdevelopment: A Note on the Mechanism of National and International Economic Inequality* (Cairo: National Bank of Egypt Fiftieth Anniversary Commemoration Lectures, 1956).
――, *Economic Theory and Underdeveloped Regions* (London: Duckworth, 1957). アメリカ版は次のとおり. *Rich Lands and Poor* (New York: Harper and Brothers, 1957). 小原敬士訳『経済理論と低開発地域』東洋経済新報社, 1959年.
――, *Asian Drama: An Inquiry into the Poverty of Nations* (New York: Twentieth Century Fund, 1968). 板垣與一監訳, 小浪充・木村修三訳『アジアのドラマ――諸国民の貧困の一研究（上）・（下）』東洋経済新報社, 1974年.
――, *Challenge to Affluence* (New York: Pantheon Books, 1963). 小原敬士・池田豊訳『豊かさへの挑戦』竹内書店, 1964年.
――, *The Challenge of World Poverty: A World Anti-Poverty Program in Outline* (New York: Pantheon Books, 1970). 大来佐武郎監訳『貧困からの挑戦』ダイヤモンド社, 1971年.
――, *Value in Social Theory,* P. Streeten, ed. (London: Routledge and Kegan Paul, 1958).
――, *Against the Stream* (New York: Pantheon Books, 1973). 加藤寛・丸尾直美訳『反主流の経済学』ダイヤモンド社, 1975年.

論文，その他の研究業績（本文で議論された順に配列）

Myrdal, G., "Gustav Cassel in Memoriam (1866–1945)," *Oxford University Institute of Economics and Statistics Bulletin,* 25 (February 1963), 英語訳はG. オリーンによる. この追悼論文は最初にスウェーデン語で *Ekonomisk revy,* 2 (February 1945) に掲載された.

——, "Industrialization and Population," *Economic Essays in Honour of Gustav Cassel* (London: George Allen and Unwin, Ltd., 1933).

——, "Socialpolitikens dilemma"〔「社会政策のジレンマ」〕, *Spektrum* 2: 4, (1932).

——, "Fiscal Policy in the Business Cycle," *American Economic Review Supplement,* 29 (March 1939).

——, "Population Problems and Policies," *Annals of the American Academy of Political and Social Science,* 197 (May 1938).

——, "Therapy to Heal America's Wounded Psyche," *Today's Health,* 51 (August 1973).

——, "Liberalism and the Negro: a Round-Table Discussion," *Commentary* (March 1964).

——, "A Worried America," *Christian Century* (14 December 1977).

——, "Is American Bussiness Deluding Itself?" *Atlantic Monthly,* 174 (November 1974).

——, "The Reconstruction of World Trade and Swedish Trade Policy"; 英語に翻訳された論文が1946年12月ストックホルムでのスウェーデン国民経済学会において読まれた.

——, "The Research Work of the Secretariat of the Economic Commission for Europe," *25 Economic Essays in Honour of Erik Lindahl* (Stockholm: Ekonomisk tidskrift, 1956).

——, "Prospects of the Economic Commission for Europe," *United Nations Weekly Bulletin,* 3 (29 July 1947).

——, "Twenty Years of the United Nations Economic Commission for Europe," *International Organization,* 22 (1968).

——, "The Trend Towards Economic Planning," *The Manchester School,* 19 (January 1951).

——, "Psychological Impediments to Effective International Cooperation," *Journal of Social Issues, Supplemental Series,* 6 (1952).

——, “Realities and Illusions in Regard to Inter-governmental Organizations,” L. T. Hobhouse Memorial Lecture, Bedford College, London (London: Oxford University Press, 1955).
——, “International Inequality and Foreign Aid in Retrospect,” *Pioneers in Development,* G. M. Meier and D. Seers, eds. (New York: Oxford University Press, published for the World Bank, 1984).
——, “Getting America Moving,” *New Republic,* 184 (26 January 1963).
——, “Are the Developing Countries Really Developing?” *Bulletin of the Atomic Scientists,* 27 (January 1971).

他者の著作

Angresano, J., *The Political Economy of Gunnar Myrdal* (Cheltenham, UK: Edward Elgar, 1997).
Aptheker, H., *The Negro People in America: A Critique of Gunnar Myrdal's An American Dilemma* (New York: International Publishers, 1946).
Appelqvist, Ö. and S. Andersson, *The Essential Gunnar Myrdal* (New York and London: The New Press, 2005).
Balogh, T., “The Scrutable East,” *New York Times Book Review* (24 March 1968).
Barber, W. J., *British Economic Thought and India, 1600-1858* (Oxford: Clarendon Press, 1975).
——, “The Kennedy Years: Purposeful Pedagogy,” *Exhortation and Controls: The Search for a Wage-Price Policy, 1945-1971,* C. D. Goodwin, ed. (Washington, DC: The Brookings Institution, 1975).
——, *From New Era to New Deal: Harbert Hoover, the Economists, and American Economic Policy, 1921-1933* (New York and Cambridge: Cambridge University Press, 1985).
——, “The Career of Alvin Hansen in the 1920s and 1930s: a Study in Intellectual Transformation,” *History of Political Economy,* 19 (Summer 1987).
Bauer, P. T., “Million-word Pamphlet,” *Spectator,* 222 (10 January 1969).
Blaug, M., *Economic Theory in Retrospect,* 2nd edition (Cambridge: Cambrid-

ge University Press, 1968) and 3rd edition (1978). 久保芳和ほか訳『経済理論の歴史（新版）』東洋経済新報社, 1982-86年.
Bok, S., *Alva Myrdal: A Daughter's Memoir* (Reading, MA: Addison Wesley Publishing Co., 1991).
Boulding, K., "Warning to Nineveh," *The Christian Century,* 73: Pt 2 (12 September 1956).
——, "Asia: Soft States and Hard Facts," *New Republic,* 157 (4 May 1968).
Bunche, R., *The Political Status of the Negro in the Age of FDR* (Chicago: University of Chicago Press, 1973).
Cassel, G., *The Theory of Social Economy,* new and revised edition (New York: Harcourt Brace and Co., 1932). 大野信三訳『カッセル社会経済学原論』岩波書店, 1926年.
Craven, E., "Gösta Bagge, the Rockfeller Foundation and Empirical Social Science Research in Sweden, 1924-1940," *The Stockholm School of Economics Revisited,* L. Jonung, ed. (Cambridge and New York: Cambridge University Press, 1991).
Dave, R., *Commerce* (29 July 1968).
DuBois, W. E. B., "The American Dilemma," *Phylon: The Atlanta University Review of Race and Culture,* 5 (Second Quarter 1944).
Duesenberry, J., *Income, Savings, and the Theory of Consumer Behavior* (Cambridge, MA: Harvard University Press, 1949). 大熊一郎訳『所得・貯蓄・消費者行為の理論』巌松堂書店, 1955年.
Eastland, J. O., "An Alien Ideology Is Not the Law of Our Republic," *The American Mercury* (March 1958).
Ellis, H., "Review of Myrdal's *Monetary Equilibrium,*" *Journal of Political Economy,* 48 (June 1940).
Ellison, R., *Shadow and Act* (New York: Random House, 1964). 行方均ほか訳『影と行為』南雲堂フェニックス, 2009年.
Fischer, J., "Western Intellectuals vs. Myrdal's Brutal Facts," *Harper's Magazine* (June 1968).
Fisher, I., *The Works of Irving Fisher: A Crusader for Social Causes,* 13, W. J. Barber, ed. (London: Pickering and Chatto, 1997).
Geertz, C., "Myrdal's Methodology: 'Modernism' and the Third World," *Encounter,* XXXIII (July 1969).

Girod, R., "How the Public Is Told About the Results of Surveys Carried Out by International Organizations," *UNESCO: International Social Science Bulletin,* 4: 4 (1952).

Girson, R., "Mutations in the Body Politic," *Saturday Review* (29 August 1964).

Gupta, K. P., "Review of Asian Drama," *Commonwealth,* LXXXXIX (4 October 1968).

Gustafsson, B., "A Perennial of Doctrinal History," *Economy and History,* XVI (1973).

Handlin, O., "A Book that Changed American Life," *New York Times Book Review* (21 April 1963).

Hansen, A. H., "Economic Progress and Declining Population Growth," *American Economic Review,* 29 (March 1939).

——, "Mr. Keynes on Unemployment Equilibrium," *American Economic Review,* 29 (March 1939).

Hansson, B. A., *The Stockholm School and the Development of Dynamic Method* (London: Croom Helm, 1982).

Henriksson, R. G. H., "The Political Economy Club," L. Jonung, ed., *The Stockholm School of Economics Revisited* (Cambridge and New York: Cambridge University Press, 1991).

Herskovits, M. J., *The Myth of the Negro Past* (New York and London: Harper and Brothers, 1941).

Hicks, J., "Review of *'The Political Element in the Development of Economic Theory',*" *Economic Journal,* 64 (December 1954).

——, *Money, Interest and Wages: Collected Essays on Economic Theory,* II (Cambridge, MA: Harvard University Press, 1982).

Jackson, W. A., *Gunnar Myrdal and America's Conscience: Social Engineering and Racial Liberalism, 1938-1987* (Chapel Hill: The University of North Carolina Press, 1990).

Johnson, C. S., *Patterns of Negro Segregation* (New York and London: Harper and Brothers, 1943).

Jonung, L., ed., *The Stockholm School of Economics Revisited* (Cambridge and New York: Cambridge University Press, 1991).

Kahn, R. F., "The Relation of Home Investment to Unemployment,"

Economic Journal, 41 (June 1931).
Kaldor, N., "Recollections of an Economist," *Banca Nazionale del Lavoro Quarterly Review* (March 1986).
Keynes, J. M., "The Theory of the Rate of Interest," *The Lessons of Monetary Experience: Essays in Honor of Irving Fisher,* A. D. Gayer, ed. (New York: Farrar and Rhinehart, Inc., 1937).
Lagemann, E. C., *The Politics of Knowledge: The Carnegie Corporation, Philanthropy, and Public Policy* (Middletown, CT: Wesleyan University Press, 1989).
Landgren, K-G., *Den 'nya ekonomien' i Sverige: J. M. Keynes, E. Wigforss, B. Ohlin och utvecklingen, 1927-1939*〔『スウェーデンにおける「新しい経済学」――J. M. ケインズ, E. ウィグフォシュ, B. オリーンと展開, 1927-1939年』〕, (Stockholm: Almqvist och Wiksell).
Lerner, A. P., "Some Swedish Stepping Stones in Economic Theory," *Canadian Journal of Economics and Political Science,* 6 (November 1940).
Lindahl, E., "Review of *'Dynamic Pricing',*" *Economic Journal,* 39 (March 1929).
Lundberg, E., *Business Cycles and Economic Policy* (London: George Allen and Unwin, 1957).
Machlup, F., "Review of *The Political Element in the Development of Economic Theory,*" *American Economic Review,* 45 (December 1955).
Mahalanobis, P. C., "The Asian Drama: an Indian View," *Economic and Political Weekly* (Bombay, July 1969).
Makower, H., "Review of *An International Economy,*" *American Economic Review,* 46 (December 1956).
Mason, E. S., "Review of *Das politische Element in der nationalökonomischen Doktrinbildung,*" *Journal of Political Economy,* 42 (April 1934).
Mill, J., *The History of British India* (London: Baldwin, Cradock, and Joy, 1817).
Möller, G., "The Unemployment Policy," *Annals of the American Academy of Political and Social Science,* 197 (May 1938).
Myint, H., "Review of *Asian Drama,*" *Swedish Journal of Economics,* 70 (1968).

Myrdal, A., "A Programme for Family Security in Sweden," *International Labour Review,* 39 (June 1939).

Ohlin, B., "Some Notes on the Stockholm Theory of Saving and Investment -I," *Economic Journal,* 47 (March 1937).

——, "Some Notes on the Stockholm Theory of Saving and Investment - II," *Economic Journal,* 47 (June 1937).

——, "Some Comments on Keynesianism and the Swedish Theory of Expansion before 1935," D. Patinkin and J. C. Leith, eds., *Keynes, Cambridge and the General Theory* (London: Macmillan, 1977). 保坂直達・菊本義治訳「ケインズ主義と1935年以前におけるスウェーデン学派の拡張理論についての評論」『ケインズ, ケムブリッジおよび『一般理論』──『一般理論』の形成をめぐる論議と検討の過程』マグロウヒル好学社, 1979年.

——, "Economic Recovery and Labour Market Problems in Sweden: I," *International Labour Review,* XXXI (April 1935).

Palander, T., "On the Concepts and Methods of the 'Stockholm School'," *International Economic Papers,* 3 (London and New York: Macmillan, 1953).

Papanek, G. F., "Review of *Asian Drama,*" *The American Journal of Sociology,* 74 (July 1968).

Patinkin, D., "Some Observations on Ohlin's 1933 Article," *History of Political Economy,* 10 (Fall 1978).

—— and J. C. Leith, eds., *Keynes, Cambridge and the General Theory* (London: Macmillan, 1977). 保坂直達・菊本義治訳『ケインズ, ケムブリッジおよび『一般理論』──『一般理論』の形成をめぐる論議と検討の過程』マグロウヒル好学社, 1979年.

Rosen, G., "Review of Asian Drama," *American Economic Review,* LVIII (December 1968).

Rostow, W. W., "The Economic Commission for Europe," *International Organization,* 3 (May 1949).

—— and E. Rostow, "Mr. Myrdal Brings Utilitarianism Up to Date," *The Reporter,* 15 (12 July 1956).

Samuelson, P., "Review of Myrdal's *Monetary Equilibrium,*" *American Economic Review,* 30 (March 1940).

Sandelin, B., ed., *Swedish Economics,* 2 (London: Routledge, 1998).
Schumpeter, J. A., *History of Economic Analysis* (Oxford: Oxford University Press, 1954). 東畑精一・福岡正夫訳『経済分析の歴史（上・中・下）』岩波書店, 2005-06年.
Shackle, G. L. S., "Myrdal's Analysis of *Monetary Equilibrium,*" *Oxford Economic Papers,* 7 (March 1945).
——, *The Years of High Theory: Invention and Tradition in Economic Thought* (Cambridge: Cambridge University Press, 1967).
Shehadi, N., "The LSE and the Stockholm School in the 1930s," L. Jonung, ed., *The Stockholm School of Economics Revisited* (Cambridge and New York: Cambridge University Press, 1991).
Shukla, S., "Planning and Educational Development," *Indian Educational Review,* 5 (July 1970).
Southern, D. W., *Gunnar Myrdal and Black-White Relations: The Use and Abuse of 'An American Dilemma,'* (Baton Rouge and London: Louisiana State University Press, 1987).
Steiger, O., "Bertil Ohlin and the Origins of the Keynesian Revolution," *History of Political Economy,* 8 (Fall 1976).
Sterner, R., *The Negro's Share* (New York and London: Harper and Brothers, 1943).
Streeten, P., "Recent Controversies," *The Political Element in the Development of Economic Theory* (London: Routledge and Kegan Paul, 1953).
——, "Economic Models and Their Usefulness for Planning in South Asia," Appendix 3, *Asian Drama: An Inquiry into the Poverty of Nations* (New York: Twentieth Century Fund, 1968).
—— and A. Malik, "Asian Drama Revisited," *The South Asian Challenge,* K. Haq, ed. (Bangalore: Oxford University Press, 2002).
Swedberg, R., "Introduction to the Transaction Edition," *The Political Element in the Development of Economic Theory* (New Brunswick, NJ: Transaction Publishers, 1990).
Thapur, R., "Poverty of Nations or Notions," *Yojana* (12 May 1968).
Thirlwall, A. P., *Nicholas Kaldor* (New York: New York University Press, 1987).
Thomas, B., *Monetary Policy and Crises: A Study of Swedish Experience*

(London: George Routledge and Sons, 1936).
Uhr, C. G., "The Emergence of the 'New Economics' in Sweden: A Review of a Study by Otto Steiger," *History of Political Economy,* 5 (Spring 1973).
——, "Economists and Policymaking 1930-1936: Sweden's Experience," *History of Political Economy,* 9 (Spring 1977).
Urquhart, B., *Ralph Bunche: An American Life* (New York and London: W. W. Norton and Co., 1993).
Veblen, T., "Why Is Economics Not an Evolutionary Science?," *Quarterly Journal of Economics,* 12 (July 1898).
Velupillai, K., "Reflections on Gunnar Myrdal's Contributions to Economic Theory," G. Dostaler, D. Ethier, L. Lepage, eds., *Gunnar Myrdal and His Works* (Montreal: Harvest House, 1992).
Von Mises, L., "Myrdal's Economics," *The Freeman* (5 April 1954).
Wadensjö, E., "The Committee on Unemployment and the Stockholm School," L. Jonung, ed., *The Stockholm School of Economics Revisited* (Cambridge and New York: Cambridge University Press, 1991).
Wagle, S. S., "An Inquiry into the Poverty of Nations," *United Asia,* 20 (August 1968).
Wicksell, K., "Professor Cassel's System of Economics," reproduced in B. Sandelin, ed., *Swedish Economics,* 2 (London: Routledge, 1998).
Wigforss, E., "The Financial Policy During Depression and Boom," *Annals of the American Academy of Political and Social Science,* 197 (May 1938).
Wightman, D., *Economic Cooperation in Europe: A Study of the United Nations Economic Commission for Europe* (London: Stavens and Sons Ltd. and William Heineman Ltd., 1956).
Wilkerson, D. A., 'Introduction' to H. Aptheker, *The Negro People in America: A Critique of Gunnar Myrdal's 'An American Dilemma'* (New York: International Publishers, 1946).
Winch, D., "The Keynesian Revolution in Sweden," *Journal of Political Economy,* 74 (February 1966).

経済学の偉大な思想家たち 1
グンナー・ミュルダール　ある知識人の生涯

2011年5月25日　第1版第1刷発行

著者　ウィリアム・J・バーバー
監修者　田中秀臣
　　　　若田部昌澄
訳者　藤田菜々子
発行者　井村寿人

発行所　株式会社　勁《けい》草《そう》書房
112-0005 東京都文京区水道2-1-1　振替 00150-2-175253
（編集）電話 03-3815-5277／FAX 03-3814-6968
（営業）電話 03-3814-6861／FAX 03-3814-6854
港北出版印刷・ベル製本

ISBN978-4-326-59891-5　Printed in Japan